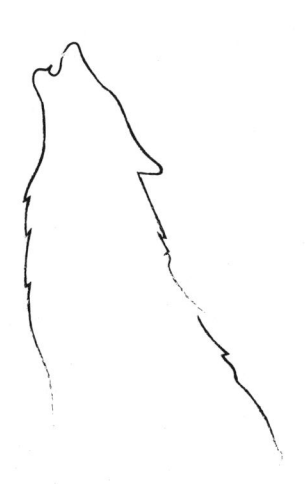

投资之狼

THE
WOLF OF
INVESTING

My Insider's Playbook
for Making a Fortune on Wall Street

揭秘华尔街致富法则

电影《华尔街之狼》原型人物

[美] 乔丹·贝尔福特 著
（Jordan Belfort）

张义 译

中信出版集团 | 北京

图书在版编目（CIP）数据

投资之狼：揭秘华尔街致富法则/(美)乔丹·贝尔福特著；张义译. -- 北京：中信出版社，2025.3.
ISBN 978-7-5217-7302-6

Ⅰ.F830.59-62

中国国家版本馆CIP数据核字第2025DG9864号

THE WOLF OF INVESTING by Jordon Belfort
Original English Language edition Copyright © 2023 by Future Gen LLC
Published by arrangement with the original publisher, Gallery Books, a Division of Simon & Schuster, Inc.
Simplified Chinese Translation copyright © 2025 by CITIC Press Corporation.
All rights reserved.
本书仅限中国大陆地区发行销售

投资之狼——揭秘华尔街致富法则
著者：　　[美]乔丹·贝尔福特
译者：　　张义
出版发行：中信出版集团股份有限公司
　　　　　（北京市朝阳区东三环北路27号嘉铭中心　邮编　100020）
承印者：　北京联兴盛业印刷股份有限公司

开本：880mm×1230mm 1/32　　印张：10.5　　字数：244千字
版次：2025年3月第1版　　　　 印次：2025年3月第1次印刷
京权图字：01-2024-6130　　　　书号：ISBN 978-7-5217-7302-6
定价：69.00元

版权所有·侵权必究
如有印刷、装订问题，本公司负责调换。
服务热线：400-600-8099
投稿邮箱：author@citicpub.com

献给我的爱妻克里斯蒂娜
感谢你一如既往的支持与耐心

目　录

第 1 章　费尔南多和高蒂塔的故事　　001

第 2 章　莎士比亚笔下的困境　　021

第 3 章　了不起的美式泡沫制造机　　061

第 4 章　华尔街的发家史　　071

第 5 章　约瑟夫·肯尼迪和做空的疯狂世界　　103

第 6 章　强大的组合拳　　126

第 7 章　大崩盘与其他重大事件的真相　　162

第 8 章 "先知"与华尔街的博弈 194

第 9 章 史上最伟大的投资秘诀的试炼之路 214

第 10 章 黄金三要素 227

第 11 章 费尔南多和高蒂塔的反击 255

第 12 章 会一会浑蛋 298

致谢 327

第 1 章
费尔南多和高蒂塔的故事

——

太不可思议了!我心想。

我的妹夫费尔南多有"点石成金"的本领……

事实恰恰相反!

他的每笔投资——不管是投资股票、期权、货币、代币,还是投资该死的 NFT[1]——最后都赔得底朝天。

晚上 9 点刚过,我坐在费尔南多位于布宜诺斯艾利斯的豪华公寓的餐厅里,翻阅着他的经纪账户对账单。这时,我的脑海里突然冒出一个念头,意识到一个不幸的事实。

简单地说,他的投资真是血本无归。

由于一系列糟糕的交易和不合时宜的投资,费尔南多在过去两个月里损失了 97% 的本金,目前账户余额仅有可怜的 3 000 美

---

[1] NFT,即非同质化代币,是一种数字资产,表示对某个独一无二的物品的所有权。NFT 主要用来表示对数字艺术品的所有权,但也可用来代表对任何实物资产,例如收藏品或不动产的所有权。

元。其他的那些钱，大概有 9.7 万美元消失得无影无踪，就像在空气中蒸发了一样。

更糟糕的是，这些损失发生在股票市场和加密货币市场相对平稳之时，而这两个市场正是他主要的投资领域。这种情况的意义不言而喻：

我的妹夫赔钱怪不得别人，要怪只能怪他自己。

毕竟，要是他投了钱后市场崩盘，或是至少他刚投了钱，市场大幅下跌，那倒应该另当别论。

那种情况至少是造成他的部分损失的原因。

事实上，对于这种现象，华尔街有一句流传很广的老话："水涨船高。"

换句话说，当股票市场上涨时，市场上所有股票的价格都会随之上涨；当股票市场下跌时，市场上所有股票的价格都会随之下跌。当然，这一规律也适用于其他市场，比如债券市场、大宗商品市场、加密货币市场、房地产市场、艺术品市场、保险市场等。

这里的要点是，当某个市场大幅上涨时，你可能随便投资个产品，就能坐等赚钱了。这时根本不需要天资、敏锐的第六感，或专门的培训。你只管投资，剩下赚钱的事就全部交给市场。

这是一个简单的前提，对吧？

唯一的问题是，尽管这一切在平日里似乎不是件难事儿，但在长牛市期间，事情要复杂得多。正是在这种非理性的繁荣期，也就是在市场行情很好，聊天室里人声鼎沸，专家大肆鼓吹，推特上充斥着市场将持续繁荣的论断的时候，人性占据了上风。

业余交易员对普通股"了如指掌"，就像了解家畜一样。突然间，他们开始觉得自己就是专家，开始大手笔地买入和卖出股票。他们坚信自己刚刚在股票市场上获得的成功全凭自己与生俱来的出色能力。他们的自信程度与日俱增。

他们的交易策略几乎都是短线的。

一旦赌对了,他们很快就能赚到钱,这使他们的多巴胺水平迅速提升,进而促使他们更大胆地投资。(股价不断走高对他们不会有什么影响。"赚钱就是赚钱,"他们会说,"没有谁赚钱后还会破产!")可要是他们赌错了,他们只会在股价下跌时加仓,也就是像人们常说的那样"逢低买入",然后趁股票市场上涨时卖出来摆脱困境。为什么不这样做呢?推特上的那群人就是这样教他们的!而且,这种办法过去一直管用,不是吗?反正市场迟早会反弹。

嗯……有时也说不准。

在现实中,市场时而上涨,时而下跌。可当市场下跌时,我是说真的下跌时,例如 1999 年的互联网泡沫破裂和 2008 年的房地产泡沫破裂,市场下跌的速度和幅度会远远超过市场上涨的速度和幅度。你随便问一位有多年投资经验的专业人士,他们一定会告诉你这一事实。

现在,我们不妨回头看一下费尔南多的经历。他不会因为投资损失惨重而责怪市场,至少表面上看起来是这样的。

我们来看一下究竟是怎么回事。

在他遭遇投资损失的 60 天里,也就是从 2022 年 2 月 8 日到 4 月 8 日,他投资的两大市场基本处于横盘状态,用华尔街的说法,这意味着市场没有出现暴涨或暴跌的情况。

具体来说,标普 500 指数作为衡量美国股票市场的指标,2 月 8 日和 4 月 8 日收盘时分别为 4 521.54 点和 4 488.28 点,仅轻微下跌 0.7%；比特币的价格作为衡量加密货币市场的指标，2月8日和4月8日收盘价分别为每枚 44 340 美元和每枚 42 715 美元，仅下跌了 3.7%，与费尔南多高达 97% 的亏损相比简直不值一提。

然而，只看第 1 天和第 60 天的情况可能极具误导性，对我的妹夫也很不公平。我的意思是，如果他过去坚持一种长线的买入并持有策略（每种产品的持有期不少于 60 天），那么情况可能会完全不同，这两个数字就能说明问题。

可他显然不是这样做的。

尽管只是匆匆看了一眼，我还是发现对账单上记录了几十个卖单。而买入并持有策略是指，不管价格如何波动，要持仓相当长一段时间，目的是利用某个精选投资产品的长期增长潜力。

因此，要想更准确地了解到底发生了什么，你不仅要看第 1 天和第 60 天的情况，还要看这段时间内发生了什么。

毕竟，加密货币市场比美国股票市场波动得更厉害。美国股票市场也有大幅波动的时候，尤其是当恐慌和担忧情绪在市场中蔓延或出现黑天鹅事件[1]时。因此，考虑到费尔南多的交易极其活跃，他投资失败的原因可能有两个：首先是每天价格的大幅波动，其次是他的交易时机很差。

换句话说，我这个一时犯难的妹夫把古老的交易定律"低买高卖"抛在脑后，一直在做"高买低卖"的事儿。他的每笔交易都在重复这一原则，直到他投入的钱亏空殆尽。

---

[1] 黑天鹅事件是对股票市场和经济基本面造成极大破坏的突发性事件，由于这类事件非常少见，难以预测，它们会让银行、经纪人、投资人、政治家和媒体猝不及防。

鉴于此，让我们再看看上面提到的两个指标。不过，这次在分析这两个指标时，要考虑一下市场的日波动情况。恐怕这可以解释为什么市场处在一个看起来比较平稳的阶段时，费尔南多却有了巨额亏损。

图 1-1 描述了 2022 年 2 月 8 日至 4 月 8 日每个指标的日波动情况。

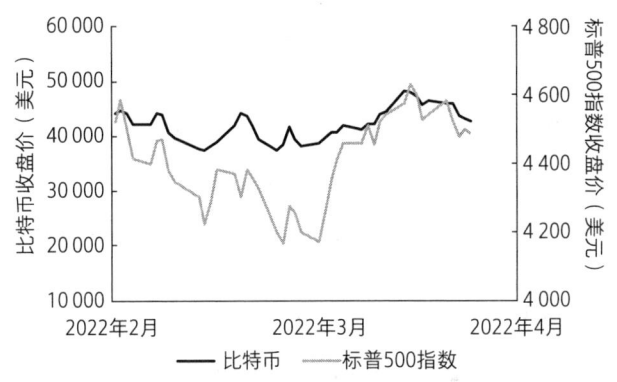

图 1-1 比特币和标普 500 指数日收盘价（2022 年 2 月 8 日—4 月 8 日）

从图 1-1 中不难看出，比特币在 2022 年 3 月 16 日跌至低点 37 023 美元，但在 2022 年 3 月 30 日升至高点 47 078 美元。也就是说，在 60 天内，比特币收盘价的高低位差达到 21%。相比之下，标普 500 指数收盘价的波动幅度要小得多：2022 年 3 月 8 日跌至低点 4 170，但在 3 月 30 日升至高点 4 631，其高低位差仅有 9%。

因此，根据这里获取的新数据，我们对 9.7 万美元的损失不免会有下面的疑问：

人们在分析整体投资回报时，日波动情况是必须考虑的因素。同样，将日波动情况纳入考量范围后，能否说第 1 天和第

60天出现的稳定市场其实只是一种假象？也就是说，费尔南多是市场快速下跌的无辜受害者，所有人都损失惨重，费尔南多只是其中一员。

这是一种颇为有趣的可能性。

但直觉告诉我，这种事情不会发生。

我是说，如果是那样，那么费尔南多要在每笔交易上"孤注一掷"，而且要对交易时机的把握极差，简直就像拿破仑在隆冬时节入侵俄国一样。

不管是哪一种情况，当我翻阅对账单，想要寻找线索时，我感觉自己就像一个在侦办凶杀案的侦探，正在犯罪现场寻找罪犯留下的蛛丝马迹。两者的唯一区别在于，我不是艰难地穿行在血淋淋的犯罪现场，而是吃力地翻阅着连篇累牍的数据，感到很绝望。

事实上，他前七天的几笔交易赚了些钱：他以4.1万美元的价格买入比特币，4天后以4.5万美元的价格卖出；他以2900美元的价格买入以太币，一周后以3350美元的价格卖出；他买入了特斯拉的股票和期权，并在几天后卖出，共获利2万多美元。可除了这几笔交易，他投资的东西都会立即变得一文不值。更糟糕的是，他的交易越来越活跃，等到第三周结束时，他似乎已经自诩日内交易员。[1]

果不其然，费尔南多刚入市便收获颇丰，这让他信心大增，使他有胆量下更大的赌注，更频繁地交易。就像上面讲的那样，

---

[1] 日内交易员是指在一个交易日内完成的交易量惊人，想要利用当日的价格波动来赚取收益的人。他们通常当日开仓并在收盘前全部平仓，从而避免市场暴跌或黑天鹅事件带来的隔夜风险。

随之而来的便是他的资产被血洗一空。

等到第二周的周三，我看到的再也不是稳赚不赔的费尔南多了。

我看到的是一笔接着一笔赔钱的交易，投资的损失在不断增加。

等到第三周的周一，他的"点金成石术"发挥了邪恶的魔力。此时已出现了不祥之兆。随着他的资产净值跌至 5 万美元以下，我发现他在投机性的低价股和狗屎一样的垃圾币（这相当于加密货币世界中的低价股）上投入过多的资金，我从他的行动中感受到了他孤注一掷的绝望之情。

等到第六周的周末，这一切都结束了。整整一个月，他竟然没有一笔交易赚到钱。他的账户余额还有不到 1 万美元，眼看就要缩水到 3 000 美元了。

我心里纳闷儿，一个人怎么会一直犯错呢？

我心想，这个问题很好，尤其是想到费尔南多本来是怎样的人之后。这时，我的脑海中浮现的是一个理财能力出众的成功人士的形象。40 岁出头时，他头脑灵活、工作努力，受过大学教育，善于交际。他不仅是一位成功的企业家，也是一个衣着时髦的人。他在布宜诺斯艾利斯的郊区有一家大型加工厂，做金属加工的生意。

他结婚没多久。他和他年轻的妻子高蒂塔，还有他们那个超可爱的两岁儿子维托里奥住在装修极尽奢华的三居室公寓里。他们的公寓位于布宜诺斯艾利斯最高级、最安全社区中的一幢 42 层镜面玻璃大厦里。公寓的面积很大，足足占了 33 楼一层。

某天晚上，高蒂塔坐在我的左侧，身穿一件白色亚麻吊带裙，一副愁容满面的样子。可怜的高蒂塔！她完全搞不懂丈夫的投资怎么会亏得一塌糊涂。我很同情她。然而，即便在这个紧张的时刻，要想坦然地望着她，叫她的名字，而忍住不笑并不是件容易的事儿。毕竟，"高蒂塔"这个名字在英语中的字面意思是"小胖姑娘"，可她实际上高 1.65 米，重约 45 千克，绝对称得上金发美女。

究竟大家为何叫她"高蒂塔"仍不得而知。有人以前跟我说过，阿根廷人觉得"小胖姑娘"是个爱称。当然，我的脑海中很快浮现出使用这个词的一些场景。"嘿，高蒂塔！除了体重，你近来都还好？最近参加'吃热狗大赛'了吗？"显然，一个女孩如果真的是个"小胖姑娘"，那么最好不要叫"高蒂塔"这个名字。

无论如何，我的小姨子到头来成了一个活生生的、自相矛盾的例子。她有一个谁也没用过的法定名字，叫奥内拉，还有一个大家都在用的毫无意义的绰号。这些人里就有高蒂塔的姐姐克里斯蒂娜。她是我的第四任妻子，跟高蒂塔长得很像，就像是一个模子里刻出来的。

就在这个特殊的时刻，高蒂塔坐在那里，身子前倾，一副大为惊愕的样子。她用手抱住头，双肘支在桌子上，她的身体弯成 45 度。她慢慢地来回摇着头，像是在说："这场噩梦到底什么时候是个头儿？"

我心想，她表现出这副样子也在情理之中。

毕竟，高蒂塔很少参与费尔南多的交易活动，而她的建议总是晚一步。如果一个已婚男人的联名经纪账户正在归零，他的妻子没准会给他这样的同情式指导："费尔南多，你到底是怎么回事？你是不是疯了？你为什么非要干自己没干过的事？赶紧把你

投资之狼　　008

那个该死的证券账户给停了,老实回去开你那个金属加工厂!这样的话,我们至少不会沦落到破产的地步。"对费尔南多来说,更可怕的是高蒂塔属于那种能力超强的助手型妻子。她做事过于讲究条理,并且极其注重细节。想想看,她会自觉地记住自己驾照的到期日,还有家里每个人的,包括我和克里斯蒂娜的。简言之,谁也别想骗她。

但是,那天晚上,形势逆转了。

高蒂塔请求克里斯蒂娜帮忙当翻译,这可真是难得一见。为此,克里斯蒂娜特意坐在费尔南多和高蒂塔的正对面,也就是我的右侧。可那天晚上,克里斯蒂娜在翻译时面临一大难题:高蒂塔的语速实在是太快了。事实上,她说话简直就像加特林机枪火力全开,疯狂扫射一样,只不过从她的嘴巴里射出的不是子弹,而是词语。她平静时就是那样说话的。可当时,我看得出她一点儿也不平静。

"我真搞不懂!"高蒂塔怒气冲冲地说,"他怎么这么快就赔光了?太过分了!股票市场没有下跌啊!我今早又看了一遍。看!"高蒂塔示意大家看她的手机屏幕,屏幕上显示的是一个股票市场应用程序。"看,现在行情比他入市时要好!这是真的!可我们赔得精光!不应该是这样啊!这怎么可能?这不是真的!"

虽说我还算精通西班牙语,但我只能听懂高蒂塔刚开始说的几个词,大意就是"真搞不懂"。她说的其他话就像一阵狂风,嗖的一下从我身旁吹过。我转向克里斯蒂娜,双手掌心朝上在空中一摊,一副极为惊讶的样子,像是在说:"你明白我的意思吗?真不知道你妹妹说了些什么。太可笑了。"

克里斯蒂娜耸了耸肩。"她说她很沮丧。"

第1章　费尔南多和高蒂塔的故事　　009

"哦，我听懂了那一部分。我听见那个地方用了'不可能'这个词。"我将目光投向高蒂塔，不紧不慢地用英语说，"高蒂塔，你……说……了……'不可能'……这个词，对吗？"

"是的，不可能，"她用口音很重的英语答道，"但费尔南多就是那样做的。"

我的妹夫此时就坐在高蒂塔的左侧。他低头看着对账单，慢慢地摇了摇头。他穿着一件笔挺的马球衫，脸上隐隐带着自嘲式的苦笑。他说："没错，我这次赔了不少，可我还是有钱人。这又不是世界末日。现在到世界末日了吗？"他脸上浮现出的那种苦笑，正是每个身处如此惨境的丈夫都会极力掩饰的东西，毕竟他清楚，苦笑会招来他老婆的一通埋怨："你有什么值得得意的？你知道吗，拿你赔的那些钱，我不知道能买多少个香奈儿钱包。"

我扭头望着克里斯蒂娜，问道："她还说了些什么？"

"她不明白他怎么那么快就赔钱了。她完全搞不懂是怎么回事。她在手机上下载了一个应用程序。那个程序显示，他们应该在赚钱，不会赔钱，毕竟股票市场在上涨。她不明白怎么就赔了。"接着，她望向费尔南多和高蒂塔，又重复了一遍她刚刚用西班牙语说过的话。

"没错！"高蒂塔大喊道，"那完全没道理啊！"

"什么没道理？"费尔南多不耐烦地说，"很多人都在股市中赔过钱。我不过是其中一员。这又不是世界末日！"

高蒂塔的身体纹丝未动，但她不紧不慢地把头转向费尔南多，用冰冷的眼神死死地盯着他。此时任何话语都是多余的。

"什么？我说错了什么？"费尔南多答道，语气中透着无辜。

随后，他望着我，努力用英语补充道："这件事儿怨不得我！炒股的人都赔过钱，对吧？我说的不是你。我是说普通人。明白吗？"

"没错，"我答道，"我完全理解，'普通人'和'我'这两个词很少出现在同一句话里。你说得没错。"

"他并不是那个意思，"充当翻译的克里斯蒂娜解释道，"费尔南多是喜欢你的。"

"我知道，"我热情地答道，"我说的只是玩笑话。无论如何，请直接翻译，没必要说一阵儿，停一下。"

"那好，你说吧！"克里斯蒂娜命令道，"我准备好了。"

我深吸了一口气，接着说："好吧，所以……费尔南多，你说得没错。大多数炒股的人都赔过钱。好多人甚至最后还赔得精光，就像你一样。但是，伙计，并非每个炒股的人都能赚到钱。有很多炒股的人确实赚了钱，但我说的不是专业人士，我说的是业余投资者。"

"我敢说，他们的交易方式跟你的肯定不一样，就像一个发疯的女妖。这有点儿——"

"发疯的什么？"那位英语说得挺流利的翻译打断了我的话，连忙问道。

"发疯的女妖。"

"什么是发疯的女妖？"

"就像是一个不停尖叫、大喊、放箭的发疯的印第安人。无论如何，这只是一种表达方式。我的意思是，一个业余投资者如果不停地买入和卖出，那么要赚钱几乎是不可能的。到头来，他会赔得精光，这只是时间问题。不管是在股票市场，还是在加密货币市场，他迟早都会赔光，只不过在加密货币市场中往往赔得更快。原因很简单，就是交易成本太高，市场中到处都是陷阱。因此，除非你对自己的每笔交易都十拿九稳，否则，你迟早会踩雷，会被炸得灰飞烟灭。这个结局是必然的。"我略微停了一下，给翻译留些时间。

克里斯蒂娜点了点头，继续翻译起来。

此时，我又开始翻阅对账单，想要找到更多的线索。我还是觉得有些东西被遗漏了，而它们就藏在眼皮子底下。这些东西能更好地说明费尔南多在长达60天的相对稳定的市场中，是如何把自己投的钱几乎赔光的。

当然，最明显的原因就是我之前提到的，费尔南多是个投资新手，在市场上很快赚到第一笔钱后，他的贪婪之火越烧越旺。在熊熊烈火之中，相对于更激进的交易心态带来的巨额收益，他往常合理的决策过程似乎变得古怪和过时。

可还有别的什么原因？有什么铁证？

就在那时，克里斯蒂娜望着我说道："你说的他们都明白。他们想再来一次，按正确的方式再来一次。他们想问一下，你觉得他们该买入什么？他们该投资股票，还是该投资加密货币？"随后，她补充道："哪一种？高蒂塔想要具体的建议。"

"对于第一个问题，我想说的是，考虑到他们的年纪，他们自然应该用绝大部分钱投资股票。从以往的经验来看，投资者往往能从对股票市场的长线投资中获得最丰厚的回报。另外，还有一种几乎万无一失的股票投资窍门，一种很管用的窍门。但考虑到你们在加密货币市场中损失了大部分资金，那我们就先说说加密货币吧。这样的话，你们就能明白到底是哪儿出了问题。"

"在加密货币市场,像他们这种投资新手,也就是没有投资经验的人,要想赚大钱但不必承担很大风险,一般有两种选择。

"第一,只需购买比特币,然后持有它。我说的'持有'是指真正地持有,不管短期内其价格是涨还是跌。他们要对价格的涨跌视而不见,就像是听到背景噪声一样。明白吗?

"我希望他们买入后,至少能持有 5 年。这绝对是最低要求。7 年更好,10 年当然最理想了。

"如果他们这样做了,如果他们遵循了这个简单的建议,他们就有可能在加密货币市场中赚到钱。尤其是当他们的持有期达到 5 年,甚至 7 年的时候,他们很有可能会赚到钱。这里用了'有可能'这个词,毕竟赚钱这件事儿谁能打包票呢。不管是投资股票,还是投资加密货币,谁也无法保证稳赚不赔。

"但是,话虽如此,说到加密货币,我相信对比特币进行长线投资一定是最佳选择。"

我指了指高蒂塔的苹果手机说:"告诉高蒂塔,把这段话记下来。"

"明白。"克里斯蒂娜答道,并继续翻译。

"另外,告诉她不要做短线交易!千万别!买入后就长期持有。"

不一会儿,高蒂塔拿起自己的手机,开始用两个大拇指飞快地打起字来。打完字后,她朝我看了一眼,脸上闪过一丝感激的微笑。她说:"谢谢你,乔丹!请继续!"

"没问题。"我答道。

我随后转向克里斯蒂娜说:"现在,至于他们该买多少比特币，我们先不讨论这个问题。我先跟他们讲一讲各种不同的投资策略，尤其是股票投资的策略。最终绝大多数投资应该放在股票市场中。对加密货币的投资最多只能占总投资的 5%。我想说的是，千万别超过这个上限。

"他们将来可以决定自己总共投资多少钱，然后我们就可以找到最有效的方法，用这些资金投资不同的资产类别，以实现收益最大化，风险最小化。

"但现在，在他们买入比特币后，他们要持有很长一段时间。这里的重点是，我之所以相信他们采用这个策略能赚到钱，是因为这是一种长线投资策略。这正是该策略的优势所在。

"现在，要是你问我比特币价格未来几周或一年的走势如何，我如果说我知道，就纯粹是在撒谎。我根本不知道。没有人能说清楚，至少谁也不敢断定市场的走势。如果有人跟你大谈市场走势，这个人准是在信口雌黄。

"可从长期来看，我的意思是很长一段时间，我相信比特币价格一定会上涨。这是有原因的。

"你们瞧，在短期，一大堆偶发事件会影响比特币价格。说实话，我根本无法预测价格走势。例如，埃隆·马斯克有天心情不好，突然讨厌比特币；或者一帮豪赌者为了压低价格，不断抛售比特币，但几天后又回购比特币，以获取暴利；又或者美联储为了抑制不断加剧的通货膨胀水平，开始加息或紧缩银根。

"我知道你们对阿根廷两位数的通胀率早已习惯了，但在美国，美联储是绝对不会让那种情况发生的。美联储会想方设法抑制通胀。至少在短期内，这会对比特币市场及股票市场产生不利的影响。

"我想说的是,尽管这些偶发事件在短期内会对比特币价格产生很大的影响,但从长期来看,它们对比特币价格的影响是微乎其微的。我无法预测这些短期的事件,因此在短期内交易比特币能否赚钱,只能看运气。

"如果对比特币进行长线投资,情况就完全不同了。这时,一些基本信息就派上用场了。你可以认真地分析一下所有相关因素,那些使比特币具有潜在投资价值的因素,比如比特币的稀缺性、比特币解决的问题,以及投资新手最快多久开始使用比特币。然后,你就可以根据当前的市场价格,对比特币的实际价值做出明智的判断。

"随后,你不妨问一下自己,比特币价格是被低估了,还是被高估了?如果你觉得它被低估了,你就想买入,对吧,毕竟你是以较低的价格购买比特币的。可如果你觉得它被高估了,你很可能就不会买了。想想看,你为什么要多花冤枉钱?(在后面几章,我会深入探讨'估值'这个主题。到时候再细说。)

"现在,也许我疯了,但在我看来,与其试图在短期内择时交易,挖空心思猜马斯克的心情如何,倒不如把自己挣的辛苦钱拿来投资。这样做似乎明智得多。你明白吗?第一种是投机,也可以说是赌博,第二种是投资。

"鉴于此,假如我问费尔南多,他为什么觉得我现在就该买入并持有比特币,他应该能很轻松地给出答案:我认为比特币价格相比其当前价格被低估了,所以从长远来看,其价格一定会越涨越高。

"要是我问高蒂塔,她认为我应该何时卖掉比特币,她应该能同样快速地给出答案:我短期内不会卖出,我会长期持有,至少5年,甚至更长时间。

"在未来一年里,比特币价格会大幅下跌吗?完全有可能。其实,市场的以往表现告诉我们,将来某个时候比特币价格很可能会下跌。在所谓的比特币或加密货币的'寒冬期',比特币价格经历了大幅回落。但我关心的根本不是这一点。在我看来,这不过是虚假的表象。我买入的时候就是要做长线投资。我会一直坚持这种投资策略。

"你明白我刚才说的那些话了吗?"

我问克里斯蒂娜:"你能跟他们解释一下吗?"

"当然!你说得很有道理。"

虽然克里斯蒂娜两年前连一个英文单词都不会说,可她现在能流畅地、优雅地,甚至很轻松地把我提出的投资建议翻译给费尔南多和高蒂塔。这些建议合情合理,严格遵循了一些行之有效的投资原则。这些建议可不是他们以前那种"自杀式"投资策略。

但这只是个开始。

目前,我说的都只是关于比特币的基本投资策略。我还根本没提股票市场呢。其实,他们的大部分投资都进了股票市场。对于股票投资,我这里有一个特别管用,也特别易学的投资策略。费尔南多和高蒂塔只需听上一遍,就能掌握所有必要的技巧,然后能够在未来的投资中战胜世界上95%的顶尖基金经理。

这将改变他们的一生。

于是,在这天晚上,我向费尔南多和高蒂塔一步步地传授了构建世界一流投资组合的方法,这一方法不仅能最大限度地增加收益和降低风险，而且能确保他们的存款不会被阿根廷的"双头怪兽"（这里指失控的通胀和疯狂的货币贬值）吞噬。

我讲的东西涉及方方面面，既包括如何在纽约证券交易所和以科技股交易为主的纳斯达克证券交易所中快速发现优质股，也包括如何用这些股票轻松地打造世界一流的投资组合，并且让它在某家公司破产时自动完成更新。

这可是一个内行的经验之谈。这跟他们以前看过、听过或是读过的东西可不一样。总之，我不仅告诉他们华尔街的投资老手是怎样做的，还提醒他们如何轻松避开高额的佣金、高昂的管理费以及高得离谱的业绩奖金。那些不了解华尔街投资老手的投资秘诀的投资者会花不少冤枉钱。到头来，这些开支会蚕食他们的收益，把他们的财富洗劫一空。

事实上，随着夜色渐浓，我开始觉得自己就像个退休的魔术师，违反了自己以前所处的那个行业中最重要的规则：永远不要把最重要的魔术技法背后的秘密透露给别人。可我那时所做的正是这件事。

我正在揭露整个金融服务业的真面目，将最神奇的投资技巧公之于众。换句话说，我要让大家知道，金融从业者是怎样通过误导投资者，极力掩盖那个丑陋但不可被否认的真相的，即那些最有效的投资策略易于掌握、便于操作，因此华尔街没有必要存在，投资者更无须向金融从业者支付各种费用、佣金和不菲的业绩奖金。

你需要的只是他们的秘诀的解密版。

我接下来要给你们讲的正是：

过去60年来，华尔街一直用来操控普通投资者的秘诀的解密版。成年后，我几乎一直在私下使用这些秘诀，而且我在投身华尔街最开始的几年里，完全不分场合地使用它。我当时用它们赚了不少钱，却让其他人赔了很多钱。对此，我一点儿也不感到自豪。其实这些年来，我一直在弥补自己的过错。我向人们传授销售和说服技巧，教他们如何成为更高效的企业家。现在，我已经帮助世界各地数千万人过上了更幸福、更富足、更有经济实力的生活。

但本书会在一个全新的高度探讨这些问题。

本书能一次性解决你在打造个人财务王国时遇到的所有问题，而且我还会毫不犹豫地交给你一把把"钥匙"。我想说的是，我花了三年多时间才完成我本来一周就能写完的书，毕竟我对书里讲的投资策略了如指掌，简直是与生俱来地熟悉。唯一的问题是，本书探讨的主题会让你昏昏欲睡，因此我不得不避开所有乏味枯燥的内容，确保我写的东西能吸引你一页接一页地读下去，最后把整本书读完。否则，我清楚，我做的一切会帮倒忙。

那么，我们现在就开始破解华尔街的秘诀吧。虽说这个过程费时费力，但我会让你觉得读起来有趣、理解起来轻松、落实起来容易。偶尔你会大笑起来，还会自言自语道："我简直无法相信他会那样说。"

对于你们中的那些业余投资者，或者正打算入门的投资者，本书将彻底改变你的投资行为。它会告诉你如何用自己赚来的辛苦钱，在确保资金安全并经过深思熟虑后，尽快建立起世界一流的股票投资组合，并始终比世界上95%顶尖对冲基金经理和共同基金经理获得更出众的业绩。

对于你们中的那些有不俗成功经验的投资高手，本书同样具有重要的意义。你不仅会明白自己当下的投资策略为什么能成功，还会时时刻刻提醒自己要坚持现有的投资策略，不要被最新的股票内幕消息牵着鼻子走。这些消息可能来自一个老友，或者来自CNBC（美国消费者新闻与商业频道）的一个世界级的骗子，或者来自办公室里一个不懂装懂的员工，或者来自短视频社交平台TikTok或照片墙使用者中几千个极端自私的骗子中的一员。

此外，尽管你过去在股票市场中获得了不菲的收益，但还要看一下你的投资顾问是谁。在你每年的收益中，很大一部分很可能正在被各种费用、佣金和高额的业绩奖金蚕食，可你本来是不必花这些钱的。本书将会教你如何省下绝大部分开支，从而保证你每年的收益都落入自己的口袋，而不被华尔街拿走。

最后，如果你是一个极端保守的人，没有在股票市场中投一分钱（可能是因为你看不起华尔街，还有在那里工作的贪婪的浑蛋），那么本书对你来说仍然非常有用。对新手投资者来说，本书就是要教你怎样在华尔街创造的价值中，获得自己应得的那一份，而不让华尔街最后从你身上窃取大部分价值。

华尔街其实在世界经济的正常运行中发挥着不可替代的作用，而且在这个过程中创造了巨大的价值。唯一的问题是，华尔街还悄悄地在全球金融体系之上放置了一头巨型吸血怪兽，收取极高的费用和佣金，引起大范围的金融混乱。

为了描述这头巨型吸血怪兽，我特意创造了一个词——华尔街收费机器复合体。在后面几章中，我将更加深入细致地分析它，并教给你一种简单易行的方法，确保你能安全地规避它。

但现在，一个关键点是，你的居住地、年龄、收入、谋生手段，以及你的银行存款或藏在垫子下面的钱有多少都不重要。要想过上富足的生活，最重要的一点就是拿你靠辛勤工作和节衣缩食攒下的钱，在保证安全的前提下进行投资，这样至少能使你的资产免受通胀和货币贬值的影响，同时慢慢地增加你的资产。

本书将带领你建立一种均衡的投资组合。等到将来有一天退休时，你不仅能有尊严并感到自豪，而且能财务自由，能随时随地与任何人一起做自己想做的事，完全不用担心囊中羞涩。

我发自内心地希望你拥有这样的生活。

第 2 章
莎士比亚笔下的困境

——

那天晚上的晚些时候,费尔南多问了我一个非常深奥的问题,尽管那时他不可能意识到这个问题的深奥程度。在他的眼中,这不过是他一长串疑问中的一个新问题,是想让我给他指点迷津的。他把注意力几乎都放在他和高蒂塔未来的出路上,却完全忽视了他们以往犯的错误。虽然我对他这样做的动机一清二楚,毕竟逃避痛苦、追求快乐是人的天性,但我断定这个策略不适合他。

说到提供投资建议,我可是有些经验的。

在过去的 30 年里,一直有人找我,想听听我的投资窍门,而我在反复地试错,吃了很多苦头后才明白的一点是,提供投资窍门但不解释"为什么"完全是白费力气。

要想做出真正的改变,即持续的改变,离不开更深刻的理解。换句话说,人们需要明白为什么这项投资可行,那项投资不可行。否则,他们就会重复那些具有破坏性的模式,要么采用激进的短线交易策略,投进去不少冤枉钱,要么轻信某个极端自私的骗子的建议,最后落得和费尔南多一样的下场:投资赔得精光，投资者一蹶不振。这里只有失败者，没有成功者。另外，还有一张年终的税单有待缴费。

这个结局不仅让费尔南多的问题显得如此尖锐，而且切中业余投资者最常犯的毁灭性错误的要害：他们的资产买入价影响他们做出卖出资产决定的时机。

以费尔南多为例。虽说他最初投资的10万美元现在已化为乌有，但他仍持有几种资产。具体来说，这些资产的价值不足3 000美元，这些资产类别为3只垃圾股，4种垃圾币[1]，还有两件几乎一文不值的NFT藏品。我尤其讨厌那两件NFT艺术藏品，差点儿没忍住问费尔南多，他当时决定买下它们时，是不是根本没有思考。在我看来，它们就像是由一只猴子和一台电脑密切合作，创作出的一万件让人作呕的数字藏品中的两件。我觉得它们实在太恶心了，即便是对NFT而言。

如今，如果你不明白像费尔南多这样聪明、有文化、有见识的人，为什么会花钱买下这些一文不值的垃圾产品，那么你不妨看一下这段简短的解答：我敢向你保证，不管他是听了朋友的投资建议，是在网上读了一篇什么文章，还是全凭直觉，在他进行每一项投资时——从一开始买入特斯拉的股票，到涉足加密货币，以及其间的所有投资，就在买入每种资产的那一刻，他认为这种资产的价值正在上涨。

不管是哪种情况，费尔南多的投资组合中总共还剩下9种资产，总市场价值不足3 000美元。

---

1 垃圾币是俚语，指的是毫无价值或价值很低，而且无法合法使用的加密货币。

他最初花多少钱买下了这9种"宝贝"？

大概4.9万美元。

哪种赔得最多？

一只他买了1 000股的股票，他以每股18美元的价格买入，现在的交易价是每股35美分。

哪种表现最好？

一种他买了1万枚的垃圾币。他以每枚1美元的价格买入，现在的交易价是每枚40美分。

剩下7种的表现呢？

介于两者之间。其中一种的交易价跟他当时的买入价差不多。

话说回来，费尔南多和高蒂塔现在要做一个决定：

卖还是不卖，这是一个值得思考的问题。

唯一的问题是，他们两个人的意见不统一。

"因此……"我们的翻译以一种调解者的口气说道，"你觉得他们应该怎么办？费尔南多根本不想卖，毕竟他买的这些东西都跌得太厉害了。他觉得他们现在先别卖，等一等，看价格能不能回升。他说，那只是，嗯……是——"

"账面上的东西。"费尔南多连忙补充说。

"没错！"克里斯蒂娜表示赞同，"我要说的就是这个意思。现在，赔钱只是账面上的事儿。但是如果他们卖了，赔钱不就成了现实？他们投的钱也就有去无回了。"说完这句话，她耸了耸肩，似乎不太确信自己最后说的几个词。接着，她的语气变得乐观起来。高蒂塔猛地回过头，眯缝着眼睛，瞪了我一眼。她好像在说："你最好站在我这一边。你知道，这样对你有好处！"克里斯蒂娜补充道:"但是,高蒂塔认为,他们应该都卖了,然后从零开始。这用英语怎么说?她想要……嗯……把那些都卖了。这是高蒂塔的想法。你觉得呢?"

我沉思片刻,想着该如何回答这个问题。

我心想,这倒挺有意思的……不管价格多低,高蒂塔就是一门心思要把手头的东西都卖了,然后从头再来。我太了解这种想法了。这是一种迫切要结束某段痛苦经历的想法,希望自己能完全摆脱那段经历带来的负面感受和悲观情绪的想法。好多年前,我也有过这种想法。在我被捕后的头几年里,也就是在那段黑暗的日子里,我也有过这种令人窒息的感觉……就像是在慢慢地死去……我的生命慢慢地、痛苦地流逝……那些象征财富的东西……一个接一个地消失了。那种感觉就像是在千刀万剐下死去一样。

我记得自己当时想,如果他们能把那件事了结了……一次性把我名下的东西都收走,把我关到大牢里,让我在牢里慢慢地熬日子,那么我当时的情况会好得多。我感到,那段不堪回首的往事残留的每一丝痕迹〔汽车、住房、游艇、服装、金钱、妻子、手表、珠宝(对费尔南多和高蒂塔而言,则是垃圾股、一文不值的垃圾币、令人作呕的NFT、经纪账户和加密货币钱包)〕完全消失之前,似乎有太多的东西让我不时想起那段经历,根本无法完成那最重要的第一次深呼吸,挺起胸膛,迈步向前,开始新生活。所以,从这个意义上讲,高蒂塔说得很有道理。

另外,我也知道费尔南多的想法究竟从何而来。

他觉得,与一时感情用事,彻底处理掉手里的投资品相比,一种更实用、更合理的方法显然更有利于他们的长期利益。毕竟,那些投资品的价格都已经跌了那么多了,就算都卖了又有什么意义呢？卖完后得到的3 000美元好像并不能减少多少损失。有没有这笔钱，其实对他们的经济状况没太大影响。因此，他想，那为什么要卖呢？为什么要把账面上的损失变成真正的损失？那样的话，他们将来根本没机会把本钱赚回来了。

看吧，看似简单的问题其实很深奥。

什么时候卖出才合适？决策的依据是什么？

是依据价格涨了多少或降了多少，还是依据你当时的买入价？

我在前面说过，这个看起来无关痛痒的问题却切中要害，也就是业余投资者最常犯的、最致命的错误的要害。

我给你们举个例子。

例如，你以每股40美元的价格买入1 000股股票，但几个月后，股价跌至每股10美元。你赔了多少钱？

不用说，是3万美元，对吧？

我们做个数学运算。你最开始买了1 000股股票。现在，每股股票的价格比你当时的买入价低了30美元。要算清楚你赔了多少钱，你只需把自己购买的股票数量（即1 000股）乘以你每股损失的钱（即每股30美元），你就能算出亏损的总额是3万美元。

也许是这样的。但是，那个数字真的能说明什么吗？你真的赔了3万美元吗？

我是说，账面上的钱显然少了3万美元。这一点是毋庸置疑的。但就像费尔南多想的那样，因为你还没有把股票卖出去，没有真正平仓，所以你真的赔钱了吗？也就是说，难道你不是只在"账面上赔了"吗？就像费尔南多说的那样，好好想想我提的这个问题。

在你真正卖出股票之前，股价回升的可能性始终存在。也就是说，你至少能收回自己投进去的一部分钱，对吧？其实，更乐观的情况是，你如果愿意耐心地等下去，可能就会等到股票价格一路回升，甚至达到自己当初买入股票时的价格，然后再平仓。那样的话，你最后会实现收支平衡，根本不会赔钱。

我这样说没问题吧？

那么，我们现在再深入分析一下。你可以想象自己拥有一个股票投资组合，过去两年来一直用的就是这个策略。

也就是说，当股价下跌时，你坚决不卖股票。

相反，你遵循了费尔南多投资的逻辑，继续持仓，表现得极有耐心，一心想等到股价回升。

等股价上涨后，你卖掉了股票。

换句话说，你再次遵循了费尔南多投资的逻辑（在他刚开始投资的前两周，他好像还没有赔钱），卖出股票，锁定利润，然后继续交易。

当然，你在获利后需要缴税，但你觉得这无可厚非。毕竟，就像本·富兰克林说的那样："除了死亡和税收，没有什么是确定的。"除了这一事实，你还可以想想人们常说的另一句话，也是股票经纪人常挂在嘴边的一句话，即"落袋为安，永不破产"。这个策略似乎百试不爽，俨然是长期的制胜法宝。

果真如此吗？

我们不妨认真分析一下。

如果一个交易策略要求你卖掉所有赚钱的股票，目的是锁定利润，并把赔钱的股票攥在手里，从而避免出现账面亏损，那么这个策略真的有意义吗？

要想准确无误地回答这个问题，我们先分析一下这个有两年历史的投资组合，看看这个策略到底是否有效。

先简单分析一下该投资组合的构成。它包含哪些类型的股票？也就是说，整个投资组合是由什么组成的？

答案是所有赔钱的股票。无一例外。费尔南多的投资组合就是如此。这一点在数学上是确定无疑的。

这个策略有两大缺陷，而且都是致命的缺陷。

（1）它基于一种自欺欺人的假象。
（2）在决定是否应该卖出时，它未能触及最核心的问题，不论价格是涨还是跌。

那么，自欺欺人的假象是什么？

坦率地说，你就像一只把头埋进沙子里的鸵鸟。你心想，只要不抬头，不去评估自己的处境，就不会有任何危险。以股票为例，你只要不卖已经赔钱的股票，就不会真正赔钱。

那好，让我现在给你播报一条快讯。我相信，你会记住下面这句话的：

你彻彻底底在赔钱！

你没有卖股票，也没有平仓，这并不意味着你没有赔钱。确切地说，你已经赔钱了。你的钱一去不复返，早已没了踪影。

如果你还是不相信我说的话，那么你只需看一眼共同基金行业，你所有的疑虑都会彻底消失。你看看，在华尔街向个人投资者兜售的成千上万个金融产品中，共同基金受到的监管最严格，尤其是在会计核算方面。根据相关法规要求，所有的基金都要采用一种标准化的记账方法，即"逐日盯市"。

以下是这种方法的工作原理。

在每个交易日收盘时，共同基金会逐一分析其投资组合中的每只股票，并确定每只股票当前每股的市场价格，然后用股价乘该基金目前持有该股票的数量，这样就能算出当日市场中，该基金的投资组合中每只股票的当前价值。比特币和标普500指数的每日价格波动率如图2-1所示。

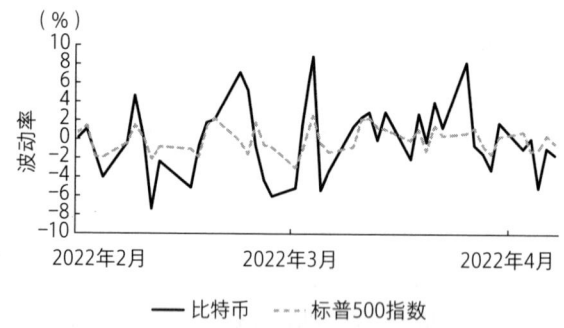

图 2-1　比特币和标普 500 指数每日价格波动率

一旦该基金的整个投资组合都经历了这个过程，那么该基金就可以把所有的股票价值相加，再加上手头的现金，这样就能算出流动资产总额。

要想算出每一份额基金的价值，可从该基金的总资产中扣除该基金的总负债（保证金贷款、佣金、交易费、工资以及营销费等），接着将得出的数字除以基金总份额。这样就算出了该基金的"资产净值"（NAV）。资产净值是指某个特定交易日收盘时每一份额基金的价值。

基金的总资产 = 现金 + Σ（$P_{市价}$ × 所持股票数量）

资产净值 =（基金的总资产 – 基金的总负债）/ 基金总份额

那么，我要说明什么呢？

简单地说，尽管 SEC（美国证券交易委员会）如此无能，但它也不会允许共同基金按照股票买入价来计算资产净值。

为什么？

因为那样做显然很可笑。

而且极具欺骗性。

这里的要点是：

在根据当前市价对投资组合中的每只股票进行计价之前，投资者无法知道自己买入的某只基金中是否全为赔钱的股票，只不过还没被卖出去。

显然，你自己的股票投资组合也是如此。在股价下跌后，尽管你没有卖出股票，但这并不能说明你还没有赔钱。

你已经赔钱了。你投入的钱已经没了踪影。

至于这笔钱是不是彻底没了，那是另一回事了。其实，这会导致我们犯下第二个致命错误——未能每日按市价计价。在决定该不该卖出股票时，我们没有考虑最重要的因素，即为什么。

换句话说，股价为什么下跌？其背后的原因是什么？或者反过来说，股价为什么上涨？其背后的原因是什么？

比如有只股票。你当时的买入价是每股 40 美元。现在，该股票的交易价是每股 70 美元。你想知道，现在该不该卖。

我要问你的第一个问题是：

你当时为什么要以每股 40 美元的价格买下这只股票？最初

的动机是什么？

除非你不喜欢赚钱，不然，你可能会说，你觉得股价会一直上涨，对吧？我是说，还能因为什么？不会是因为你觉得股价会一直下降吧。那个理由太可笑了。

因此，尽管原因似乎不言自明，但这却是我要提出的第一个关键点。

投资者之所以购买股票或其他资产，是因为他们认为其价格会一路上涨。这样一来，我不免要提出下一个不言自明的问题：

你为什么觉得股价会一直上涨呢？其背后的真实原因是什么？

你瞧，与大多数人的想法相反，股价不会因为魔法或巫术或其他神秘力量而上涨或下跌。股价的涨跌总有一些特定的原因。

我们现在就分析一下这些原因。先从最明显的原因入手。

决定股价涨跌的是供需定律。

例如，如果股票的需求超过了供应，也就是说，目前市场上买的人多，卖的人少，那么，一般来说，股价会上涨。

相反，如果股票的供应超过了需求，也就是说，目前市场上卖的人多，买的人少，那么，一般来说，股价会下跌。

这样说很有道理，对吧？

事实上，你很可能以前听说过这个解释。

不过问题是，这种解释实在太简单了，说明不了什么。

为什么？

因为，归根结底，供需关系的变化本身并不是原因，而是结果。

说需求增长是股价上涨的原因其实根本无法揭示事情的真

相。要想洞察本质，你就要更深入地分析，回头看一看，促使需求增长的首要原因到底是什么。一旦你找到了答案，你就能做出非常明智的投资决策。

例如，有只股票，你当时以每股40美元的价格买入，现在的交易价是每股70美元。你想知道，自己是应该把股票卖了，赚取利润，还是继续持有股票，等着股价接着上涨？

让我们化用莎士比亚那句揭示困境的名言：

卖还是不卖，这是一个值得思考的问题。

对于你该不该卖，在给你提出中肯的建议之前，我首先要问一下，你当时为什么要买入这只股票。你当时心里的目标价位是多少？最关键的是，股价上涨的原因是什么？换句话说，是什么因素在推动需求增长？这背后的原因是什么？

总之，股票需求增长的背后有四个原因。

投资者认为公司的价值被低估了

如果投资者认为一家公司股票的价值被低估了，他们就会积极入市，以他们认为极低的价格购买股票。用华尔街的行话来说，这类人可以被称为"价值投资者"。其中最出名的投资者无疑是有"奥马哈先知"之称的沃伦·巴菲特。

自20世纪60年代中期以来，巴菲特通过运用这种投资策略，成为历史上最富有、最成功的投资者。他不仅积累了超过2 000亿美元的个人净资产，而且为那些购买自己的上市投资公司伯克希尔－哈撒韦的股票的投资者赚取了数千亿美元。

为了说明巴菲特的成功有多么了不起，我打个比方。假如你或你的父母，甚至是你的祖父母（没错，巴菲特确实很老了，但他仍然思维敏捷）当时有足够的远见，在巴菲特1964年开始控股伯克希尔－哈撒韦公司时投资1万美元，购买该公司的股票，那么这项投资现在的价值可达到4.1亿美元。

显然，这种回报令人难以置信。

然而，价值投资背后的理论其实很简单。

价值投资者在做出投资决策时，会评估某家公司的股票现价，以及该公司股票的内在价值（通过分析其销售额、收益、资产、负债、资产负债表等）。如果股票当前的交易价低于与公司股票的内在价值相符的价格，那么价值投资者会认为，该公司股票的价值被低估了，他们会入市并买入股票。如果股票的交易价高于与公司股票的内在价值相符的价格，那么价值投资者会认为，该公司股票的价值被高估了，他们就不会入市并买入股票。

这听起来很有道理，对吧？

有个含金量很高的问题是，你怎么计算公司股票的内在价值呢？

答案是，有两种截然不同的方法：

复杂的方法和简单的方法。

我们先从简单的方法入手。由于这种方法出奇地简单，等我介绍完，你很可能会对另一种方法失去兴趣。

简单的方法是：

查阅资料。

没错，搞清一家公司股票的内在价值就这么简单。

你要做的只有一件事：去读一读华尔街顶级分析公司发布的财报。这种报告其实不难找到。这些分析公司都会雇用一批金融分析师，他们会通过分析资产负债表、现金流模型、新闻稿和收益报表，对公司股票的内在价值做出非常准确的估算。

分析师使用了现金流折现分析，通过分析多个不同因素，包括公司的财务现状、发展前景、当前及中期的风险状况以及货币的时间价值，来估算公司股票的内在价值。这是因为预期的未来增长带来的利润需要按今天的现值进行"折现"。

你应该选择哪一家研究公司呢？目前提供这种服务的研究公司差不多有几十家，下面是业内极其知名的四家公司。

- **价值线**：自 1931 年以来，价值线一直提供有关各类股票、债券、期权和共同基金的深度报道和分析，包括财务报表、收益和收入预测、内在价值估计以及技术分析。目前，价值线公司提供有关超过 1 700 家上市公司的资讯。
- **穆迪**：穆迪成立于 1909 年，现已发展成世界上规模最大、最具影响力的信用评级机构之一。穆迪使用基于字母的评级系统，其中"Aaa"授予信用等级最高的实体，"C"授予最无价值的实体。世界各地的投资者、金融机构和企业都在使用穆迪的信用评级系统。
- **独立投资研究公司 CFRA**：CFRA 以前名为"标普全球市场财智"，目前是一家独立研究公司，提供有关各类证券的金融研究和数据，这些证券包括股票、债券及其他金融工具。CFRA 凭借其专有研究而享誉业界，有强大的实力去发现那些价值被低估的股票和最有利的投资机会。

- 晨星：晨星成立于1984年，是一家独立投资研究公司，提供有关各类证券的金融数据和分析，这些证券包括股票、债券、共同基金和ETF（交易所交易基金）。晨星的一大特点是其专有的星级评级系统，该系统可根据共同基金和ETF以往的业绩和风险对其进行评级。

这些研究机构提供各种不同的订阅服务和在线门户网站，免费提供一些基本服务，例如查询某只股票的内在价值。因此，获取这种信息甚至不用花一分钱。或者，你可以通过梳理华尔街一些最大的银行和经纪公司（例如高盛、摩根士丹利和摩根大通）的分析报告，一点点地搜集上面提到的信息。这些公司都具有强大的研究能力，在某些特定的行业深耕多年（因此，你需要一步一步地完成这项工作）。

总之，不管你选择从哪个渠道获取信息，一旦你确定了某只股票的内在价值，其他一切就变得容易了。你只需把该股票当前的价格与其当前的内在价值比较一下，然后根据结果做出相应的投资决策。

是吗？

真那么容易吗？

我们就以苹果公司为例吧！

目前，根据上述的现金流折现模型进行估算，苹果公司股票的内在价值约为每股135.13美元，苹果公司股票当前的价格为每股141.86美元。那么，这意味着什么？

从表面上看，目前苹果公司股票的价值偏高。准确地说，苹果公司股票的价值被高估了 4.9%。

很有意思吧！

你明白我的意思吗？

这是一派胡言！

再仔细想想！你真以为，你分析了苹果公司的资源、以往的业绩和管理能力，判断了苹果公司股票的内在价值，便可根据未来五年的股票价格走势做出明智的投资决策吗？

在我看来，这个想法太可笑了。我现在就告诉你到底为什么。

首先，这个所谓的内在价值（即每股 135.13 美元）其实只是个平均值，是华尔街一流的研究机构根据自己的内部模型，给出的苹果公司股票的内在价值的均值。根据不同的数据来源，估值会从每股 235 美元到每股 99 美元不等。换句话说，目前对苹果公司股票的内在价值，分析师并无完全一致的看法。

为什么？

因为估算过程中有太多不确定因素，分析师有太多的个人偏见，所以他们难以得出一致的结论。结果，他们的结论会夹杂很多主观判断，难言客观公正。如果一个价值投资者想要做出明智的投资决策，那么这些结论是毫无参考价值的。

很多其他大型上市公司股票的内在价值的均值其实也是如此。那些保持多条业务线，大胆推出新产品的上市公司尤其如此，这是因为任何新产品都有可能对公司的净利润产生很大的影响。仅出于此，你就很难准确地判断这类公司股票的内在价值，因此你也无法确定能否以此为依据，做出明智的投资决策。

然而，对其他一些不那么复杂的公司来说，情况可能恰恰相反。

如果一家公司采用简单的经营模式，拥有可预测的增长前景，那么准确地判断该公司股票的内在价值并基于价值做出相应的投资决策就变得容易多了。

不管怎样，最该记住的一点是，即便在最理想的情况下，公司股票的内在价值的计算过程也不会是准确无误的。这个过程始终会或多或少涉及一些人为因素。所谓的人为因素通常表现为分析师的个人偏见、他们对公司未来业绩先入为主的预测、他们对公司管理团队的信心、他们的研究工作涉及的行业。正是基于这些人为因素，最终得出的数据只是对公司股票的内在价值的一种主观衡量，而不是一种完全客观的衡量。

因此，不考虑苹果公司的无形资产的巨大价值，包括其实力出众的管理团队、大量的现金储备、长期以来在发布拳头产品和开发利润丰厚的金融生态系统方面的成功经历，而仅将所谓的内在价值作为评判苹果公司的股价是被高估，还是被低估的唯一标准，这简直太可笑了。

无论如何，这是一种计算公司股票的内在价值简单易行的方法：查一查相关资料。

我们现在接着讲一讲复杂的方法。说实话，这种方法出奇地复杂。其实，我强烈建议你尽量不要用这种方法，除非你天生是个受虐狂——你能从完成那些枯燥乏味的数学计算中得到极大的乐趣，尽管你最终得出的结果与你在计算机上查阅的结果一模一样。

然而，我还是要向你简要地介绍一下这种数学风暴都包含哪些方面，重点说明一下华尔街的分析师在计算中使用的关键术语和变量。这样说吧，要是你在CNBC上听到有个专家在喋喋不休地谈论如何依据某家公司股票的内在价值的分析，判断其股价是被高估了，还是被低估了，那么你很可能会依据他的说法去投资，也不管他说的话有没有用（很可能用处不大）。

在记住这种情况后，我要向你说明的是，判断一家公司股票的内在价值涉及一系列复杂的数学计算。你要面对的变量不仅包括公司股票流通量、目前和将来的盈利潜力以及现金流（有关将来的数字需要被折现，以体现将来赚取的钱不及现在赚取的钱有价值这一事实），还包括另外十几个不同的变量，其中每个变量都要由各个分析师根据专有模型进行适当的加权。这个过程循环往复，延续不断。

总而言之，那可真是一大堆乱七八糟的数字。我敢说，要是十几家知名的公司把最终的计算结果拱手相送，你绝不会自己亲自算上一通。可惜这种好事在华尔街并不多见。但不管怎样，要想对市场的运行机制以及上市公司股票的价值评估方式有基本的认识，你还是得熟悉一些简单的术语。

总体来说，你需要了解以下四个"术语"。

股票流通量

这是指某家公司的投资者和其内部人员目前持有的该公司股份的总数，公司的内部人员包括公司的创始人、早期投资者以及当前的管理团队。每一股股票都代表对公司的所有权，而股份持有人可获得公司的一部分利润，并对公司的某些事务享有表决权。

在计算股票流通量时，你只需将个人投资者、机构投资者（例如共同基金和养老基金）以及公司的管理团队目前持有的股票量相加，然后减去公司通过股票回购计划持有的股票量。

例如，如果一家公司之前发行了1 000万股股票，而该公司（通过股票回购计划）已经回购了其中的200万股股票，那么目前的股票流通量就是800万股股票。这是道简单的数学题。

此外，股票流通量还会因股票分割发生变化。在这种情况下，公司可通过将额外的股份分配给现有的股东，来增加股票流通量。例如，如果按2∶1进行股票分割，那么对现有股东持有的每一股股票，公司都会增配一股股票，从而使流通股的数量增加一倍。这样一来，为了确保公司的总市值保持不变，每股股票的市场价格将会降低50%。按2∶1进行股票分割的机制如图2-2所示：

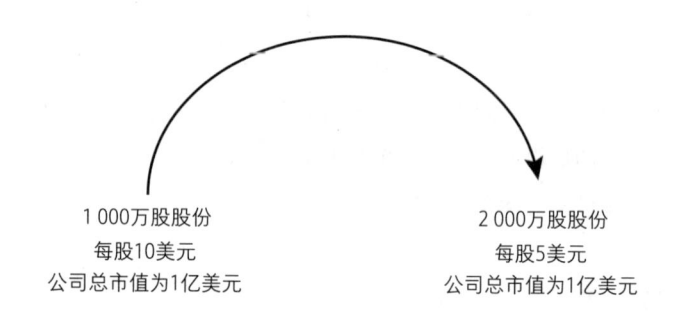

1 000万股股份
每股10美元
公司总市值为1亿美元

2 000万股股份
每股5美元
公司总市值为1亿美元

图2-2　公司总市值

注意，在上述两种情况中，即在股票分割之前和之后，公司的总市值保持不变。换句话说，股票分割的结果不过是表面上的变化。但这并不是说，股票分割不会影响投资者对股票的看法。例如，要是股价涨得太高，有些投资者就会觉得，他们错失了良机，他们要想靠价格这么高的股票赚钱的机会已经微乎其微了。于是，公司通常会宣布按2∶1或3∶1进行股票分割，使这些投资者持有的股票的价格下降，将其降到更有吸引力的水平。

而且，同样的过程可能会反过来。例如，如果某只股票的价格下跌幅度过大，公司的董事会就会授权进行反向股票分割。在这种情况下，股票流通量会按一定比例减少，而股价会相应地升高。例如，一家公司拥有1亿股流通股，股价是每股50美分。公司宣布按1∶10进行反向股票分割，结果，股份数量会降至1 000万股，股价会升至每股5美元。

当然，公司的总市值最终保持不变。严格地说，正向股票分割和反向股票分割其实都是表面现象。但是，在投资者的眼中，每股5美元的股票远比每股50美分的股票更吸引人。就股价本身而言，后一种股票已属于低价股，自然无法避免这类股票的一切负面影响。

公司市值

这个关键的财务指标可用来衡量某家公司的流通股的总价值（按美元计价）。计算时，你只需用公司股票的现价乘以流通股的总数量，就能算出公司的市值。

例如，某家公司有100万股流通股，股票的现价是每股50美元，那么该公司的市值就是5 000万美元。又比如，某家公司有2 000万股流通股，股票的现价是每股100美元，那么该公司的市值就是20亿美元。这些简单的计算过程如下所示：

市值＝股票现价 × 股票流通量

A 公司：

股票流通量＝100 万股

股票现价＝每股 50 美元

市值＝每股 50 美元 ×100 万股＝5 000 万美元

B 公司：

股票流通量＝2 000 万股

股票现价＝每股 100 美元

市值＝每股 100 美元 ×2 000 万股＝20 亿美元

一般来说，投资者会认为市值高的公司比市值低的公司更稳定、更安全。因此，投资者往往会根据公司市值来寻找潜在的投资机会。例如，有些投资者更愿意投资低市值的公司（市值介于 3 亿美元至 20 亿美元的公司），毕竟这类公司的增长潜力更大、投资回报更丰厚；还有一些投资者更青睐高市值公司（市值超过 100 亿美元的公司），毕竟这类公司的地位更稳固，且以往的收益更稳定。

不管怎样，关键是记住一点，即计算公司市值仅考虑了其股票流通量的总价值，而没有考虑其他一些关键因素，尽管几乎可以肯定的是，这些因素会对你最终的投资决策产生重大影响。

每股收益

这个关键指标以每股为单位计算公司的盈利能力。在计算时，只需用公司的总净收入[1]除以股票流通量即可。计算的结果成为衡量公司的每股流通股盈利数额的明确标准。

例如，如果一家公司的净收入为 1 000 万美元，目前有 500 万股流通股，该公司的每股收益就是 2 美元。又比如，如果一家公司的净收入为 100 亿美元，目前有 5 亿股流通股，该公司的每股收益就是 20 美元。对于上面两个例子，这个极其简单的计算过程如下所示：

每股收益 = 净收入 ÷ 股票流通量

A 公司：

净收入 =1 000 万美元

股票流通量 =500 万股

每股收益 =1 000 万美元 ÷500 万股 = 每股 2 美元

B 公司：

净收入 =100 亿美元

股票流通量 =5 亿股

每股收益 =100 亿美元 ÷5 亿股 = 每股 20 美元

实际上，一家公司的高每股收益表明它的每一股流通股都产生了可观的利润，而一家公司的低每股收益则恰恰相反。不过，在做出决策时，这一指标之所以重要，是因为你可以将其与该公

---

[1] 公司的净收入是指某家公司在一段时间内（例如一个季度或一年）获得的税后利润。

司去年的每股收益（如果你分析的是季度每股收益，则可以将其与上一季度的每股收益进行比较），以及华尔街分析师的总体共识进行比较，看看该公司的表现是超出还是未达到预期。无论如何，尽管这个指标在计算一家公司股票内在价值方面是不可缺失的，但重要的是记住，它仍只能解决一个庞大的财务难题的一小部分。

市盈率

作为最常用的财务指标之一，公司的市盈率可衡量投资者愿意为该公司的每股收益所支付的总价值。

计算市盈率时，只需用公司股票的现价除以最近一年的每股收益即可。例如，如果一家公司最近一年的每股收益是4美元，股票的交易价是每股48美元，那么投资者"报答"该公司的市盈率正好是12。如果华尔街很看好这家公司，尤其是该公司的发展前景和年收益增长情况，那么该公司的市盈率会高得多。例如，在每股收益仍是4美元的情况下，如果华尔街确定该公司的市盈率为25，该公司目前的股价就是每股100美元。这个简单的计算过程如下所示：

市盈率 = 股票现价 ÷ 每股收益

场景1：
股票现价 = 每股48美元
每股收益 = 4美元

市盈率 =48 美元 ÷4 美元 =12

股票现价 = 市盈率 × 每股收益

场景 2：
每股收益 =4 美元
市盈率 =25
股票现价 =4 美元 ×25=100 美元

　　实际上，高市盈率意味着投资者为了获得公司的年收益而愿意支付极高倍数的价格，这是因为他们非常看好该公司的发展前景。相反，低市盈率意味着投资者不看好公司的发展前景，或者至少认为公司的发展前景并不乐观，因此他们为了获得公司的收益只愿意支付较低倍数的价格。

　　例如，如果一家公司的发展势头强劲，不仅毛利率很高，而且商业模式很吸引人，那么相比于一家发展缓慢、利润微薄、短期内难以增加利润的公司，前一家公司的市盈率往往会高很多。实际上，投资者只需将某家公司的市盈率与其所在行业的平均市盈率进行比较，很快就可以得出结论：相较于同行业的其他公司，市场赋予该公司的价值是高是低。这其实就是市盈率对投资者的作用。如果公司的市盈率高于行业平均值，就表明相较于同行业的其他公司，投资者更看好该公司的发展前景。相反，如果公司的市盈率低于行业平均值，就表明相较于同行业的其他公司，投资者更不看好该公司的发展前景。

　　说得再清楚一些，股票市场中有很多不同的行业。市场会根据投资者对每个具体行业（相对于其他行业）的发展前景做出的判断，赋予每个行业不同的平均市盈率。图 2-3 描述了美国股票市场中交易量最大、交易最活跃的几个行业的平均市盈率。

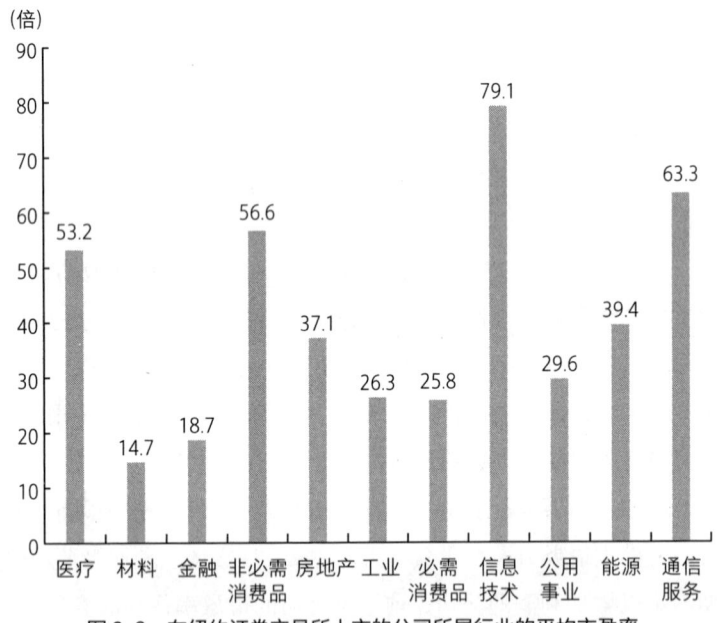

(倍)

行业	平均市盈率
医疗	53.2
材料	14.7
金融	18.7
非必需消费品	56.6
房地产	37.1
工业	26.3
必需消费品	25.8
信息技术	79.1
公用事业	29.6
能源	39.4
通信服务	63.3

图 2-3 在纽约证券交易所上市的公司所属行业的平均市盈率

为了充分了解市场对一家公司目前的估值情况，以及投资者对该公司的价值走势的判断，分析师使用两种市盈率来评估某家公司的发展现状及前景。

（1）**历史市盈率**：顾名思义，该指标使用公司过去 12 个月的每股收益来计算该公司的市盈率。在这种情况下，数据的历史性使得市盈率成为衡量公司价值极其准确的标准。投资者可通过分析公司过往业绩,对公司的发展前景做出评估。然而,这样做也存在缺陷。由于市盈率未能考虑公司的近期发展状况,投资者就有可能忽视公司下一年出现的快速增长,而这种情况可能会对公司的股价产生很大的影响。鉴于这种可能出现的情况,那些成熟的投资者在做出投资决策之前,还会先分析一下第二种市盈率。

(2)前瞻性市盈率:通过使用这种市盈率,投资者可将某家公司在过去几个月的历史收益与其在未来12个月的预测收益进行比较。也就是说,此种市盈率的基础是公司下一年实现预测收益后对公司价值的估算。此种市盈率的作用在于,投资者不仅能分析公司的历史数据,而且能了解公司实现增长目标后的未来价值。

除了这四大变量,分析师在计算公司股票的内在价值时,会考虑很多其他数据点。但是,我不会在接下来的50页里向你一一解释这些变量(在这个过程中,这些内容会让你感到无聊)。我会把这项任务交给本杰明·格雷厄姆。在解释如何计算公司股票的内在价值方面,他那部开创性的著作《聪明的投资者》做得比我好多了。唯一的问题是,要想读完前几章的内容,你恐怕至少要喝上五杯咖啡。

换句话说,《聪明的投资者》这本书尽管内容翔实,但是读起来枯燥得要死。我敢说,除了一心想读完这本书的价值投资者,其他人要不了多久就会昏昏欲睡。尽管如此,在巴菲特成为世界首富之前,这本书帮助他确定了自己的投资理念。因此，对想更深入地了解价值投资理念的人来说，这是一本必读之作。

投资者认为即将传来利好消息

这一点有点儿不太好确定，毕竟那些自认为即将传来利好消息的投资者与那些确切知道即将传来利好消息的投资者之间有一条微妙的界线。

就拿前一种情况来说，这种投资策略不仅完全合法，而且是对某只股票的需求突然激增的主要原因。但在后一种情况下，这种投资策略不仅完全违法，而且是投资者可能会在监狱里待上三五年的主要原因。

不管是哪种情况，要确保使用这个策略不违法，人们常会举这样一个例子：在一家公司发布财报的前夕，有个投资者买入了该公司的股票。这个投资者心想，股票的表现会超出那些研究该公司股票的华尔街分析师的预期。如果投资者的预测是正确的，该公司股票的收益高于预期，其他买家就会涌入市场，抢购这家公司的股票。从本质上讲，在股票出现超预期的表现后，股票会突然变得物超所值。在这种情况下，那些反应快的投资者会马上入市，购入这家价值被低估的公司的股票。

为此，投资者近乎狂热地密切关注十几种财经新闻，比如公司宣布首次分配股利、公司提高股利、公司可能被收购的传言、公司被收购的声明、新药临床试验的积极结果、重大诉讼得到解决、巴菲特和马斯克等大牌投资者的突然持股、签订了改变游戏规则的合约、新专利最终获批、每月的认购人数激增，还有各种各样的有关宏观经济的新闻，例如通胀率、失业率、利率、国内生产总值、贸易逆差、新屋开工量等的变化。

这些新闻好像让人有些喘不上来气了，对吧？如果真是那样，你就别理会这些新闻了。

虽说有这么多形形色色的新闻，但是它们对股票的影响不外乎以下两个方面：

（1）当利好消息出现时，投资者眼中的公司价值会突然增长。在这种情况下，那些反应快的投资者会纷纷入市，买入这家目前价值被低估的公司的股票，股价就会随之上涨。

（2）当坏消息出现时，投资者眼中的公司价值会突然降低。在这种情况下，那些反应快的投资者会纷纷入市，卖出这家目前价值被高估的公司的股票，股价就会随之下跌。

在确定买入股票的时机时，有两个不同的策略：

（1）在利好消息公布之前买入：此处的关键是，在利好消息公布之前早早买入股票，这样的话，消息的影响就不可能体现在股价中。你要知道，越接近利好消息公布的时间，其他投资者闻风而动的可能性越大，提前买入股票的可能性就越大。虽然在这方面没有一成不变的规则，但一般来说，如果你在利好消息公布后一周内买入股票，那么消息的影响至少有一部分可能已经体现在股价中了。

（2）**在利好消息公布之后买入**：要是遇到这种情况，你的成败将取决于"入市速度"。这里的"入市速度"是相较于和你一样也想尽快入市的其他投资者而言的。因此，你要采用一种极具竞争力的投资策略，即动量交易，以赚取比较微薄的短期利润。动量交易者会在股价快速波动之际进行短线投资。就我个人而言，我不建议你采用这种短线投资策略，可如果你是个专业投资人，就另当别论了。在这种股价频繁变动的情况下，普通投资者往往会赔得精光。2021年1月的游戏驿站[1]交易潮便是很好的例证。当时，那些普通投资者在买入这只被炒作起来的股票后，损失惨重。这个例子足以警示投资者，不要冒险进行短期股票交易，也不要被市场炒作所迷惑。

投资者遵循博傻理论

就定义而言，"博傻理论"是指公司股票的价值就是市场中最大的傻瓜愿意为其支付的价格。换句话说，当你决定自己是否

---

[1] 游戏驿站（GameStop）是一家电子游戏零售商，在红迪网（Reddit）的Wallstreetbets论坛上一群散户的共同推动下，该公司的股价暴涨。

要买入某只股票时，你根本不必在乎股票的内在价值，只要市场中有人愿意比你出更高的价格。

比如，你正在考虑买入一只当前交易价为每股20美元的股票。在做了一些研究后，你认为，该股票的内在价值仅为每股15美元，但是市场中有一些跟风的买家，他们愿意最高以每股30美元的价格买入这只股票。

你会买入这只股票吗？

答案是，取决于你遵循的是哪一种投资理论。

你如果遵循的是价值投资理论，那么很可能不会买这只股票。你会把它的内在价值（每股15美元）与它的现价（每股20美元）进行比较，然后得出结论：这家公司股票的价值被高估了，相当于每股被高估了5美元。你会放弃购入这只股票。

但是，你如果遵循的是博傻理论，那么很可能会买入这只股票。你会把它的现价（每股20美元）与市场中最大的傻瓜愿意出的价格（每股30美元）进行比较，然后得出结论：这家公司股票的价值被低估了，相当于每股被低估了10美元。要是你再冷静地想一想，你会说服自己买入这只股票。你可能会说："我知道，对于每股只值15美元的股票，现在花20美元买入，这好像有些傻。但我知道市场中还有个更大的傻瓜，他愿意以每股30美元的价格买入这只股票。如果那样，我就不是傻瓜了。我反倒挺聪明。"

简单地说，这就是博傻理论的内涵。

实际上，当一只股票的价格快速上涨时，这一理论往往会成为激发市场需求的最大推手。一拨又一拨的投资者会涌入市场，迫不及待地从投机者手里买入股票。这些新入市者可以被称为一帮越来越傻的傻瓜。

我在前面讲过,只要他们不是最大的傻瓜,他们就其实一点儿也不傻。他们是精明的动量交易者,对时机非常敏感——在最后一拨傻瓜涌入市场、赔个精光之前,他们迅速地完成交易。就这样,当市场中再也没有傻瓜买入股票时,股票的价格就会开始暴跌,起初跌得比较慢,但接着,在最后一拨傻瓜争相逃离时,股价会跌得越来越快。直到股价跌至与其内在价值相符的水平,最后才会跌停。

这就像是在玩一场高风险的抢凳子游戏。在音乐停下后,那个站着的人获得了一个不那么体面的称呼:最大的傻瓜。

虽然我不建议大家玩这种游戏,如果你非要试一下,那么我有个建议(其实是华尔街的一句名言)能让你最有可能赢得这场游戏——"多头有钱赚,空头有钱赚,猪头亏得惨"。

换句话说,当你买入一只价格快速上涨的股票时,你想尽量在股价上涨初期接近尾声之际买入股票,而在上涨末期开始之际卖出股票。别总想着"抄底",也别总想着"逃顶"。要抓住股价涨到一半的有利时机,这时你才最有可能赚上一笔,而不至于赔得精光。至于你究竟该怎么做,我将在之后详细解说。请继续阅读。

投资者情绪小幅升温

还记得华尔街那句古老的格言"水涨船高"吗?

投资者情绪代表着投资者对于股票市场未来走势的整体感

受或态度：他们是认为股票市场会上涨，还是认为股票市场会下跌？

经济状况、油价、战争的交战双方、过去几周发布的收益报告、牛奶和鸡蛋的价格、夜间新闻，以上种种以及很多其他类似的因素不知不觉间汇聚在一起，最终形成了一种集体意识，即"投资者情绪"。

假如投资者都感到市场正在上涨，华尔街将这种情况称作"看涨情绪"；假如投资者都感到市场正在下跌，华尔街将这种情况称作"看跌情绪"。

通过了解投资者情绪，你就能洞悉投资者对某些市场事件或新闻公告会做出什么样的反应，这样就能更好地理解市场中正在发生的一切。例如，投资者情绪是正面的，这表明投资者对市场前景持乐观态度，更有可能买入资产，这样就会抬高股价；投资者情绪是负面的，这表明投资者对市场前景持悲观态度，更有可能卖出资产，这样就会压低股价。

结果，当投资者情绪持续升温时，"散弹效应"就会产生，从而释放出一大波市场需求，抬高成千上万只不同股票的价格，不管这些股票的价格是否真的应该上涨。而当投资者情绪低迷时，反向的"散弹效应"也会产生，即出现成千上万只股票被大规模抛售的现象。

其实，你坐在温馨舒适的家里，就能在电视上看到这一幕。你只要在一个市场急剧波动的交易日，看一下CNBC的节目就行。要是市场崩盘了，大跌3%甚至以上，你就会发现，几乎每只股票旁边都有红色的向下箭头在屏幕底部滑过。可要是股票市场暴涨，上涨3%甚至以上，你就会发现屏幕底部出现的是绿色的向上箭头。

这里的要点是：

通过了解投资者情绪，你能更好地理解任何一天影响市场的潜在力量，并据此做出更明智的投资决策。否则，你往往不会明白你持仓的某只股票的价格为什么涨了或跌了。你会觉得，股价波动与公司发生的某些事件有关，但其实可能只是因为投资者对股票的感受发生了变化。

现在还剩下一个问题：投资者情绪的工作机制到底是什么？换句话说，这些额外的需求来自哪里？

记住，一波又一波新需求的背后确实有真金白银。这些资金一定来自某个地方，对吧？

那么，究竟是哪里？这些新入市的资金从哪儿来？

简单来说，资金来自其他市场。

美国股票市场并不是世界上唯一的交易场所。在投资者考虑将手头的资金投入市场时，还有很多其他市场可供他们选择。例如，请你想象一下：

有这样一个大得惊人的数字，它代表世界上所有资产的总价值。我们不去管资产的主人是谁（个人、公司、政府、金融机构），资产位于哪个国家，是实物资产还是无形资产。我这里说的资产，既包括股票、债券、现金、养老基金、共同基金和银行账户里的资金等金融资产，也包括房地产、大宗商品、贵金属、机械、家畜以及整个供应链上的所有产品等实物资产，还包括金融机构为了推动商品和服务在全球流动而推出的各类资产（票据、信用证、银行保函和供应链融资）。

现在，按麦肯锡公司（一家一流的咨询公司，直接负责说服美国政府和美国最大的一批公司关掉美国的制造业基地，把所有工作转移至他国）那帮天才的说法，上面提到的所有那些资产总共价值约1 500万亿美元。

现在，你差不多能明白那个数字大得有多么离谱了：那是15后面带14个0啊！要是写出来的话，应该是这样的：

1 500 000 000 000 000美元。

现在，你知道了这是个天大的数字，对吧？

没错，确实如此。

但是，并不是所有的1 500万亿美元都在"市场中流动"。大约有1/3的资产为非流动资产。也就是说，这些资产无法被随时出售和变现。因此，如果从这1 500万亿美元中扣除所有非流动资产的价值，那么最后只有1 000万亿美元。这个仍然大得惊人的数字便是世界上全部流动资产的总价值。

这实际上是说，在任何特定的时刻，有1 000万亿美元分散在世界各地，涉及很多银行、经纪公司、养老基金和共同基金。每个控制着这些资产的一部分并有投资意识的人，都想要实现同样的目标：从他们控制的资产中获得最高的年化收益率，而且在投资过程中不损失资产。

今天，在互联互通的全球金融体系中，这些资产一直在以惊人的速度，飞快地在世界各地流转。差不多有价值数万亿美元的资产日复一日地在金融系统中流动。银行家、基金经理和专业投资人在全球市场中四处寻找投资机会，希望以最低的风险，获取最大的年收益。一般来说，这就像是有两队人马正在金融市场进行一场"拔河比赛"，其中每一队都有自己鲜明的投资理念和风险承受能力。

在绳子的一头儿，你看到的是"权益队"，也就是人们常说的"股票队"。

这个队的成员来自世界各地，主要是每个证券交易所的所有上市公司的每一只股票。纽约证券交易所、伦敦证券交易所、纳斯达克证券交易所、约翰内斯堡证券交易所，还有莫斯科、波兰、德国、韩国等其他国家与地区的交易所，在这些交易所里交易的每只股票都是这个团队的成员。

现在，要是你持有某家公司的股份，就相当于你拥有该公司的所有权，我说得没错吧？从投资角度来说，公司运营得好，股价上涨时，你的股票涨势就最好；可要是公司运营得不好，股价下跌，或者公司破产时，你的股票的跌势就最大。鉴于此，人们将"权益队"视为高风险、高回报的团队——一切顺利时，利益相关方赚得盆满钵满；一切不顺时，利益相关方赔得倾家荡产。这就是权益队。

在绳子的另一头儿，你看到的是"债务队"，也就是人们常说的"债券队"。

这个队的成员来自世界各地，主要是政府、企业或金融机构发行的债券和票据。但是，债券与股票不同，并不代表对发行方的所有权。相反，它代表发行人对持有人做出的承诺——到将来某个时间（通常被称作"到期日"）按债券的面值足额偿还的本金，外加约定每隔一段时间支付利息（通常被称作"债券的息票利率"）。

从投资角度来看，债券投资要比股票投资的收益低得多，这是因为你的收益仅限于债券的利息。另一方面，债券投资的风险要比股票投资低得多，因为债券最终到期时，发行人应依法偿还你投入的每一美元。而且，大部分债券的发行人还要定期向持有人支付利息。如果发行人未能履行义务，那么债券持有人可起诉发行人，让发行人倾家荡产。

更值得一提的是，万一发行人真的无法履约，法院会优先考虑债券持有人的利益，将他们放在所有债权人的最前面，要求发行人首先偿还债券持有人的资金，而法院会无视股东的利益，将他们放在所有债权人的最后面，最后他们几乎会血本无归。正因如此，人们将"权益队"视为低风险、低回报的团队。不管发行人当前的经营状况如何，债券持有人都会获得固定的收益，而且相较于股票的利益相关方，他们赔掉所有资金的风险要低得多。

我在前面提到过金融市场中的"拔河比赛"。现在我们回头看一下这个场景。当前世界上在经济、财政、地缘政治、军事和流行病等方面发生的一切，以及这些事件对金融体系共同产生的影响，导致在两个团队中，似乎总会有一个团队暂时比另一个团队的队员多一些，从而在"拔河"时拥有不公平的优势。结果，这个团队开始在"拔河比赛"中占得上风，如海啸般奔涌而来的资产开始朝这个团队流动。

例如，在利率走高的情况下，债务队就能占得优势，资金就会流出股票市场，流向债券市场。为什么会这样呢？这是因为投资者认为购买债券更有利可图，同时他们面临的风险也很小。相反，要是利率不断走低，资金就会流出债券市场，流入股票市场，这是因为投资者认为债券的回报变得越发微薄，虽说股票市场中有额外的风险，但投资股票的收益会更高一些。

正因如此，当利率越来越高时，股票市场往往会下跌，这是因为资金在流出股票市场，流入债券市场；当利率越来越低时，股票市场往往会上涨，这是因为资金在流出债券市场，流入股票市场。从专业角度，可将这种现象称作"互逆关系"，即一个变量增长时，另一个变量会下降，反之亦然。

因此，利率变动方向与整体投资者情绪之间存在一种互逆关系。具体来讲，利率走低会引起整体投资者情绪的上涨，而利率走高会引起整体投资者情绪的下降。也就是说，投资者情绪的上涨就相当于大部分投资者异口同声地说："我觉得，我现在投资股票，会比投资债券赚得多一些……"这样一来，资金就开始从债券市场流出，流入股票市场，从而释放出一大波市场需求，抬高数千只股票的价格，不管这些股票是否真有价值。

一般来说，投资者情绪的变动会导致两种心态中的一种：追逐风险或规避风险。

当利率持续上涨，经济前景不明朗，整个世界似乎即将崩溃时，投资者在极其焦虑不安的时候，往往会表现出一种规避风险的心态，结果资金就会流出股票市场，流入债券市场。此外，那些还留在股票市场的资金往往会从风险更高、知名度不高的公司流向风险更低、知名度高的公司。

相反，当经济似乎表现强劲，利率持续下降，整个世界比较风平浪静时，投资者在不怎么焦虑的时候，往往会表现出一种追逐风险的心态，结果资金就会流出债券市场，流入股票市场。尽管股票市场的风险更大，但是股票市场的收益可能会更高一些。

用华尔街的话来说，当两种资产（例如股票和债券）沿着相反的方向流动时，它们被称作"有低相关性"，即一种上涨，另一种下跌；而当两种资产沿着相同的方向流动时，它们被称作"有高相关性"，即一种上涨，另一种也跟着上涨。

我将在后面的章节中再谈论这个话题。到时候，我将带你了解，在根据自己的投资目标构建某个投资组合并兼顾风险和收益时，如何顺利地完成资产配置。

我们现在回到前面那个话题：在你买入某只股票后，股价从每股40美元跌至每股10美元。问题是，你该怎么办呢？

现在有三种选择：

（1）卖掉股票，把损失入账；
（2）持有股票，等待股价反弹；
（3）为了摊低成本而加仓[1]。

答案是，要看具体情况。

要想做出明智的决策，你得回头看一下你以每股40美元的价格买入这只股票时的情况，然后问一下自己，你当时为什么要买这只股票。换句话说，虽然股价现在下跌了，但你当时买入的时候，肯定不会想到最后会是这样，对吧？

你当时买入股票时，看重的是公司的价值吗？你觉得公司股票的内在价值要远远高于每股40美元，因此你将其视为低价买

---

[1] 摊低成本是指目前在以较高价格持有一只股票时，为了降低所有股份的平均成本，增加将来股价上涨时的潜在利润而增持股票的策略。

入的机会？

你也可能是在听到利好消息后决定买入这只股票的？

你认为这家公司将会有超预期的收益，或者会签订一个改变局面的合同，或者会收到另一家公司的并购要约？

还是说动量交易到头来让你陷入了困境，现在看起来越来越像是你落入了不幸的境地，成了最大的傻瓜？

你瞧，要想回答资本市场中类似于莎士比亚描述的那种困境，即"卖还是不卖"，你就要回到最开始的那个问题，也就是你当时为什么要买那只股票。你不妨问一问自己这个简单的问题：那个理由仍然合理吗？

如果仍然合理，那么你很可能想继续持有那只股票，除非公司或整个市场出现了其他情况，让你最初买入那只股票的理由变得不合理了。如果不再合理，那么有其他合理的理由取而代之吗？

例如，如果你当时看重的是公司股票的内在价值，以每股40美元的价格买入了股票，现在股价下跌了30美元，那么你首先要重新研究一下公司的基本面，确保自己在计算公司股票的内在价值时是准确无误的。

也就是说，如果你当时觉得公司股票的内在价值是每股75美元，可股价现在跌到了每股10美元，那么你在重新研究了公司的基本面后，你还相信真实的股价是每股75美元吗？如果你还相信，那么我强烈建议你在每股10美元这个价位及时加仓，毕竟现在买很划算。如果公司的基本面比你最初预想的差得多，或者可能有某个坏消息使公司股票的内在价值跌到了现在的水平，那么我强烈建议你卖掉股票，把损失入账，吸取教训，未来投资时要谨慎些。

相反，如果你当时是听了某个利好消息后才决定买入股票的，那么你可以问一下自己这些问题：利好消息公布时，究竟发生了什么？利好消息的积极影响是否已经反映在股价中了？或者说，你当时搞错了，消息实际上比预想的糟糕，而这成为股价下跌的罪魁祸首？

无论是哪种情况，考虑到你当时买股票的理由已经失去了时效性，你应该思考一下，是否还有别的原因能让你继续持有这只股票。例如，由于股价已经跌至很低，根据价值投资原则继续持有这只股票合理吗？

然而，如果公司既没有你看重的价值，也没有公布任何利好消息，那么你究竟为何要继续持有这只股票呢？你不会那么做的！你会想方设法卖掉股票，吸取投资失败的教训，寻找更好的投资机会。如果你当时买入股票时遵循的是博傻理论，可现如今股价已跌到了每股10美元，那么你现在看上去倒像是最大的傻瓜。你应该卖掉股票，寻找别的投资机会。

不管是哪种情况，你都不会对自己说的一句话是："我现在可不能卖股票啊，毕竟六个月前的买入价比现在的高多了，我可不想赔那么多钱。"我的朋友，如果你那样想，你要不了几天就得靠救济过日子了。

相反，你只需做一件简单的事情：根据掌握的新信息，改变你的想法。这不仅是人类普遍具备的一种重要的适应性，也可以使我们有足够的能力去迈过人世间的一道道坎儿。每当尝试新事物时，我们刚开始会失败，接着根据新的信息，我们会改变做法，再一次尝试。在重复这些步骤好多次后，我们最终成功了。

这个过程的第一步就是认清我们眼前的真实处境。我要明白情况到底是什么样的，为什么是这样的，还有这样下去最后会有什么样的结果。

为此，我现在要赶紧给你补补历史了。

以我特有的方式。

第 3 章
了不起的美式泡沫制造机

——

我是华尔街之狼,因此你应该不会感到惊讶,如果偶尔真有某件事情让我热血沸腾,我就会迫不及待地长出獠牙。

这一次,那个让我抓狂、野性毕露的"某件事情",其实是我在《滚石》杂志上读到的一篇报道。

作者是一位名叫马特·泰比的独立调查记者。这篇题为《超级美式泡沫制造机》的报道对世界上规模最大、实力最强、手段最残酷的投资银行高盛进行了令人毛骨悚然的控诉。简言之,这篇报道将高盛比作一只"盘旋在人脸上的巨大的吸血乌贼,将它的吸血管无情地塞进任何带着金钱气息的东西里"。

通过使用9 800个让人怒火中烧的词语,这篇报道令人震惊、发人深省、令人怒火中烧。其实,暂且不说这篇报道显然应该引发一波又一波的刑事控告,我至今不明白的是,它为何没能煽动投资者上演一段玛丽·雪莱在《弗兰肯斯坦》中描写的情节的现代版本:那些义愤填膺的小城镇居民举着火把和拿着干草叉,涌向华尔街,想私自绞死那群贪婪的浑蛋。毕竟,这篇报道描述的是一种系统性的贪婪和腐败。面对如此大规模的贪婪腐败，即便我这匹因为证券欺诈和洗钱而坐了两年大牢的"华尔街之狼"，也不敢相信我读到的内容是真的。

具有讽刺意味的是，这篇文章发表后，我立即看完了，但当时它并未给我带来如此大的冲击。可到底为什么我会有不同的感受，我也说不清楚。这在很大程度上与这一事实有关，即我当时还在努力直面自己在华尔街做过的那些错事，因此我很难有一种正常的义愤填膺的心态。可12年过去了，在做了10多年的善事后，加上我看待事情的角度随之发生了变化，我的感受与当年截然不同。我感到，虽然我过去因为自己的不当行为犯了错，但在整个大局中，我不过是一匹小狼崽，紧跟在高盛的那些大恶狼后面，不，是捡他们吃剩的东西吃。

不管怎样，还没等我把那篇报道读到一半，我就觉得自己好像在读华尔街版《权力的游戏》。

在这个华尔街版本中，来自仁慈的提利尔家族的奥莲娜夫人代表整个世界，而来自恶毒的兰尼斯特家族的瑟曦女王是高盛的化身。正如故事中所说，奥莲娜夫人是一位狡诈、残忍、一流的统治者。她公开承认，她想尽了一切办法去保护自己的家族，但她最后还是败在瑟曦女王的手下，毕竟后者是最狡诈、最残忍、最无耻的女人。

奥莲娜夫人失败的原因是什么？

她用自己独特的方式解释道："这是想象力的失败。"

从本质上讲，即使她尽可能地发挥想象力，把最卑鄙的暗算、密谋和欺诈都想一遍，她也想不到瑟曦竟然会是如此恶毒之人。

结果，她被害了，凶手是瑟曦的孪生兄弟詹姆·兰尼斯特。

我们暂且不谈流行文化中的这些例子。在我往下说之前,我想抽点时间跟大家讲一个关键问题:我说那么多不是想让你更加憎恨华尔街,当然也不是想让你憎恨某个在华尔街工作的人。其实,我本人就有一些关系很好的朋友在华尔街工作。他们都是我非常信赖的大好人。当然,这并不意味着,我会把钱交给他们打理。我不需要他们帮我理财。等你读完了这本书,你也一样不需要他们帮你理财。

我想说的是,这些缺乏管控的大型金融机构的问题很少涉及普通员工,主要与少数道德败坏、藐视法律的高层领导有关。

正因如此,我将在下面跟大家说一说华尔街在过去几百年间是如何骗取普通投资者的钱财的,是如何直到今日仍一直在干骗钱的勾当的。我将回到开端,重新分析这一切是怎么开始的,以及是如何一步步偏离正轨的。我要让大家明白,华尔街是怎样日复一日地想办法掏空你的钱包的,还有你怎样才能轻松地避开这种情况,并最终以其人之道,还治其人之身。

这里有个可悲的现实:过去40年间,华尔街让整个世界差点儿陷入金融危机,不是一次,也不是两次,而是该死的四次——没错,就是该死的四次——还会有第五次、第六次、第七次……

换句话说,他们永远不会收手。

为什么?

这是因为没有人会阻止他们。

简单地说,那只巨大的吸血乌贼,也就是高盛和华尔街其他臭名昭著的银行家，与华盛顿政府建立的邪恶关系变得更加牢不可破了。依靠这种关系，这些银行家搞乱了世界其他地方的金融市场，而只要有数十亿美元流入他们各自的金库，这些银行家就几乎不用付出任何代价。

对双方来说，这都是一笔有利可图的买卖。

想想看，我言过其实了吗？

过去40年来，高盛和华尔街其他臭名昭著的银行家把冰岛搞破产了，使挪威陷入经济萧条，对希腊痛下杀手，将波兰洗劫一空，对阿根廷趁火打劫，让欧洲元气大伤，掏空了乌克兰经济，搞垮了墨西哥，对英国使尽阴招，把大宗商品市场搞得乌烟瘴气，在纳斯达克证券市场大搞拉高出货，精心制造了储贷危机，从全球变暖中谋利。尤其值得一提的是，2008年，他们差一点儿就毁掉了一个国家，一个大家都认为坚不可摧的国家，即"美好的老美国"，因为他们干了各种破坏性的勾当。

现在，你确实应该十分严肃地问一问自己，究竟是什么样的道德败坏的小丑想要摧毁这个军事实力无可匹敌的国家，让其他国家在处境艰难时，不敢冲到华尔街，上演《弗兰肯斯坦》中那一幕的现代版本。

那真是荒唐至极。

然而，事实上，2008年9月16日，也就是雷曼兄弟公司宣布破产并催生"世界上每个人都能听到的巨响"（那是价值一万亿美元，但现在一文不值的抵押品化为乌有时的声音）的第二天，你想去当地的取款机把卡里的钱取出来。你把银行卡插入取款机的插卡口，输入密码，但取款口出来的只是一股空气，还有下面这封"勒索信"：

亲爱的傻瓜存款人：

你没听错，传言都是真的。华尔街那些贪得无厌的浑蛋，包括我这个国家银行的CEO（首席执行官），也就是你当时犯傻存钱的那个银行的CEO，终于那样做了。

我们窃取了你的所有钱财。

不论是你，还是在美国的其他人，在从自己的银行账户里取钱时，都会发现根本无钱可取，因为那些钱都被从你们的口袋里转移到我们的口袋里了。

在这里，我代表自己和华尔街所有其他贪婪的银行家宣布，我们什么也没有留下，除了我们大家竖起的中指。想想看，银行家把你和你的亲人们的金融期货洗劫一空，拿抢来的钱购置了汉普顿面积更大的豪宅，用来海上航行的造价高昂的游艇，墙上挂着的价格昂贵的艺术品，前去参加全球气候变化会议时乘坐的更豪华的、费油的私人飞机。

所以，你现在赶紧回家，将枪装上子弹，准备打劫吧。

或者……

你可以拿起电话，开始疯狂地拨号。

我们要求你给美国国会众议员、参议员，还有美国总统乔治·布什本人打电话，告诉这些人，他们最好给他们的头号心腹财政部长汉克·保尔森，还有他们的总印钞官——美联储主席本·伯南克施施压，让他们想办法救急，帮我们摆脱困境。否则，他们的小命可就不保了。

我们总共要一万亿美元，要使用免责电汇方式支付，还要在美联储秘密的贴现窗口为我们开放信用额度,好让我们随时无限制地借贷,想借多少就借多少,想借多久就借多久,而且根本不用付利息。另外,虽说我们心里很清楚,全球金融体系的彻底崩溃全是我们自己造成的,但我们不接受任何强加在我们头上的管控措施。要是这些措施想要限制我们高得离谱的工资,那我们更不会同意。哪怕让我们每年的薪酬少一分钱,我们也绝不答应。所以说,对于这种事,你连想都别想。

此处既无敬意,也无悔意。

你不怎么谦虚的CEO

附言:不用担心,汉克·保尔森和本·伯南克不会拒绝这些非常过分的要求。跟我一样,他们都曾在高盛工作,因此他们对此心知肚明。他们现在只想找个说得过去的借口搪塞过去。这样的话,他们就能去国会,告诉那些议员,他们没想过要救市。他们要装出一副被逼得无路可退的样子,他们别无选择,只能救市。

无论好坏,勒索最终没有出现。

联邦政府的那些巨头——汉克·保尔森、本·伯南克、布什总统和他在白宫的亲信,聚在一起密谋对策。其实,根本不需要勒索信,他们照样会干那种肮脏的勾当。到头来,美国纳税人支付了一万多亿美元,才拯救了华尔街,并至少暂时地稳定了全球金融系统。

华尔街总会说句谢谢吧?

当然不会了。

其实，从他们扭曲、贪婪、自私的角度来看，恰恰是你们这些普通人应该感谢他们。毕竟，如果没有他们在华尔街所做的所有艰苦、危险的工作（时任高盛 CEO 劳尔德·贝兰克梵称之为"上帝的工作"），我们的资本主义乌托邦就根本不会像现在这样富有和繁荣。虽然这是事实——繁荣的资本主义经济离不开健全的股票市场和可信的银行系统（一个向有偿还能力的借款人提供信贷的银行系统），但你在一个更大的有机体的正常运行中发挥关键作用，并不意味着你有任何特权，去慢慢蚕食这一有机体，直至其萎缩和死亡。

其实，对于这种乱局的结果，专门有一个词来描述。这就好比人体内有一个至关重要的系统，系统里有一个细胞很聪明，知道怎样避开例行的制约和平衡，这种制约和平衡通常可以避免该细胞疯狂地、失控地生长。

这种乱局的结果被称为癌症。如果你不切除恶性肿瘤，它最终会要了你的命。

遗憾的是，过去 50 年来，即使本来肩负对华尔街进行制约和平衡职责的联邦监管委员会，在贿选捐款以及政治内斗的双重干扰下，也在原则问题上网开一面。如果你认为我在夸大其词，那么请打开 C-SPAN 电视台，你就能看到这种乱象。即使一小部分正直的政客想要保护美国公众的利益，可那些被收买的党派走狗的争论，早把正直政客的主张淹没了。在华尔街说客经手的一波波巨额黑钱的支持下，舆论被绑架了，甚至走向极端。极左分子指责极右分子，极右分子指责极左分子。最终，尽管 90% 的美国人达成了某种妥协，但现状并没有发生改变，华尔街成了赢家。

现在，我知道你可能在想些什么。

"FBI（联邦调查局）干什么去了？他们不是有权去抓那些坏蛋吗？毕竟，他们当时能让你收手，乔丹。其实，只要一个特工痛下决心，就能把你拉下马。因此，虽然FBI的领导可能没那么认真负责，但那些普通的特工可是忠诚的公民，他们永远不会容许这种情况出现。"

你如果这么想，那么只想对了一半：普通的特工确实可靠，只可惜，他们一点儿权力也没有！

一方面，腐败的选举制度纵容华尔街一些大公司利用捐款，来换取惊人的政治影响力；另一方面，华尔街的盗窃行为无论在深度、广度，还是在时间跨度上都极其复杂。即使最忠实的检察官也无法在陪审团面前，毫无疑问地证明华尔街的犯罪行为。

情况就是这样的。

从白宫到财政部，再到美联储，一大群成熟的小乌贼经过培育和训练，然后就被重新放回到野外，为的是继续维护吸血乌贼妈妈的利益。经过通盘考虑，这些小乌贼已经被安插到各种要职上。这几乎就像一部低成本电影中烂俗的情节：坏蛋控制着一切，甚至包括法院系统。但就像任何低成本电影一样，总有一个勇敢的人。这个人足够勇敢和强大，敢于公开真相，揭露一切罪恶。否则，一切都将不复存在。

具有讽刺意味的是，在这种特殊情况下，不是只有一个"勇敢的"人站出来，而是有成千上万的人站出来，这引发了一场轰轰烈烈的运动——"占领华尔街"。

2011年，两万名愤怒的民众涌向华尔街，强烈要求变革。他们支起帐篷，吃烧烤，演奏音乐。他们制作了巧妙的标语，故意展示那些抨击华尔街的口号。媒体全程报道了这次活动。

但是，59 天后，什么变化也没有发生。他们觉得没意思了，然后就撤离了。

到底是这些"勇敢的"占领者太过懒散、太过混乱，以至无法带来任何改变，还是因为华尔街坏蛋的实力太强，他们在华盛顿的亲信把他们保护得太好，结果这场运动没能实现任何变革？运动结束后，华尔街照旧运转，直到今天也是如此。[1]

面对有史以来最严重的 30 万亿美元赤字、彻底空心化的工业、20 世纪 70 年代以来最高的通胀率、华盛顿和华尔街之间如 F-5 级龙卷风一般快速旋转的利益之门，美国似乎正处于癌症晚期——靠借钱维持生命，但时日不多了。

然而，现在说美国真要倒下，我觉得为时尚早。

首先，那些在美国生活、工作和创业的普通人的适应能力极强，而且他们身上体现出的创业精神是我在其他国家从未见过的（我本人曾经在 50 多个国家培训企业家）。因此，有一点是可以肯定的，美国是不会束手就擒的，它会不停地踢啊、叫啊。而且，一个组织越是庞大，它的死亡就越是缓慢。想想看，罗马帝国足足用了 500 多年才从内部彻底瓦解。美国比罗马帝国大得多，富裕得多。因此，美国要真正大祸临头，很可能是几百年后的事情了。

---

[1] 纽约市警察局对占领者露营的公园展开突击行动，并宣布他们要进行临时清场行动。警方拆除占领者的帐篷，因为搭建帐篷违反了公园的管理规定。尽管警方通知占领者，他们可以在几小时后返回公园，但没有了帐篷，这场运动不会再像以前那样有意思了，住在美国其他地方的人要想继续抗议也不切实际了。这是抗议活动最终偃旗息鼓的重要原因。

无论如何，既然无法准确地预见那一切会何时发生，我给大家的最好的忠告就是，在那一天来临之前，你应该在遵守法律的前提下想方设法多赚些钱，然后运用本书提到的投资策略，用赚来的钱理智地投资。

正因如此，我们接下来就深入探讨一下华尔街的发家史，当然是以我自己特有的方式。

第 4 章
华尔街的发家史

我敢说,你一定看过《黑客帝国》这部电影,对吧?

你如果没看过,那么一定要看一次。它绝对是部经典影片。

在电影大约 30 分钟的时候,有个特别感人的场景:墨菲斯护送尼奥进入一个虚拟现实的构造,让尼奥明白一个他无法接受的事实——他熟悉的那个世界实际上已经不存在了。在人工智能失控引起的反乌托邦噩梦中,整个世界已经被智能机器摧毁了。一旦机器变得智能,各种问题就会纷至沓来。它们开始攻击主人,接着核武器被发射,世界最后化为乌有。

最终,机器赢得了战争,世界已不适合居住。更可怕的是,剩下的为数不多的人类正在遭到那些邪恶机器的无情猎杀。

总之,我们至少可以说,情况简直糟透了。

在这个场景即将结束时,墨菲斯向尼奥提出了一个问题,这个问题也是这部电影名字的由来。

"矩阵是什么?"墨菲斯问道。

"控制,"他自问自答,"矩阵就是计算机生成的虚幻世界,用来控制我们，并把活生生的人变成这样……"接着，他拿起一块金霸王电池来说明一个严酷的现实：人类已经被变成了一块巨大的电池，成为驱动机器的电力来源。

就像我说的那样，我们至少可以说，情况简直糟透了。

正因如此，根据墨菲斯向尼奥提出的那个问题，我现在就向你提出一个有关华尔街的问题。

华尔街收费机器复合体是什么？

我的回答一开始跟墨菲斯的回答一样，都是一个简单的词语：控制。

但接下来，我们的回答就不一样了。

你瞧，在《黑客帝国》里，那些机器才是恶势力，它们想把我们人类变成电池，来为他们统治的帝国提供电力。而华尔街收费机器复合体是华尔街、华盛顿政府和金融媒体的罪恶联盟，华尔街收费机器复合体想要把我们变成绵羊，好让华尔街收费机器复合体慢慢地薅羊毛，直到有一天华尔街收费机器复合体准备好把我们剁成羊排。

这就是华尔街收费机器复合体。

和矩阵一样，这个复合体就在我们大家身边，我们到处都能看见它。

这个复合体的成员有：CNBC 和彭博社这类主流电视网络，《华尔街日报》和《福布斯》杂志这类备受尊重的财经出版物，路透社和 TheStreet 这类颇具影响力的财经网站，亿创理财、嘉信理财和盈透证券这类股票交易平台，还有银行、经纪公司、理财公司、保险机构、对冲基金、共同基金，以及在这些组织中工作的雇员。这个复合体成天用欺骗性的报道和彻头彻尾的谎言不停地给你洗脑，而这一切似乎在 SEC 的严密监督下进行，可事实上，SEC 对盗窃行为视而不见，纵容自我交易继续进行。

要想搞清楚这种小集团是怎样发展起来的，我们就要追根溯源，回到 17 世纪殖民时期的美国和初创时期的华尔街。鉴于事情的结局有些肮脏，说华尔街的历史漫长而令人不安，我想你不会感到吃惊。我们先看一看这条位于曼哈顿下城的狭长街道最初是如何得名的。

据说，1642 年，一个道德败坏的荷兰人凯夫决定发动一场针对一个美洲原住民村庄的屠杀。其实，在那天早些时候，他刚抽过这些友好的原住民提供的烟斗。结果，他不得不建造一堵"防御"墙，以防止那些"邪恶的"美洲原住民的报复行动。这堵墙有坚固的泥土面和木制壁垒。它位于曼哈顿下城的最南端，从东到西大约有 213 米，将两处海岸连在一起。

在接下来的 50 年里，新阿姆斯特丹这条"有围墙的街道"还是比较安静的。随着这堵墙成了荷兰当地政府的所在地，当地政府建起了一个正式的城市广场、一个联邦大厅，还有一所妓院。

1676 年，当英国人控制了这个地方后，他们把这座城市的名字从新阿姆斯特丹改成纽约，并给这条"有围墙的街道"取名为"华尔街"。

华尔街没过多久便踏上了一条堕落之路。

这一切开始于 1711 年。当时，华尔街被选定为新大陆第一个有组织的奴隶拍卖活动的官方地点，而每卖出一个奴隶，纽约市政府就能从中获得一份收益。不久后，当地的股票投机者决定参与这项活动，开始在围墙内进行股票交易。他们交易的大多是少数几家公司的股票，其中包括荷兰西印度公司、纽约最大的银行以及最大的保险公司，他们决定投机交易的对象本身就是在进行投机活动。

在接下来的一百年里，越来越多的公司开始在那里进行交易，但是这些交易活动都是混乱无序的，这是因为中央权力机构的缺位和正式规章制度的缺失。

到了1792年，纽约最富有的股票经纪人以及最有名的商人意识到，如果他们这个小团体成立一个私人俱乐部，使每个想要购买最热门公司股票的人都必须经过他们的批准，那么他们赚的钱不知会增长多少倍。

平心而论，他们要组成一个封闭的团体，除了想多赚些钱，还有其他合情合理的理由。

例如，你如果觉得华尔街现在存在骗局，就想象一下18世纪的景象，当时没有监管机构，没有电脑，没有电话，没有电报。每天会有1 000名移民坐着小船，从大西洋彼岸来到这里，全然不知谁是好人，谁是坏人。

1792年，这个由24个纽约最富有的商人和最有名的股票经纪人组成的小团体，借用了大洋彼岸同样做股票生意的那些人使用的一种模式。他们举行了一次秘密会议，制订了一个简单的计划。这个计划以一份简短的书面协议呈现，其中只有短短两句话。然而，这两句话却影响深远：

> 我们这些签署人，作为股票买卖的经纪人在此庄严宣誓，并向彼此承诺：从今天起，我们将以不低于原币值0.25%的佣金率为任何客户买卖任何股票，同时在任何交易的磋商中，我们将给予彼此优先权。特此证明，我们于1792年5月17日在纽约正式签署该协议。

有趣的是，这份协议之所以如此重要，并不是因为协议的内容，而是因为协议巧妙地暗示：将来，这 24 个人如果发现某家公司的股票值得交易，就会垄断市场。

事实上，这就等于在说："各位，不好意思，我们正式接管了整个股票市场，而你们也没有办法。我们控制着所有值得买入的公司股票，而且只跟我们的客户交易。将来要是你想买卖这些股票，你就得通过我们交易，然后向我们支付佣金。"

这个协议明确了两个关键原则，同时暗示了三个关键原则：

（1）协议规定，俱乐部的一个成员只能跟另一个成员进行交易；
（2）协议规定，俱乐部的一个成员必须按规定向另一个成员收取相同的佣金；
（3）协议暗示，如果外部人员想要买卖俱乐部控制的股票，那么他们必须委托俱乐部的一个成员来进行交易，而且要支付更高的佣金；
（4）协议暗示，外部人员支付的更高的佣金按固定费率来收取，并遵循利润最大化和竞争最小化的原则；
（5）协议暗示，任何人要加入俱乐部，必须经过俱乐部所有现有成员的批准。

该协议被称为《梧桐树协议》，这是因为它是在华尔街 68 号门前的一棵梧桐树下被签署的。这个仅有两句话的协议成为最终于 1817 年成立的纽约证券和交易委员会的基石。1863 年，该委员会更名为纽约证券交易所，这一名称沿用至今。

同时，在长达71年的时间里——从《梧桐树协议》被签订到纽约证券交易所的出现，美国从一个新兴国家发展成一个工业化强国，而华尔街已经成为美国的金融中心。通过将旧世界名门望族（如沃伯格家族和罗斯柴尔德家族）积累的巨额财富与新世界的工业家族（如范德比尔特家族和洛克菲勒家族）联系起来，一种新型的"皇室"突然诞生了。

你瞧，在保守的旧世界里，有着数百年历史的规则是，你的出身决定了你可能达到的高度。但在这个勇敢的新世界，这个由华尔街的银行家和残忍的企业家掌控的世界里，第一条经验法则是这里根本没有规则可言，第二条经验法则是，"对"与"错"的唯一区别在于"错"意味着"被逮个正着"。

尽管内幕交易、垄断市场、出售伪造的股票凭证、贿赂官员、为了拉高出货而发布虚假新闻等行为都是非法的，但在纽约证券交易所内，这些行为都被视为正常的。只有当问题真的很严重时，欺诈者才会遇到麻烦。

换句话说，除非事态真的失控，问题严重到引起市场大范围的恐慌，进而导致市场崩盘、诱发经济萧条，否则，根本没人在乎什么法规，股票市场欺诈继续被掩盖起来。在极少数情况下，当事情搞得不可收拾的时候，一个替罪羊就会被找到，然后一切过错都会被推到他的身上。

要说清楚的是，这里所谓的"替罪羊"完全罪有应得，不管对他做出什么样的处罚（无论是交罚款，还是蹲大牢），都是他罪有应得。但是，需要特别指出的是，他不可能单独行动——《梧桐树协议》禁止那样做。如果纽约证券交易所的成员没有主动参与，股票市场欺诈就根本不可能发生，而这些成员从中获得的利益要远远超过那个身份卑微的替罪羊。但是，相比于名声扫地、在狱中度日如年的替罪羊，这些成员却能逍遥法外，不仅未受到轻微的处罚，就连个人声誉也丝毫未受影响。

在企业经营方面，那些以惊人的速度成功创业的企业家的种种不道德行径与华尔街的银行业巨头一样恶劣，但两者在两个方面存在重大区别：

（1）这些企业家确实在建设国家，而不只是利用他人的聪明才智，靠买卖股票来收取费用；
（2）这些企业家在创造巨大的价值，并造福每个人，尽管获益最多者是他们自己。

看到他们在打造个人商业帝国过程中的所作所为，你可能会喜欢他们，也可能会讨厌他们。但无论如何，这些"厚颜无耻"的企业家才是建设美国的人。无论企业家是建造汽船、修建铁路、开发油井，还是建立钢铁厂，这些实业巨头是一种全新的冷酷无情的企业家。他们创造了数百万个工作岗位，创造了巨大的价值。当他们需要融资时，不管是为了扩大经营、开展研发、雇用新员工，还是为了吞并竞争对手，他们都会前往华尔街23号，与控制这一切的一位银行业巨头见上一面。

他就是J.P.摩根。

就像那颗撞击地球，造成恐龙灭绝，为现代人类的出现创造了条件的巨型小行星一样，他对美国金融系统的影响比其他所有堕落的银行家、政客和贪婪的股票经纪人加起来都要大。

从积极推动创建美联储银行，到在钢铁、石油和铁路等领域建立垄断企业，再到完善制造市场恐慌，然后出手救市的邪恶艺术，摩根可能是你最要好的朋友，也可能是你最可怕的噩梦，或者两者都是。但究竟是哪一种，就要看具体情况了。

然而，尽管J.P.摩根取得了很多令人惊叹的成就，但是他同时代有两个年轻人，他们最后产生的影响力甚至比他还要大。他们就是查尔斯·道和爱德华·琼斯。

1888年以前，人们很难了解股票市场行情和经济走势。现在看起来，这似乎有点儿奇怪。例如，你如果想了解市场的现状，就要查看在纽约证券交易所交易的每家公司的股价，一家接一家地看。但是，总共有120家上市公司，因此要搞清楚每家公司的股价绝非易事。

作为当时常用的技术，股票价格收报机以很小的字号将股价打印在薄薄的纸轴上。在这种情况下，想了解哪怕一只股票最新的股价都是一件很难的事情。要是想一下子掌握所有股票的股价，并了解整个股票市场的行情，比如市场的走势以及投资的时机呢？

那不只是很难办到，简直是白日做梦！

1888年以前，情况就是这样。

正是在那种情况下，查尔斯·道和爱德华·琼斯找到了破解这一难题的方法：选取美国最大的一些上市公司的股价，将这些股价合并成一个便于使用的平均数。这个平均数成为衡量市场整体表现的一个标准。他们希望这个标准或者说"指数"能体现美国的整体经济状况，因此他们选取了那些供应原材料的工业公司的股票。

他们总共选取了12家公司，包括通用电气公司，美国烟草公司，美国糖业公司，美国橡胶公司，田纳西煤炭、钢铁和铁路公司，美国皮革公司，美国棉油公司，北美公司，芝加哥煤气公司，拉克莱德煤气照明公司，国家铅业公司，蒸馏与牲畜饲料公司。他们把所有12只股票的价格相加，然后除以12，这样便算出了平均数。

尽管并无显赫的出身，但是他们还是决定用自己的名字来命名这个新的指数——道琼斯工业平均指数，简称"道指"。

在每个交易日结束时，他们就会进行这种简单的计算，然后通过他们创立的新闻机构道琼斯公司，发布计算结果，同时对市场表现进行简单的描述。

如果当前的道指上涨，他们会将市场称为"牛市"；如果当前的道指下降，他们会将市场称作"熊市"。

不久后，一家新发行的报纸发现，用一个简单的数字来描述整个股票市场的表现的好处显而易见。1896年，《华尔街日报》开始在其晨报的头版上刊登前一天道指的收盘价。就这样，世界上第一个得到广泛认可的股票指数就此正式问世：道琼斯工业平均指数。

对道琼斯公司来说，这个时机再好不过了。

在内战结束后的短短几年里，美国就从一个农业国家发展成一个工业强国。19世纪末，华尔街和美国经济都进入了前所未有的繁荣期。

这是一个发明层出不穷的时代。

像托马斯·爱迪生和尼古拉·特斯拉这样的人是梅林式的传奇人物，神奇的电改变了一切，电灯、电话、收音机、冰箱和汽车出现了。美国国内商业的运行方式正在改变，与此同时，美国人口激增，达到了难以想象的规模。自19世纪初以来，美国经历了一波又一波的移民潮，但这时移民潮正以前所未有的速度涌来。

人们面对的选择其实很简单：要么留在旧世界，忍受专制的等级制度和少得可怜的赚钱机会；要么在华尔街南边的埃利斯岛上岸，在这个新世界里拥抱健康、幸福和财富。

华尔街明里一套，暗里一套，攫取了前所未有的高额利润。他们同时从事两种似乎截然相反的活动：

（1）他们为一个繁荣的国家提供源源不断的发展资金，为"美国梦"奠定基石；
（2）他们疯狂地攫取自己努力建设的这个国家的资金——榨干它的国库，侵吞它的黄金。

结果，繁荣和萧条的循环成了司空见惯的事，而幕后黑手正是华尔街的顶级银行家。他们就像操纵木偶的巨人一样，悬浮在这个国家的上空，控制着它的一举一动——在这里，美国梦是他们的舞台，企业家是明星，新发行的股票是道具，投资者是临时演员，股票市场和金融体系是那些看不见的木偶线。

就像白天电视上没完没了地播放的肥皂剧一样，尽管剧情纷繁复杂，但是主题始终不变。木偶剧的两大主角，即繁荣先生和萧条先生，轮番登场，循环地上演。

换句话说，木偶剧就是一个十足的悲剧。

大幕升起时，我们看到的是一个高速发展的国家。它天生拥有全体民众想要得到的一切优势：丰富的自然资源、肥沃的农田、宜人的天气、抵御外敌入侵的地理屏障、捍卫自由和资本主义的成文宪法。靠近仔细一看，我们发现它目前正在经历这样一个时期：经济增长，股票市场上涨，人们普遍感到未来可期。

接着，不知为何，人们突然间陷入了一种非理性狂热，进而出现了大量股票投机活动，这就导致股票市场形成了泡沫，而且泡沫越来越大。直到有一天，在某个新骗局出现后，这个泡沫突然破裂了。投资者最终意识到，股票市场中的骗局无处不在，因此他们都开始恐慌，股票市场开始暴跌，财富开始蒸发，这一切引发了一场充满绝望的大萧条。

同时，除了木偶大师，没有人知道问题到底出在哪里。突然银行停止放贷，消费者停止购物，企业开始倒闭，经济开始每况愈下。乌云密布，像腐臭的大雾一样笼罩着整个国家。这简直是世界末日。金融界的世界末日。街道上血流成河。

但是，在整个国家就要陷入绝望，就要承认这场资本主义实验已经失败的时候，复苏却毫无征兆地突然开始了，经济开始增长，企业开始兴旺，消费者开始购物，股票市场开始上涨，人们开始感到未来会越来越好。这真是令人难忘的时期。他们彻底摆脱了危机。现在比以往任何时候都要好。他们再也不会重蹈覆辙。

可惜不知为何，人们突然又陷入了非理性狂热，进而出现了大量的股票投机活动，这就导致股票市场形成了泡沫。在某个骗局出现后，这个泡沫突然破裂了。这引起了很多投资者的恐慌，继而导致股票市场开始暴跌，并由此引发另一场糟糕的大萧条。这一切周而复始，循环往复。

虽然在整个周期内难免出现某种程度的骗局，但是泡沫本身使得欺诈者更加胆大妄为——骗子的数量激增，骗局变得无所顾忌。至少可以说，这是一种恶性循环。

然而，当时让人颇感欣慰的是，普通美国人大都远离股票市场，因此只有富人才会赔得倾家荡产。当然，最后整个国家都深受其害：工厂纷纷倒闭，工作岗位不断减少，经济发展停滞。但有一点没变，那就是普通美国人并没有参与股票投资。正因如此，木偶大师们说服了他们在华盛顿的亲信，让纽约证券交易所继续进行自我监管。

事实证明，这是一个严重的错误。

很多问题出现在20世纪20年代初。当时，普通投资者决定凑凑热闹。由于经济形势一片大好，股票市场高歌猛进，长途电话在全美范围内迅速推广，来自全美各地的人开始把他们攒下来的钱交给华尔街的股票经纪人，让后者用他们的钱投资风险越来越高的股票。

欢迎来到"咆哮的二十年代"！

第一次世界大战结束后，消费者支出持续增长，这创造了对新产品和新服务的巨大需求。在这种背景下，上市公司的数量激增，公司的市值不断增长，同时在市场中形成了一种害怕错失良机的心理。广播和报纸这类新型媒体的兴起让公众能更及时地了解股票市场的投资机会，从而进一步助长了这波投资热潮。

简言之，这真是屋漏偏逢连夜雨。

不出所料，没过多久，一切都失控了。

好像变魔术一般，华尔街收费机器复合体的雏形最开始是从华尔街和珍珠街之间的泥坑里发展起来的，而这个复合体的核心是纽约证券交易所。纽约证券交易所背弃了它150年来的传统——做一个有社会责任感的组织，只赚富人的钱，绝不碰穷人。纽约证券交易所彻底改变了想法。1921年，纽约证券交易所开始谁的钱都想赚了。

到了1925年,交易厅就像双向飞碟射击场一样,枪瞄准的是那些毫无经验的投资者,而不是供射击训练用的"泥鸽"。这是华尔街第三热门的运动,仅次于打高尔夫球和测量阴茎长度。而且就像所有的富人运动一样,这项运动也有着装要求和各项规定。具体是这样的:

一位年轻的股票经纪人打着领结,衣着正式,把一位投资新手领进交易所批准的一片靶区,然后告诉那个可怜人要坚持下去,千万不要放弃。接着,一个经验丰富的投资银行家头戴高顶礼帽,身穿燕尾服,手持双管猎枪。随着他大喊一声"发射",股票经纪人把投资者扔到空中。这个投资者的双臂疯狂地胡乱摆动着,他一心想抓住从他的口袋飞出去的那几张美元纸币。他一直向最高处飞去。当他飞到弹道的顶点时,投资银行家冷静地扣动扳机,砰的一声,投资者转眼间变成了肉酱,接着像块石头一样垂直下坠,直到落到地面。

当子弹击中身体那一刻,股票经纪人向投资银行家喊道:"好枪法!"听到这句话,投资银行家点了下头,好像在说:"年轻人,谢谢你!干得漂亮!没有你的精心准备,我就无法给他致命一击。"

接着,他会不紧不慢地扭动一下脖子,就像一位踏入拳击场的职业拳击手,再次将他的猎枪对准靶区,大喊一声"发射"。这时,另一个投资者飞向空中。

这就是华尔街在"咆哮的二十年代"的真实景象。

到1929年初,"咆哮的二十年代"的这些该死的小丑不仅完善了他们的金融猎杀游戏(瞄准那些只上过小学、日子拮据的投资新手），还给游戏增加了一种新玩法，让这种游戏变得比以前刺激得多、利润丰厚得多：他们把购买新股时的最低保证金要求从股票总价值的50%降到10%。虽然前者可能会使投资新手面临风险，但后者有可能使投资者倾家荡产，在道德上应受到谴责。

换句话说，一位投资新手，也就是一个几乎没有净资产、投资经验不足的投资者，为了购买某只股票，可以承担最高达股票总价值90%的借款。他有时是自己盲目地购入这只股票，而更多的时候是一个花言巧语的股票经纪人把这只股票推荐给了他。

不管是通过在报纸上刊登广告，是通过收音机广播，还是通过拨打电话促销，大众第一次成为被"猎杀"的对象，而90%的保证金率使得购买股票不再是一件难事。

例如，在"咆哮的二十年代"，有个股票经纪人给潜在客户打电话，向他推销XYZ公司，说该公司的股票目前的交易价是每股40美元。等经纪人讲完，客户已经深信不疑。他准备放手一搏，用一辈子攒下的钱投资这家公司的股票。但还有一个小问题：他攒的钱还不够多。他把银行账户里的钱都取了出来，还砸开了他的存钱罐，可他最多能凑出4 000美元。就那么多，一个子儿也不多。

突然间，客户有些灰心丧气。他算了算，发现不管XYZ公司的股价将来能涨多高，他手里的那点儿股票都不会对他的生活有太大影响。这是可悲的现实，但真相很简单，就是拿这点儿钱买股票没有任何意义。这是徒劳的。恐怕，只有他有钱买更多的股票，那样才有意义，可他没那么多钱。他心想，正因如此，人们才说股票投资是富人的游戏，而不是他这种普通人能玩得起的。

在明白了这个道理后,他对股票经纪人说:"哥们儿,对不起!可我想我还是不买了。我的钱只够买 100 股股票,但即使股价翻了一番,对我的生活也没多大影响。可要是赔了钱,我就真得上火了。"

"我完全理解你说的意思,"经纪人充满同情地说,"其实,在我第一次见到新客户时,他们大多跟你现在的情况一模一样。可现在,我帮他们在股票市场赚了很多钱,他们都不知道那么多钱该怎么花了。你看,我觉得你还没明白的一点是,要想在股票市场里赚大钱,其实真正需要的钱没你想象中的多。"

"真的吗?"客户半信半疑地问道,"那是怎么回事?"

"其实很简单。你要是通过我们公司买股票,买股票的钱不用你全出。你只用出 10% 的钱就行了。至于剩下的钱,我们公司会借给你。"

"10%?"客户带着怀疑的口气说道,"就这么点儿?"

"对,只要 10%。这叫'保证金购买'。大家现在都这么干。他们都在赚大钱。我相信你知道股票市场有多火,对吧?"

"没错,我当然知道!"

"一点儿没错,"经纪人接着说,"股票市场一直热度不减。这波涨势现在还看不到头。XYZ 公司的股价更是如此。它的股票可是市场上现在最热销的股票之一。你如果用保证金买股票,用 4 000 美元就能买 1 000 股股票,而不是 100 股股票。这样一来,随着股价上涨,你赚的钱就会是原来的 10 倍。这是显而易见的。"

"太好了!"客户惊叫道,"所以,要是股价翻一番,我投入 4 000 美元,将来就能赚 4 万美元? 天哪! 做现在这份工作,我干 10 年也赚不了那么多钱。"

"你现在明白了吧，"经纪人轻松地说，"如果股价涨了两倍，我俩都觉得它能涨这么高，你投入4 000美元，将来就能赚8万美元！顺便说一句，这点儿钱在股票市场算不了什么！在过去几个月里，有些客户赚的钱要多得多。所以，大家现在都争着抢着进入股票市场，都在用保证金买入股票。在这个世界上，没有比这更好的赚钱方式了。明白吧？"

"完全明白！我首先应该做什么？"

"很简单，"经纪人答道，"我只需要你的一些基本信息，就能给你开立一个保证金账户。我现在就能替你买股票，然后你在未来几天把自己的4 000美元存入账户，作为占交易总额10%的保证金。我们公司会自动把剩下的钱借给你，你根本不用做什么。"

"哇，这听起来很容易啊！"客户说，一副将信将疑的样子，"我什么时候需要还贷款？"

"关键就在这儿，"经纪人突然打断他的话，"等我们卖出股票，赚了钱以后，你才需要还贷款。"

"好的，利息是多少？"客户问道，"有利息，对吧？"

"那当然了，"经纪人心不在焉地回答道，"不过只有12%。你也可以等到卖出股票后再还利息。所以，你也没有什么好担心的。"

"我不太懂，"客户说，"我觉得12%好像有点高。时间一长，那就不是个小数目。利息就会占去利润的一大部分，你说是不是？"

"要是在平时，你说的没错，"经纪人答道，"比如，要是贷款买房，那你说的当然没错了，毕竟你偿还利息的时间长达30年。可要是你买XYZ公司的股票，那你进行的是超短线交易，大概三到六个月，充其量也就这么长时间，接着我们就会想卖掉这只股票，迅速把赚的钱拿到手。更不用说现在市场的涨势那么猛，跟你将来赚的钱相比，你最后要还的利息根本不值一提。朋友，从我个人来看，我觉得你的投资不会有问题。听起来不错吧？"

"当然了，"客户赞同道，"伙计，给我报个名。"

"太好了！"经纪人答道，"欢迎！你做了一个很明智的决定。"

经纪人录入了这个客户的基本信息，迅速开立了一个保证金账户。

两周后，那个客户接到了股票经纪人发来的一封紧急电报：

紧急：务必立刻通过西联汇款公司将1 000美元汇入你的经纪账户。如在明晚12点前未收到汇款，我们将根据保证金协议的相关条款，对你持有的XYZ公司的股票进行清仓，无论你是否仔细阅读上述条款。

客户大惊失色。他根本不知道这到底是怎么回事。他欠经纪公司的钱怎么可能变多了？他根本没有买任何新股票！再说了，他手头也没钱了。经纪人说服了他把自己一辈子攒的钱都拿去买XYZ公司的股票。

他怒气冲冲地穿上大衣，朝门口走去。10英里[1]外的地方有个本地杂货店。那里有部电话，能直接打到华尔街。他要彻底把这件事搞明白。那些浑蛋别想得逞，至少在他眼皮子底下没门儿！

可惜，还没等他走到门口，他突然停下了。

1　1英里≈1.61千米。——编者注

不，不可能！可这是事实！又来了一个送信人！又送来一封电报！

送信人面带微笑，递给他一封密封着的电报。他端详着送信人的脸，试图从送信人的目光中看出讽刺的意味。他知道吗？不可能！他怎么可能知道呢？

可这个浑蛋就站在那儿，脸上堆满了微笑。他那张白皙的圆脸上堆满了微笑。这个沾沾自喜的浑蛋怎么了？他为什么一直站在那儿？

他突然意识到一件事：小费！在这个节骨眼上，这个送信人竟然想要小费！

他的胆子也太大了！

股票市场在崩盘，世界在走向崩溃，而这个自鸣得意的浑蛋竟然想要小费。他简直无耻透顶！

他与送信人目光交汇。他趁这时想看看对方到底是个什么样的人。接着，他当着送信人的面慢慢地关上了门，而且在这个过程中，他们一直注视着对方。关上门后，他感觉好一些了。这是一场关于眼神的对决，他最后胜利了。可这种胜利有什么意义？他强压住心头的恐慌，打开了电报，开始读了起来。

他惊得目瞪口呆。这份电报又是来催缴的。

紧急：务必立刻通过西联汇款公司将1 500美元汇入你的经纪账户。如在明晚12点前未收到汇款，我们将根据保证金协议的相关条款，对你持有的XYZ公司的股票进行清仓，无论你是否仔细阅读上述条款。

够了！现在他已经受够了！他再次怒气冲冲地冲出门，坐进自己那辆福特 T 型车里。他启动发动机，驶向当地的杂货店。他要把整件事搞明白。一定是哪里出错了。

30 分钟后，他到了杂货店，车后扬起了足足有一英里长的尘土。天气怎么样？最重要的是，好长时间没下雨了。庄稼快干死了，他养的鸡骨瘦如柴，他养的奶牛连奶都挤不出来了，孩子们四处疯跑，脸上满是尘土，咳个不停！这是世界末日啊！

但他现在根本无暇理会这一切。他要过阵子再去应付上帝的愤怒。此刻，他要集中全部精力去对付华尔街——他们是他真正的敌人。

他深吸了一口气，拿起电话，让接线员给他接通那家经纪公司。那家公司不停地逼他汇钱，汇更多的钱，想把他的钱窃取一空，可他现在哪儿还有钱？那家经纪公司把他的钱都偷光了。这一切是怎么回事？他就像是做了场噩梦！他怎样也醒不过来！

片刻停顿后，他听到了几下咔嗒声。接着，电话响了两下。神奇的事情发生了。他竟然在跟那家邪恶的经纪公司的总机接线员讲话。

"喂，"那个接线员带着鼻音说道，"感谢您致电 Dewey, Cheetham & Howe 公司。您要找哪位？"

他的脑海中浮现出这个女人的形象。他知道是哪种女人。那种骨瘦如柴、戴玳瑁眼镜、用居高临下的语气说话的女人。她浑身散发着纽约和华尔街那种势利小人的恶臭味。他生气地让她找那个浑蛋接电话，就是那个把他的生活搞得一团糟的浑蛋。

几下咔嗒声过后，他听见话筒里传来了那个浑蛋的声音。那个浑蛋的声音洪亮、清晰，就像是在隔壁说话一样。"这技术太神奇了！"他想，"我当时应该买贝尔电话公司的股票！我当时为什么要买 XYZ 公司的狗屁股票？"

但他连忙把那些念头抛到脑后。他得在经纪人面前占得上风，让经纪人知道谁才是老板。想要回自己的钱，这是唯一的机会了。

"喂，"经纪人语气轻快地说，"有什么需要我帮助——"

他打断了经纪人的话，发泄自己正义的怒火——他对经纪人破口大骂，指责他罪行累累（除了没参与情人节大屠杀），尽管他觉得这个贪婪的浑蛋做不出跟黑手党头目阿尔·卡彭狼狈为奸的勾当。他气急败坏地说："我不欠你，还有你们公司一个子儿。我只买了 XYZ 公司的 1 000 股股票，仅此而已——"

"哇哦，哇哦，哇哦，"经纪人打断了他的话，"冷静点儿！不然你会把自己搞出心脏病来的！我们有协议呀！你只买了 XYZ 公司的 1 000 股股票。这没什么奇怪的。你别着急。"

农民半信半疑。"没什么奇怪的？如果没什么奇怪的，那么我为什么三番五次地收到你们公司的电报，反复强调要是我不汇给他们 2 500 美元，他们就要清仓我的股票？我今天早上在 15 分钟内就收到了两封电报。这个你怎么解释？"

"哦，我知道是怎么回事了，"经纪人答道，"那些是追加保证金通知。过去几天，XYZ 公司的股票一直在跌——其实所有股票都在跌。整个股票市场糟透了，因此，后台会自动发出那些通知。我很抱歉！"

农民一下子有点儿蒙了。他之前从来没听过"追加保证金通知"这个词。经纪人也从来没提过这个词。他幡然醒悟，砰的一声，他就像被杰克·邓普西射了一枪，正中腹部。他感到自己的膝盖发软。正是在这个可怕的时刻，他平生第一次意识到，由于

投资之狼　　090

无知，他引发了一连串无法停止的事件，而自己如今深陷其中。至于"追加保证金通知"这个词，他以前不知在什么地方读到过。他记不清是哪儿，但这个词听起来很可怕。他可能会赔得精光。他心想，现在得装聋作哑了。

他得假装以前从来没听过这个词。为什么不更直接地描述这个无耻的要求，比如，马上偿还一笔高息贷款？更糟糕的是，他们手头还押着他的4 000美元呢！这些浑蛋！他以前根本没想到会出这种事儿。他只是个农民。这种金融术语就是专门糊弄他这种人——善良、诚实、勤劳的门外汉的。

再说了，经纪人以前根本没提过"追加保证金通知"这个词。他只提过"保证金购买"。想到这一点，他好像一下子占领了道德高地。显然，他是被冤枉的。他有权要求经纪人把钱退给他。这一点毫无疑问。

这个想法让他一下子信心陡增。农民用一种懵懂的语气说道："'追加保证金通知'到底是什么呀？你根本没提过这东西！我以前也没听过这个词！相信我，我会记得——"

经纪人打断了他，满嘴厚颜无耻的谎言："我当然跟你提过！我们当时把这件事儿说得很清楚。我解释了整个——"

"不对，你没说过！你根本就没提过——"

经纪人再一次打断了他，嘴里又是一堆厚颜无耻的谎话："不，我说过了。我记得我们谈话时的每个词！我告诉过你，要是股票的跌幅超过10%，你就得往账户里再汇些钱，这样才能补上亏空。保证金就是这么回事。你的股票其实就是贷款的抵押品。因此，当XYZ公司的股价从每股40美元跌到每股37.5美元时，你的抵押品价值的下跌幅度就高于5%了，这不符合相关规定。这可是红线哪！问题就出在，我当时没想到会出现这种情况，毕竟市场一直都很火爆……"就在经纪人喋喋不休时，农民并没有理会他说的话。经纪人在这儿胡言乱语，他实在是听不下去了。他明白了经纪人说这段话的目的是什么，但他还是不敢相信，这个贪婪的浑蛋怎么能这样睁眼说瞎话。

一旦股价跌到每股37.5美元，他持有的1 000股股票的价值就缩水成37 500美元了。这样一来，在他投入的4 000美元中，账户里就只剩下1 500美元了。这全怪那该死的贷款！他总共还欠36 000美元贷款，还得加上利息。现在他们还要让他再花钱！股票价格跌5%以上倒也不算什么，毕竟这种事天天都有。可他是遭人算计后才赔钱的——这一切就是个陷阱。

他的脑海中浮现出一个精确的等式。那个等式如白昼般清晰。其实有两个等式：

初始投资

每股价格 = 40美元

股份数量 = 1 000股

投资总额 = 40 000美元

保证金贷款 = 90% × 40 000美元 = 36 000美元

账户总值 = 10% × 40 000美元 = 4 000美元

股价下跌后的价值

每股价格 = 37.5美元

股份数量 = 1 000股

投资总额 = 37 500美元

保证金贷款（不变）= 36 000 美元

账户总值 = 37 500 美元 –36 000 美元 =1 500 美元

与此同时，经纪人还在喋喋不休。这个贪婪的家伙还在睁眼说瞎话："我跟你说过，这种事本身是有风险的。我承认，我当时说不太可能出现风险。但我得为自己说句话，过去8年来，我们这个牛市已经变得规模巨大，我的客户发了大财。我也想让你赚些钱。可现在，大家都感到恐慌，整个市场在走向崩溃，不只是XYZ一家公司。谁也无法幸免。我能说什么？"

"你能说什么？"农民厉声说道，"你可以说，这一切都是一派胡言。我根本不知道这是怎么回事。你根本没跟我提过'追加保证金通知'。我也没什么钱能给你了。我把最后剩下的4 000美元全投进去了。我上次跟你说过，这是我手头的全部积蓄了。我要破产了。"

"哦，那可太不幸了，"经纪人说，"趁着股价还没跌得更多，我们公司就只能替你清仓了。否则，你最后欠的钱会更多。"

农民难以置信。"清仓？"他气急败坏地说，"那是什么意思？"

"我是说，公司将自动把你账户里的股票卖掉，拿所得款项来偿还你的全部贷款。XYZ公司的股价现在是每股37美元。要是我们把你的股票卖了，你就能得到3.7万美元，然后减去我们借给你的钱，也就是3.6万美元，再加上你要支付的50美元利息。这利息可省不了。这样一来，你就剩下950美元了。然后，你还要付我们佣金，费率是2.5%。这是行业标准。我们无法给你打折。

"反正你要按总交易额3.7万美元，支付2.5%的佣金，那就是925美元。这是我们得到的佣金。因此，在扣掉925美元后，你就剩下25美元了。"农民此刻才明白，为什么这个浑蛋当时非得让他搞什么保证金购买。那是因为他的佣金能达到正常情况下的10倍。"哦，等一下。我忘了最后一件事，过户费。不好意思呀！股票交易时要交3美元的过户费。你当时入市的时候没交这笔钱，因此你一直欠着这笔费用。所以，你得交6美元。这样的话，你总共剩19美元了。"

"如果你愿意，我现在就可以给你办手续，"经纪人接着说，"考虑到股票市场现在如此萧条，我还是建议你现在就办。我是说，你最不想看到的，想必是自己的账户余额变成负数吧。要是那样，我们就得追着你要债了。你知道，讨债的那帮人可不像我们这么和气。"

"你说够了吧，"农民厉声说道，"我不知道你想要什么花招儿。但是，你确实根本没提过'追加保证金通知'，也没说过要是股票价格下跌，我还要再汇钱。我一点儿多余的钱也没有了。再说了，你说过，XYZ公司的股票会涨两倍，还说我将来会不知道应该怎样花赚到的钱，就跟你其他那些该死的客户一样。所以，现在，我只想撤销这一切。你把我的账户取消了，把我的4 000美元寄回给我。否则，我就不得不——"

经纪人打断了农民。他语气冷淡地接着说："我刚才一直在跟你说，你应该最不想看到自己的账户余额变成负数。因此，你必须再给我们汇些钱，好把你欠我们的债还上。我实在不愿意看到那种事——"

"债？我不欠你们什么债！我不欠你们一分钱！你根本没说过——"

"我实在不愿意看到那种事情发生，"经纪人接着农民刚才的话说,"无论如何,我不明白你为什么一直在说,你不明白我在说什么。这些在你签过字的开户协议中写得明明白白。我现在面前就放着这些东西,你的新账户申请表、保证金协议、利率文件,我这里全有。就像我说的,我强烈建议你马上卖掉手头的股票,别等到你的账户余额变成负数,明白吗?"

农民一时无言以对。他感到自己彻底泄气了。他怎么能这么傻,连协议都没看一眼?但协议上的字实在太小。那种小字号的老把戏!他们骗了他!再说了,他只是个农民。他怎么可能知道这些呢?

"这不能怪我……这不能怪我……这不能怪我……"他一直反反复复地说着这几个字,但他心里知道,这下一切都完了。他赔光了所有的钱……

"无论如何,那都是我的建议,"经纪人接着说,"现在是个很艰难的时候。大家跟你的情况一样。他们也收到了'追加保证金通知'。大萧条席卷全国,涉及每只股票。市场正在承受巨大的压力。这变成了一个自我强化的恶性循环。市场越是下跌,清仓的账户就越多,因为这些账户交不上保证金了。这样一来,市场会进一步下跌,结果会有更多的'追加保证金通知'。这样就会开始恶性循环。像我说的那样,现在的情况很糟糕。那么,将来会怎样呢?"

农民一时无话可说。华尔街不仅把股票市场推到了惊人的高度,而且使得最近道指的下跌就像珠穆朗玛峰峰顶的雪崩一样——刚开始的跌幅不大,但在跌至最低位之前,这种跌势会一直持续,并且跌幅越来越大,速度越来越快,直到它毁掉前进道路上的一切。毁掉一切。

在想明白了这一点后，农民用短短三个字答复了经纪人："清仓吧！"

使用90%的保证金去买股票，这简直是疯了。这无异于递给孩子一包点燃的炸药，然后说："小约翰，现在要格外小心哪！这可是非常危险的！"

但是，小约翰看到的当然只有闪烁的火花，另外他的整个中枢神经系统会产生一种强烈的兴奋感。令人兴奋！令人抓狂！那是该死的人性！不管我们是用90%的保证金买垃圾股，还是手拿一包燃烧的炸药，直到一只手被炸飞，在强烈的兴奋感面前，即使我们发现危险在步步逼近，我们往往也都会极力克制内心的恐惧感。

正因如此，这个世界上将来所有的"独手"小约翰会不断将自己一生攒下的钱投入这个热火朝天的股票市场里，尽管市场已有明显的不祥之兆。清算的日子很快就会到来。

同时，随着投机热达到顶峰，1928年，道琼斯公司决定将另外18家公司的股票纳入道指中，这样一来，构成道指的股票总数达到30只，而且这一数量限制一直延续至今。

但是，问题并不主要出在构成道指的这30只大盘股上。虽然按以往的标准，这些股票的价格已经大涨，可如今还有700只股票在纽约证券交易所进行交易，而它们的质量将成为大问题。事实上，等到1929年时，股票市场已经严重恶化，以至大部分股票凭证的价值甚至低于印股票凭证时用的纸张的价值。

让我们大胆地猜一猜，哪一家经纪公司会带头把最大块的金融垃圾抛出来——那些垃圾不仅臭气熏天，而且剧毒无比，辐射整个金融市场，使其在未来20年里不再适合人类投资者踏足。

没错，你猜对了。就是高盛。

高盛采取了一种在接下来的100年里将会不断被完善的策略。虽然高盛起步较慢，但如果巨额横财极其诱人，让高盛全然不顾随后必定发生的金融灾难，高盛就会率先投身市场，成为金融业中产出最大块、最多垃圾的公司。

到了10月，纽约证券交易所就从美国最大的交易所彻底变成热核战争下金融炸弹的爆炸地点。现在只剩下一个问题：

炸弹何时会爆炸呢？

新闻界将爆炸时间称为"黑色星期四"。

这种说法其实是在10月25日（星期五）这天被正式提出的，用来描述纽约证券交易所前一天的"大屠杀"。

道指刚开市便狂跌11%，日中交易量超过1 100万股。当时，这个交易量是前所未有的，比交易所一天的正常交易量多出9倍以上。当时的电子股票报价机根本无法提供最新股价。

等到中午时分，这种空前的交易已整整持续了三个小时。金融市场的恐慌情绪进一步加剧，而且已经在全国范围内蔓延开来。那些投资新手，包括肉店老板、面包师和烛台匠，用一辈子的积蓄投资这些危险的股票。想想看，他们当时太傻了，竟然用90%的保证金去买股票。眼看着股票交易的时间所剩不多了，谁也不知道市场是什么样子的，或者他们将来会不会收到西联汇款公司发来的电报。

等到下午两点的时候，一切希望似乎都要化为泡影了。

接着竟然出现了奇迹。

不知为何，投资者情绪突然间反转了，海量的买入指令纷纷涌入市场。这些指令一下子蜂拥而至，分布在道指成分股所属公司中最大、最重要的公司中，股价随之飙升。更令人吃惊的是，买入指令来自纽约证券交易所最受尊重的成员之一，也是负责为范德比尔特家族、洛克菲勒家族和其他木偶大师理财的经纪人。他是一个出了名的掌握内幕的人。

当交易所的其他交易员发现巨量的买入订单来自这个经纪人时，他们决定马上跟进。毕竟，木偶大师一直在买入，他们肯定掌握了什么内幕。就这样，消息在交易员之间传开了，从交易员传给了经纪人，接着从经纪人传给了客户。股票市场竟然起死回生了。

事实上，买入指令并不是无缘无故出现的。木偶大师认为，让股票市场尽可能长时间地运转下去，符合每个人的最大利益（尤其是他们的利益）。因此，他们把所有的资金集中起来，发出了一系列巨额的买入指令，然后安排他们熟悉的经纪人下单，目的是让整个市场都知道他们的意图。

这是一个很古老的把戏——为了抬高股价，短期内下大量的买入订单。当买入的人是知名的投资者，而且其以往的投资记录并无污点时，这种把戏会尤其管用。

今天，我们把这类"有目的地买入"称为"操纵股价"。它会让你在监狱里待上三五年。在1929年，当时并没有联邦证券法来专门打击普通的股价操纵行为或者其他涉及掠夺和抢劫毫无戒备之心的投资者的暗箱操作。根据丛林法则，股市交易是完全自由放任的，而操纵股价是人们最喜欢的游戏。

无论如何，计划进展得极其顺利。

道指经历了早盘大跌后，在收盘时几乎上涨到了原来的位置，仅比早盘时低了2%。

星期五就这样静悄悄地过去了。投资者有了喘息之机。一切看上去都很顺利。

接下来便是星期一了。

那也是黑暗的一天，比黑色星期四更黑暗。事实上，当8 000万极度惊恐的美国人第二天早晨拿起他们最喜欢的报纸，读到新闻标题时，媒体是这样描述它的。

各大报纸的标题都一样：

《黑色星期一！》《股票暴跌！》《华尔街死了！》《资本主义的末日！》。

然而，黑色星期一跟黑色星期四有所不同，毕竟黑色星期四下午晚些时候的那波上涨拯救了那天的股票市场。可当周一上午开市交易时，股票市场就像块石头一样持续跌落。"大屠杀"在上午9:30正式开始了。

突然间，所有的投资者都发疯似的奔向唯一的出口，把纽约证券交易所的交易大厅变成了一场金融大决战的战场。当天收盘前，道指狂跌11%，收于241点，比40天前的历史最高位大跌了33%。更糟糕的是，就像一个骑虎难下的职业拳击手，下午4点的铃声救了道指一命。由于大量接踵而至的抛售，道指以当天的最低点收盘。

接下来就是星期二了。

这天也很黑暗，甚至比黑色星期一还要黑暗，可黑色星期一本身就比黑色星期四要黑暗得多，这至少是媒体向如惊弓之鸟一样的美国公众描述最新这轮金融大决战时使用的话语。此时，美国公众还没从前几天那些触目惊心的标题中缓过神来。

这种标题充斥在各大媒体上：

《黑色星期二！》《股票市场继续暴跌！》《华尔街的末日到了！》《这次可不是闹着玩儿的，太可怕了！》《好日子到头了，懂吗？》《连跌两天！》《当心，银行家要跳窗逃走了！》。

天哪！新闻标题这次可真是一语成谶！

1929年10月29日，星期二，股票市场再次大跌12%，并在随后的三天里继续暴跌。道指直到1932年7月8日才真正触底。当天的收盘价是41.22美元，比1929年9月时道指的历史高位整整下跌了90%。

当然，股票市场并不是直线下跌的，而且从来不会如此。那不符合市场的运行规律。即使在最残酷的熊市中，市场也会有反弹，用华尔街的行话来说，这叫"菜鸟反弹"，或者"死猫反弹"，毕竟市场的跌势日益明朗。在这种情况下，反弹是无精打采的、短暂的，也是极其有限的。一旦反弹结束，市场就会再次开始下跌，直至到达新低点。

在10月股票市场崩盘后的三年时间里，情况一直如此。一个接一个的菜鸟反弹让这个惊恐万分的国家短暂地看到了希望，但这个国家的整个金融体系和经济基本面却如一座摇摇欲坠的大厦，随时会有倾覆的危险。

接着，这座大厦轰然倒塌了。

就像一排摆放紧密的多米诺骨牌一样，股票市场的崩溃直接导致了银行系统的解体，然后引发了全国性的信贷紧缩，进而波及已经举步维艰的经济，最后使经济发展彻底停滞不前。问题是非常严重的：美国人对美国的金融体系彻底失去了信心，被迫坐等风暴来临。

预言最后应验了，而且后果是灾难性的。

股票市场交易量大幅萎缩，加上银行挤兑，银行一家接一家地倒闭。人们意识到，他们原以为自己安全地存在银行里的钱，其实早已借给了华尔街的那些投机分子。这些家伙一直在用90%的保证金来买垃圾股。商业活动几乎停滞。

在这个时代，满街都是流浪汉，人们排着队领救济汤，很多人一贫如洗。

好多家庭把全部家当装到破旧不堪的车里，开着车走遍美国，想找到一个落脚之地，能吃饱、有地方住，还有份能赚到钱的工作。

这些愿望其实都很难实现，尤其是最后一个。

当时的失业率已高达33%，这就相当于每三个美国人中，就有一个失业，而他们能找到的工作都是些不需要技能的体力活，他们拿着少得可怜的工资，干着卑微的工作。人们看不到任何希望。这就是"大萧条"时期的情况。

在经历了这场经济动荡后，1934年，政府最终决定进行干预，让经济重回正轨。现在该是约束华尔街的时候了，或者至少也要装装样子。1934年，依据国会通过的一项法案，SEC正式成立。

作为美国最高的证券监督机构，SEC有权对各种证券（股票、债券、期权、共同基金以及向投资者公开发行的其他金融工具）的发行和交易活动进行监管。SEC的使命是显而易见的：让这个国家恢复信心。在美国，随处可见怒不可遏的投资者。一群心术不正的华尔街大亨薅光了他们的羊毛，而这些大亨的极度贪婪最终导致了股票市场崩溃，到头来自己身上的羊毛也被薅得精光。

国会认为，如果没有一个民众信任的股票市场和银行系统，经济恢复就是不可能的。这种看法自然是正确的。

国会把选任 SEC 首任主席这项关键任务委托给了美国的最高权力所有者，即美国总统。

当时的美国总统是富兰克林·罗斯福。他是一个富有远见、处事公正、堪当重任的人，或者至少当时的人是这样想的。但你根本想不到，他决定任命谁来看管华尔街这个"鸡舍"：

最早的华尔街之狼。

第 5 章
约瑟夫·肯尼迪和做空的疯狂世界

——

一方面,任命华尔街最臭名昭著的股票操纵者担任 SEC 首任主席,其实颇有道理。毕竟,你如果想把华尔街的各种欺诈活动一网打尽,那么为什么不找最大的骗子干这件事呢?另一方面,这就相当于找一匹狼来看管一群羊,然后期待这匹狼能压抑自己的天性,不把那些羊变成羊排。

无论如何,SEC 首位主席约瑟夫·肯尼迪就是这种人。他是一个十足的恶棍。他唯一的可取之处就是养育了一个名叫约翰·菲茨杰拉德·肯尼迪的男孩,也就是后来的美国第 35 任总统。"老乔"是华尔街历史上最声名狼藉的股票操纵者之一,而且他还专门做那种风险极高的交易,成为导致股票市场崩盘的主要黑手。

具体来说,约瑟夫·肯尼迪是个做空者。这就是说,他押注某些股票的价格会下跌。他借入股票,然后立刻入市抛售,从而建立了所谓的"空头"。要是他押对了(股价下跌),那么他就能以更低的价格买回股票,然后把钱还给借出股票方,自己赚取差价。如果他押错了（股价上涨），等他买回股票，把钱还给借出股票方，他就只能自己承受损失了。

你没有搞明白，对吧？

并不是只有你没有搞明白。

大部分人会觉得，借股票来卖，靠股价下跌赚钱，这种想法有点儿令人难以理解。如果再提到你先要借入股票，然后等将来某个时间再把股票还给借出股票方，这样你就有可能赚取差价，这就让人更不明所以了。坦率地说，当你考虑到你必须越过的所有障碍时，押注某只股票的价格会下跌似乎绝非易事。

例如，你要在哪个价位借入股票？你要借入多少股股票？你持有股票的时间是多久？你怎样还回股票？完成实际交易需要多少钱？要是赔了钱，你该怎么办？

上面这些问题，以及很多其他问题都会让大部分投资新手对做空唯恐避之不及。在他们看来，做空风险太高，复杂得要命，所以，最好还是让那些投资专家去做吧。

果真如此吗？

做空真就那么复杂吗？就此而言，它的风险真的高到应该像躲瘟疫一样躲得远远的？或者，做空被骂得狗血淋头纯属无端指责？对一个精明的投资者来说，做空能作为一种有用的工具吗？

像生活中的大部分事情一样，真相往往介于极端的观点之间。从实用的角度来看，不管你是做空，还是做多，一旦你选择了某种短线的交易方式，投入的钱比你专门为健康投机留的钱多，你注定会收获令人失望的结果。你在后面会明白究竟是为什么，现在，我给你举个真实的例子，让你看看做空是怎么回事，好让你真正了解做空，这样你就不会因某个自私自利的经纪人或其他顾问的甜言蜜语而上当受骗了。

例如，有个 25 岁的"罗宾汉投资者"。他对新冠疫情厌烦透顶。现在，他正考虑把自己最近得到的那笔纾困金投向市场。此前，他一直做的是长线投资，而且收益颇丰。他主要买入模因股，然后在获利时卖出。

你们中有人可能不熟悉"模因股"这个词。其实，它是指某只受散户青睐的股票，但公司的基本面却不是其受青睐的主要原因。相反，投资者对其兴趣高涨，主要是基于社交媒体上分享的文化因素，包括想要表明自己支持某家公司或某个品牌的意愿。模因股的价格极不稳定，而且在很长时间内，实际交易价会远高于它们的真实价值，接着会以惊人的速度暴跌至最低点。

尽管如此，过去 6 个月来，这个年轻的"罗宾汉"还是靠投资模因股赚了大钱，把 2.5 万美元变成了 15 万美元。他的信心不断膨胀，就像一颗特别大的青春痘。与以前的很多投资者一样，他总觉得自己刚刚赚的这笔钱凭的是自己敏锐的第六感，还有他独有的特殊能力。他完全忽视了再清楚不过的事实：波涛汹涌的牛市掀起了所有的船，包括他买的那些定价过高的模因股。这些模因股跟其他股票一样，只是顺势而涨罢了。事实上，他自信满满，以至于他想提高一下自己的投资水平，开始在股票市场里双线作战——既做多，也做空。凑巧，他发现了第一只可以做空的股票。

他相信，万事俱备。换句话说，他断定那家公司很垃圾，股价一定会跌。此时，这只股票在纳斯达克交易所的交易价是每股 40 美元。他坚信股价最后会跌至零。在做空之前，唯一让他拿不定主意的是,他对所有的细微差别一知半解。他知道做空是怎么回事,可还是搞不明白有些地方。他真正需要的是专业人士的指导。

因此,他认为他在罗宾汉券商公司开立的那个账户并不适合进行第一次做空。他拿起电话,拨通了经纪人吉姆·琼斯的电话。吉姆在华尔街一家很有名的公司工作,过去几年一直是他的经纪人,虽说他没用通过吉姆开设的那个账户进行过几次交易。在罗宾汉券商公司开设的账户既有趣,又令人兴奋。相比之下,他在吉姆那里的账户简直乏味透顶。再说了,虽说吉姆是他的朋友,可吉姆却是个自命不凡的蠢货。

"哦,年轻的罗宾汉,跟我说说,"吉姆轻松地说,"我能帮你做些什么?"

年轻的罗宾汉!对于像他这样的人,吉姆这种在华尔街工作的人是这样想的:他们只是昙花一现!他们是新冠疫情的产物!社会的寄生虫!靠着丰厚的失业救济金和政府纾困金过日子。

"我把这个名字当成一种赞美,"那个罗宾汉答道,"可我不会劫富济贫。我拿政府免费给的钱,然后用这笔钱去买模因股。这有问题吗?"

"没问题,年轻的罗宾汉。你应该为此感到自豪。"

"我感到自豪——我感到很自豪。对了,华尔街今天的行情如何?把寡妇和孤儿都搞破产了吗?"

"还没呢,"吉姆答道,"不过时间还早。我还是有信心的。"

"好吧,祝你好运,"罗宾汉说,"我相信你一定能成功。好吧,今天我有件事想请你帮忙。我想做空一只股票,可我以前从没干过这种事儿。"

"好的，你想做空哪只股票？"

罗宾汉犹豫了片刻。"哦……我首先要声明一下，我对这只股票是做过研究的。所以，你可别劝我不要做空它。你劝也没用。"

"好的，我答应你。你说的是哪只股票？"

听完吉姆的话，罗宾汉向吉姆详细解释了一通，为什么这家公司是有史以来最值得做空的企业。他谈到了这家公司的方方面面，包括资产负债表、过去12个月的交易情况、持续下滑的销售额、过大的经常性开支、过时的经营模式，还有自私自利的管理团队。接着，他换了个话题，向吉姆喋喋不休地讲述自己辉煌的战绩，还有超凡的时机把控能力。在痛苦地听了片刻后，吉姆不再理会他。

吉姆的脑海中冒出了那句老话："一知半解是件危险的事情。"做空这只股票的风险很高，因为这样做很可能对他不利。他心想，他该不该劝罗宾汉打消这个念头？现在已经有数不清的投资者在做空这只股票，这样就有可能带来严重的轧空风险。如果年轻的罗宾汉不谨慎，那么他可能最后只能回到舍伍德森林，过那种连尿壶都没有的日子。

轧空是指股票（或者资产）的价格快速上涨，导致做空者承受巨大的损失，迫使很多做空者回购股票，以满足追加保证金的要求。反过来，需求的增长会进一步推高价格，结果让剩下的做空者承受更严重的损失。现在这些做空者为了减少损失，尽管承受着越来越大的压力，也只能回购股票。这样一来，股价就会出现更大的涨幅，这使最后剩下的那些做空者承受更大的压力。这种状况会不断加剧。这就是轧空。

20世纪80年代初发生的事情是个典型案例。当时，得克萨斯州的亨特兄弟想垄断白银市场。在6个月时间里，兄弟俩悄悄在白银期货和期权市场中积累了大量的仓位，最终成为全球持有白银最多的两个人。随着他们不断买入白银，白银价格被不断推高，这造成了白银市场出现大规模的轧空——那些押注白银价格会下跌的做空者，不得不以高得多的价格补仓，结果承受了巨额的损失。

这里的要点是，做空可能是一种危险的游戏，最好留给那些投资经验丰富、资金非常雄厚的专业人士来做。

"……我已经赚了那么多钱，"那个乳臭未干的罗宾汉说，"我认为，此刻有一点是毋庸置疑的，我天生就是做这个的料。其实，一旦我搞懂了怎么做空，我想我就能做自己的对冲基金了。"罗宾汉低声笑着说："说实话，只要你愿意，你可以回来为我工作。吉姆，我会付高薪的……只要你称职。"

就这样！吉姆心里想。如果罗宾汉想从金融市场的悬崖边跳下去，那么我凭什么要拦他呢？更别说，做空的佣金相当可观，与做长线交易的佣金不相上下。我可以拿额外赚的这笔钱去卡布玩一趟。

"当然可以！"吉姆惊叫道，"你这次一定能大赚一笔。假如我是你，我会玩命地做空。"

"我明白了，"罗宾汉愉快地说，"就连你这种愤世嫉俗的浑蛋也不反对我的想法。好吧，我想做空1 000股。这相当于4万美元，对吧？"

"哇，哇，哇，先别急，"吉姆说，"做空前，我得先看一看我们能不能借到这么多股票。我想应该能借到，不过你先让我看看。"

"要是借不到该怎么办？"

"那你就无法做空了，"吉姆说，"那是违反 SEC 规定的事。我可不想被罚款，至少不想为了你被罚款。即使可以裸做空，你也不要那样做。那样做的风险实在是太高了。到头来，你的账户就会出现所谓的'无法交付'。"

"无法交付股票？"

"没错，是股票，"吉姆说，"不管你是做空 1 000 股股票，还是卖你自己手里的股票，最后买入你的股票的人，总希望股票在某个时刻能出现在他们的账户里。股票不能不到账户里。"

"现在，我再说得明白一点，我这里说的不是成天在曼哈顿下城跑来跑去的信使，忙着把股权证交到所有股票交易者的手里。在 20 世纪 60 年代后，这种做法已经过时。那时股票的交易量大得惊人，因此他们每周得休市一天，目的是把所有的资料都补齐。

"正因如此，如今所有的资料都采用了电子版。但有一点却没有变，那就是在一个投资者卖出大宗股票，另一个投资者买入那些股票后，买入者希望卖出者的电子股票在结算日会出现在自己的账户里，而卖出者希望买入者的现金也能出现在自己的账户里。我稍后会详细解释做空，从做多开始讲起会更容易些。比方说，你手里有 10 万美元，你想买入 1 000 股股票，这只股票的交易价是每股 40 美元，而不是做空这只股票。我会给交易员下个单，买入 XYZ 公司的 1 000 股股票，每股 40 美元。他会进入市场，代表你买入股票。不一会儿，这些股票就会出现在你的账户里，而你的现金余额就会减少 4 万美元，对吧？"

"没错，然后呢？"

"我有个问题,"吉姆接着说,"假如你查看了电子股东登记册,那么你会发现上面列明的股票持有人是谁呢?你?"

"没错,那当然了。"那个罗宾汉说。

"错,"吉姆说,"你会看到我公司的名字。现在所有的股票都以经纪商的名义持有。也就是说,电子登记册上的股票所有人是卖给客户股票的经纪公司,不是真正买入股票的人。"

"这听上去有点儿可疑。"那个罗宾汉说。

"那倒不是,"吉姆反驳道,"在我们公司内部的登记册上,你还是股票的受益所有人。因此,这对你的资金没什么影响。这样更利于实时掌握所有的买入和卖出信息。如果不这样做,巨量信息就会把系统搞瘫痪。"

"反正第一次在这里开户的时候,"吉姆接着说,"你要填一大堆表单。其中有张表单就授权我们持有你账户里的所有股票,而且我们还可以把你的股票借给想做空的人。这在华尔街可是个大买卖。我们专门有个部门,叫'股票借贷部',整天干的就是那种事。他们会联系经纪公司、对冲基金、共同基金,还有任何他们觉得愿意把股票借给其他人的人。这门生意很赚钱啊!所以,我说过,要想做空,你就得先借股票。现在你知道从哪儿借了吧。"

"这下明白了,"那个罗宾汉说,"我向你们公司借股票,但股票的持有人实际上是客户。"

"没错!你如果在做空时不借股票,那么在结算日,就没法向交易的另一方以电子形式交付股票。等到那个时候,你可就遇上大麻烦了。"

"为什么这么说?"

"如果你在10天内未向买方交付股票,他们就有权进入市场,无须征求你的意见,便可买入股票,然后把账单寄给我们公司。猜猜看,我们公司会把账单寄给谁?"

"寄给我。"罗宾汉说。

"顺便说一下,当将来他们真的要买股票的时候,股价有可能处于最高位,这样的话,你的损失就会最大。正因如此,但凡要做空,就要先借入股票,即使不借并不违法。"

"明白了,"罗宾汉说,"绝对不能裸做空。"

"那可是后患无穷。我刚刚听股票借贷部说,他们手头有你要的那只股票。所以就可以开始了。现在让我带你一步一步地完成这个过程。我要先给你开设一个保证金账户。我现在就得把账户开好。你稍等一下。"

"要保证金账户有什么用?"罗宾汉问道,"我都用在罗宾汉券商公司开设的现金账户交易。我不喜欢保证金。"

"只可惜你没得选。你用现金账户无法做空。你瞧,从技术上讲,你交的钱并不是用来买股票的,而是用作我们借给你股票时的抵押品。使用现金账户,我们无权发放贷款,也没法接受抵押品。联邦法律规定这必须通过保证金账户进行,明白吧?"

"那好吧。"

"太好了,"吉姆说,"那好,我已经有账户号码了。我们现在就开始。我首先要问的是,你想做空多少股股票?你想借多少,就能借多少。"

"我猜是1 000股吧。"罗宾汉答道。

"你是猜的?"

第5章 约瑟夫·肯尼迪和做空的疯狂世界　　111

"哦，我的意思是，我搞不太懂到底是怎么做空的。"罗宾汉说。接着，他信心十足地说，"我擅长的是其他交易。吉姆，我找到了赚钱的窍门。所以，我才赚了大钱！那1 000股要多少钱？5万美元够吗？"

难以置信！吉姆心想。一个如此无知的人，竟然觉得自己无所不知。真是从没见过这样的人。看着这种人赔得倾家荡产，绝对是件有趣的事。

"那好吧，我的朋友，"吉姆热情地说，"让我来解释一下它是如何工作的。要想做空，初始保证金要求是交易金额的150%，所以，要做空——"

"150%？"罗宾汉惊叫道，打断了吉姆的话，"我不会掏6万美元去做空只值4万美元的股票，那不是疯了吗？这不值得呀！"

"先别急——你不用掏6万美元！"吉姆说。他意识到这些罗宾汉式的投资者竟然如此无知，竟然没听过保证金要求这么简单的东西。"在你卖出自己借入的1 000股股票时，你没有把自己将得到的4万美元算在内。目前的股价是每股40美元，因此在卖掉1 000股股票后，你的账户里就会出现4万美元。这就是说，你只需存入2万美元，就能达到150%的保证金要求。明白了吗？"

"明白了，"罗宾汉答道，"所以，我用4万美元，就能做空2 000股股票了，对吧？"

"完全正确，"吉姆说，"从根本上说，你实际花的钱只有你计划做空金额的一半。现在，我想问你个问题，对于这个想法，你有多大的把握？你是超级自信，还是一般自信？朋友，这一点很重要啊！"

"哦，我明白了，"罗宾汉说道，"我超级自信，明白吧？说实话，我这一辈子从来没有对哪件事这么自信过。怎么样？"

"那就好，"吉姆说，"我的意思是，至少你的话打动了我。"

"那好，"罗宾汉说，"噢，股票的价格快要降到零了。没别的办法了。"

"好的——哇！哦，现在就听你的吧。你在罗宾汉券商公司开设的账户里现在有多少钱？"

"比15万美元多一点儿。这些差不多都是我赚的。还不错吧？"

"朋友，那是相当不错。其中有多少是现金？能有几成？"

"全都是现金！"罗宾汉说，"伙计，我就喜欢这么干！我的持仓时间也就一两天。我对时机的掌控无懈可击。你明白吧？"

"哦，我明白，"吉姆答道，"你把炒股变成了一门科学，对吧？"

"当然了，我天生就是干这种事的人。我根本不用学。要我说，这是一种天赋，一种罕见的天赋。也可以说，这是一种第六感。无论如何，伙计，如果你这次表现好，而且你的佣金还能再低点儿，我就教你几条炒股秘诀，怎么样？"

"没问题，"吉姆说，"我不收你一分钱的佣金。"就像罗宾汉券商公司那样，我不会让你看见我收取的佣金。"我完全不收佣金。你看看，我多么信任你。其实，考虑到我们对这件事都这么有信心，说句实话，我觉得你应该多做空一些。我最后想问的是，依你看，那只股票多久后会暴跌？你说是几天？还是几周？几个月？"

"最多两周。当然不会超过一个月。"

"好的，太好了！那当然是短线交易了，"吉姆答道，"我之所以询问你，是因为目前的贷款利率有些高。如果你想做长线交易，那么利息会越来越多。"

"有多高？"罗宾汉问道。

"20%，"吉姆答道，"但考虑到时间跨度，那点儿利息就算不了什么了。无论如何，大胆地做吧。不过要记住一点，在做空股票时，最关键的是时机。换句话说，把握好时机还不够。你还要出手快，否则，你借的那只股票的利息就会开始蚕食你的利润。明白吧？"

"明白，"罗宾汉答道，"可利率现在为什么那么高呢？"

"因为供不应求，"吉姆说，"现在，还有很多其他投资者在找机会借股票。对你来说，这是个好消息，对吧？我是说，利率一般是3%，所以说，你这次显然押对了股票。很多其他的做空者与你的看法一致。"

"我知道，"罗宾汉说，"对这种事，我有种很强的直觉。"

"哥们儿，那还用说，你的确有天赋啊。"纯属自欺欺人。

"当然了，"罗宾汉附和道，"现在是我好好利用这种天赋的时候了。我能做空多少？我是说最多？"

"把你在罗宾汉券商公司开设的账户里的15万美元和你在我这儿的1万美元加起来，总共是16万美元。做空时的初始保证金要求是150%，这样的话，你能拿出的钱就会翻一番，总共是32万美元。按每股40美元算，你最多能做空8 000股，那正好是32万美元。但我觉得，保险起见，你刚开始还是稍微少做空一点儿。你先做空7 000股。那样的话，仅仅有14万美元的现金支出。当然了，当股价下跌时，你赚的钱也会少一些，可这样一来,万一股价临时上涨,你至少手头还准备了一些现金。"

罗宾汉惊呆了。他说道:"你在说什么呢?这笔交易不会出错!它只会沿一个方向前进,就像水进入抽水马桶一样,只会一路向下。我是说,这只股票现在真是……"吉姆没有理会他的话,心里在盘算着一个问题:如果让罗宾汉这样一个一无所知的新手把自己全部的净资产拿出来用作抵押品,来做空一只已经有好多人在做空的股票,那么他会遭受多大的损失。这个策略的风险太大了。要是遇到前面提到的轧空,就更可怕了。罗宾汉可能会在几秒内赔得倾家荡产。

不久前,他目睹了这种事发生在特斯拉公司股票的投资者身上。当时做空特斯拉公司的股票的投资者非常多,甚至到了过度做空的地步。没有股票可以被借来做空。同时,每笔做空交易者都是该股票的未来买家。在某个时刻,这些买家不得不重新进入市场,去回购他们已经做空的股票,目的是偿还他们借的股票。这样便形成了巨大的被压抑的需求。这就好像拿着一个橡皮筋,把它使劲拉开。等这个橡皮筋最后快速恢复原样时,它会正好沿着相反的方向弹回去。那真是快似闪电,势不可当。

就特斯拉公司而言,它只需要释放一些积极的信息,那样的话,"做多"者就足以积聚足够的买入订单,开始推高股价。这样就会使那些做空者不断收到追加保证金通知。他们各个如惊弓之鸟。突然间,他们纷纷进入市场,开始买入股票,想要填平空仓。结果股价持续地开高了。

"伙计,我说句话,可别介意啊!"罗宾汉接着说,"你们这帮华尔街的人已经跟不上形势了。对于我需要了解的信息,我都能在网上找到。"

狗屁！吉姆心想。"没关系的。毕竟你这么有信心——"

"我确实信心十足。"

"我建议你做空7 000股，然后手头留点儿应急的钱，以防万一。做空7 000股的钱是14万美元。你今天需要把这笔钱从你在罗宾汉券商公司开设的账户里转过来。"

"没问题。"

"好的，非常好。"吉姆接着说，"现在，我尽快跟你讲讲，填平空仓时，到底是怎样赚钱的。"

"好的，说吧！"

"现在，如果我们做空7 000股，每股40美元，那么我们的经纪账户里最后就会有28万美元。接着，你还得再存14万美元，这样才能达到最低保证金要求。这样一来，你的账户总余额会达到42万美元。比方说，股价跌至每股20美元，而你觉得可以在这个价位补仓。我们要做的就是，进入市场，以每股20美元的价格购入7 000股。这样只会花14万美元。然后，这笔钱会从你的经纪账户中扣除，最后你的账户余额就降到了28万美元。当我们在结算日收到股票时，我们会把股票还给股票借贷部。这时在你的账户里，除了你最初为了满足保证金要求而存入的14万美元，剩下的钱就是你获得的利润。这样计算，14万美元就是你赚到的钱。做空时就是这样赚钱的。明白了吗？"

"完全明白了，"罗宾汉答道，"但问题是，我没法在每股20美元时填平空仓。这只股票快降到零了。没准我可以在每股1美元时做空，毕竟我这人不贪心，不像你们这帮华尔街的人。要是我在1美元时做空的话，我能赚多少？"

"假如你在每股1美元时做空，那就是说，你回购股票时只需花 7 000 美元。你只需从 28 万美元里扣去 7 000 美元，你就能赚 27.3 万美元。当然了，借股票的利率是 18%，但 18% 是一年的利率，而你只持有了一个月的股票。因此，一个月的利率就是 1.5%，那么你交的利息就是 28 万美元（你借股票当天的股票市值）的 1.5%，正好是 4 200 美元。因此，那个交易日结束时，准确地说，你获得的净利润是 268 800 美元。"

"挺多的。"罗宾汉说。

"谁说不是呢？现在，我尽快告诉你另一种可能。至少要让你知道这种情况。要是股价上涨 20 美元，即每股 60 美元，此时回购股票，你的账户就会有亏损。由于你做空时只得到了 28 万美元，但你回购 7 000 股时要花 42 万美元，结果你会亏 14 万美元。"

"我倒不担心那种事。这只股票的价格不可能上涨，上涨是极小概率的事件。"

"说得对，"吉姆答道，"可我还是要提醒你一下，所有做空交易所使用的保证金账户，包括你的，都要满足最低的维持保证金要求，即 130%。如果股价的涨幅超过 20%，即这只股票的股价超过了每股 48 美元，那么你账户里的钱会低于最低的维持保证金要求。你就会收到追加保证金通知，这时你就要往账户里打钱，以增加账户余额。如果你不打钱，在你不知情的情况下，他们就会自动回购股票来填平空仓。换句话说，他们会逐日盯市，以确定你如果补仓，你的账户余额是多少。如果余额低于开始做空时账户余额的 130%，那么你就要汇钱到账户。股价涨得越高，你要汇入的钱就越多。我并不是要给你泼冷水，但为了合规，我必须提前向你说明这一点。"

"我一天听了这么多丧气话,真是受够了。我已经准备好了,我想马上做空 7 000 股。"

"勇气可嘉啊!我们开始吧。稍等一下。"

在吉姆办理交易的时候,罗宾汉满面笑容。这是他大展宏图的第一步。他清楚这一点。他简直能预感这一切。这次简单的交易使他的人生从此拥有无限可能。凭他的知识,不,他的智慧——他不仅知识渊博,而且智慧过人——他可以做短线交易,也能做长线交易,甚至可以同时做这两种。真是难以想象,仅仅 9 个月前,他还只是在开市客超市工作的一名货品管理员。可现在……这真是难以想象!

"办好了!"吉姆宣布,"你以每股 40 美元的价格,正式做空了游戏驿站的 7 000 股股票。祝贺你!伙计,祝你好运!"

"好运?"罗宾汉问道,"失败者才需要好运。这纯属天分——没别的。要不了多久,我们就会发现,游戏驿站的股价快跌到零了。"

"有道理,"吉姆答道,"对了,记住今天把钱汇过来。最晚要在明天下午两点到账。"

"明白了。"罗宾汉不屑一顾地说。

"千万别忘了。明天,也就是 1 月 14 日下午两点前要到账。"

咔嗒声。

可怜的罗宾汉!

除非你过去三年来与世隔绝,不然的话,我敢说你知道接下来发生了什么。

游戏驿站的股票成为华尔街有史以来最大的一只轧空股。等到 2020 年 1 月底的时候,尽管从游戏驿站股票的内在价值来看,股价最高不应该超过每股 5 美元，但实际股价竟然飙升至每股 400 美元以上。这种轧空的核心是数百万散户的民粹主义反抗。这些投资者都聚集在一个名为 WallStreetBets 的在线股票论坛中。

WallStreetBets 是杰米·罗戈津斯基在 2016 年创办的论坛。实际上，这个论坛是红迪网的一个"子版块"。这就是说，要想访问这个论坛，你要先登录红迪网。实际上，WallStreetBets 堪称投资界的"西部荒野"。在那里，人们本来期望在线上非限制级聊天室里会看到的那些正常的社会细节，实际上不复存在。相反，人们称彼此为"弱智猿"（这在 WallStreetBets 上可是莫大的赞美之词），指的是把最后一美元都投入市场以争取最大的回报的人。用 WallStreetBets 的行话来说，这种"金融自杀"行为被称作"YOLO"，即"你只能活一次"（You Only Live Once）。

无论如何，不可否认的是，在 WallStreetBets 上，偶尔会有人提出一个很好的投资想法。如果所有的投资者都认可这个想法，开始买入股票，就可能会产生很大的影响。

游戏驿站的股票就是这样。一位论坛上颇有威望的成员（当时他的化名是 Roaring Kitty）就举了一个很有说服力的例子。这个人分析了为什么游戏驿站股票的价值完全被低估了，以及那些无情地攻击这家公司，一心想压低其股价的职业做空者为何会误判形势。他们需要做的就是，在短时间内大量买入。这不仅能使股价反映股票的基本价值，而且做空者还会开始收到追加保证金通知，因此他们就被迫填平空仓，从而使股票的买入量增加，推动股价进一步上涨。

这波涨势就是这样开始的——仅仅因为 Roaring Kitty 的一篇颇有说服力的帖子。

随后发生的一切令人瞠目结舌。

在数百万散户的"一致行动"下，他们积聚起来的购买力足以把游戏驿站的股价推到惊人的高位。在这种行情下，即使是资金实力雄厚的做空者，尤其是香橼资本和梅尔文资本这两大对冲基金，也不得不在遭受巨大亏损后忍痛填平空仓。

就梅尔文资本而言，这家公司的亏损非常惨重，不得不求助外部投资者注入27.5亿美元的现金维持经营。相比之下，虽说香橼资本的亏损没那么严重，仅有几千万美元，但这足以使该基金的经理安德鲁·莱夫特公开宣布永远放弃做空业务。

幸运的是，我有机会在等待了很久后，对安德鲁·莱夫特和杰米·罗戈津斯基进行面对面的采访，希望对整件事有全面的了解。具有讽刺意味的是，当我问他们同一个问题，即"对于游戏驿站的轧空事件，你能用一句简单的话总结一下吗？"时，他们的回答几乎完全相同：

"那纯属胡闹。"

在安德鲁看来，那之所以是"胡闹"，是因为他赔了几千万美元，而股价根本没有理由涨那么高。没错，800万散户烦透了新冠疫情，加上手里有政府发的救济金，因此他们决定向对冲基金证明，他们能"押注"自己感兴趣的任何股票，不管这样做有没有道理。安德鲁解释道，游戏驿站的股价一定会暴跌，这会让所有散户把手里的钱赔得精光，但这一事实在散户看来不算什么。只要能给对冲基金上一课，散户就满意了。

当然，安德鲁的预言完全准确。

1月28日，游戏驿站的股价飙升至每股483美元的历史新高，然后在同一天就开始暴跌。在股价大幅下跌前，WallStreetBets用户过去一直使用的两大交易中介，即罗宾汉券商公司和德美利券商公司，限制他们继续买进游戏驿站的股票。但他们可以卖出股票。这样做的影响简直是灾难性的。

禁止买入，但允许卖出，这就相当于用整个大西洋的水来浇灭篝火。到那个交易日结束时，游戏驿站的股价大跌至每股112美元，收于交易时段的最低位，游戏驿站的市值蒸发了数十亿美元。

这两家公司采取这种极端行动的原因是什么？

罗宾汉券商公司相较于德美利券商公司，规模更小，而且资本储备量要远低于后者。如果数百万的散户一起买进股票，这家公司就会面临违反资本要求的风险。这种资本要求正是监管机构为了应对以下情形所出台的规定，即某个经纪公司的客户对波动剧烈的股票形成集中持仓后，给整个清算系统带来的系统性风险。

那么，为什么会出现系统性风险？

要是你回头看一下本章前面的内容，你会发现每笔交易都存在两个方面。当某个人要买入大量股票时，必须有人把这些股票卖给他们。这类交易的中介是两家经纪公司。无论它们的客户是否支付了交易费用，它们都要为其提供担保。对罗宾汉券商公司来说，这是指公司本身要负责众多小客户每天价值数十亿美元的买股交易。因此，如果游戏驿站的股价下跌过快，那么面对突然间赔钱的股票，那些刚买完股票的客户要么无法付钱，要么不愿付钱。这样一来，公司就不得不承担损失。

在做股票经纪人的第一天，我就看到了这种场景。

你不妨回忆一下在1987年10月19日上演的电影般的情景，

通常人们把那一天称作"黑色星期一"。在10月那个阴暗的星期一，道指仅在一个交易时段内便狂跌508点。我上班的那家证券公司L.F.罗斯柴尔德宣布倒闭。具有讽刺意味的是，导致这家公司破产的并不是它自己的交易，而是它的一个机构客户哈斯证券（Haas Securities）鲁莽的交易行为。这家机构超过5亿美元的公开交易通过L.F.罗斯柴尔德公司完成，其鲁莽的交易行为使后者陷入了困境。当市场崩盘时，哈斯证券遭受了巨额亏损，无力兑现未平仓交易，结果将5亿美元的负债转嫁到L.F.罗斯柴尔德公司的资产负债表里。

后来的事尽人皆知。

短短几天内，L.F.罗斯柴尔德公司就不再能满足净资本要求，不得不在经营了100年后宣布破产。

与这种情况一样，资金实力不强的罗宾汉券商公司也存在上述问题。它还面临另一个使事情进一步复杂化的极其严重的问题。具体来说，它不仅要为客户每天买入的股票负责，而且还要承担客户保证金账户的风险。从本质上讲，但凡有客户（对罗宾汉券商公司来说，几乎是所有的客户）使用保证金买入游戏驿站的股票，就意味着巨大的风险。如果游戏驿站的股价暴跌，但罗宾汉券商公司又无法在客户的账户中还有资产的情况下卖出客户持有的股票，那么罗宾汉券商公司就不得不承担这些损失。

这是一场潜在的灾难——罗宾汉券商公司别无选择，只能立刻限制所有客户买入游戏驿站的股票。如果不进行限制，那么等到第二天，监管机构就会以它们违反了净资本要求为由，要求公司停业。不管事态如何发展，这个决定的最终结果是双输。

事实上，罗宾汉券商公司刚一宣布暂停客户买入游戏驿站的股票，该公司就感受到了 WallSreetBets 论坛上所有人的正义的怒火。他们公开指责罗宾汉券商公司与做空者相互串通。在 800 万散户的眼中，它别无选择这一借口并不可信。他们惊恐地目睹了一切：他们最青睐的股票的价格突然暴跌，而他们的发财美梦也随之化为泡影。

德美利券商公司的规模更大一些，因此这家公司暂停客户买入股票的原因与其说是它已经被逼到了绝境，不如说是为了管理内部风险（就像罗宾汉券商公司一样，对于每笔未结算的交易，它都要承担资金风险）和维护市场秩序。在德美利券商公司看来，游戏驿站的股价已经与其基本面脱节。在一帮组织严密、怒气冲冲的散户的操纵下，股价一路上涨。不管自己赚钱与否，这些散户就是要让这只股票出现在华尔街。

最终，大多数投资者都没赚到钱，这也包括 WallSreetBets 论坛上那些早早就买入股票，完全有机会大赚一笔的少数股民。

哪里出了问题呢？

绝大多数股民在贪婪、同伴压力，以及对这场狂欢不会结束的信念的驱使下，不仅拒绝卖出，而且不断加仓，直至股价达到最高点。更糟糕的是，绝大部分股民都使用保证金买入股票，因此在股票暴跌时赔得倾家荡产。

正因如此，WallStreetBets 的创始人杰米·罗戈津斯基才会将游戏驿站股价的这波涨跌称作"纯属胡闹"。"这种事本来就不应该发生。"他还进一步指出，"人常说，好事过头成坏事，这就是个典型的例子。轧空到每股 80 美元的时候还说得过去，可要是再高，就是胡闹了。到时候炒股的人差不多都会赔钱。"

他的看法很有道理，尤其是看一看游戏驿站今天的股价。

目前，它的股价比每股 23 美元略高一点。这家公司仍在想办法改造其陈旧的经营模式——一种以实体店销售为基础的经营模式。

最后，那个年轻的罗宾汉，还有他在吉姆那里开设的账户怎么样了？

说得委婉一些，罗宾汉选择的时机简直不能再差了。

在他以每股 40 美元做空后的短短几天内，游戏驿站的股价就涨到了每股 100 美元以上。其实，在那之前，罗宾汉投入的钱就已经赔光了。当股价涨到每股 50 美元时，他就收到了吉姆公司寄来的追加保证金通知。通知上写着：

除非你马上汇给我们 2 万美元，让你的账户里的余额重新达到我们公司的最低维持保证金要求，否则我们将为你平仓。

显然，罗宾汉根本没钱汇给公司。当他建立最初的空头时，他把所有的钱都投进去了。等到交易出问题时，他手头根本没钱救急。

作为回应，吉姆的公司不假思索地为罗宾汉填平空仓，结果他的账户出现了近 5 000 美元的负债。他到底会不会交这笔钱，还真不好说。如果你听说过一句老话，"精明的人总是早早抽身，傻瓜才会留下来收拾烂摊子"，那么我们可以说，精明的人早已离局，留下吉姆的公司独自面对这个烂摊子。

因此，在明白这些后，你觉得做空一只股票有意义吗？或者做空是不是最好留给专业交易员来做?

答案是不言自明的:最好留给专业人士来做。坦率地说,要是你做长线交易,我也会给你提出这种建议,目的是让你通过短线交易策略或个人选股赚钱。

但我现在提前说一下。

在我深入探讨如何在股票市场里持续地赚钱之前,我们先从上文回顾华尔街发展史时没讲完的地方接着讲,就从我最喜欢的监管机构 SEC 的成立说起。

第 6 章
强大的组合拳

——

平心而论，作为美国最高金融监管机构，SEC 比以前的监管机构要好多了。唯一的问题是，在它之前出现的监管机构几乎形同虚设，因此这一结论其实并没有太多意义。其实，在1934年以前，投资股票市场就像是在亚利桑那州的墓碑镇散步一样，尤其是在厄普一家来到小镇之前。

如果你足够幸运，你会度过一个惬意的下午，最后安全回到家里，既不会被抢劫，也不会命丧黄泉。但最后，当你的好运用完时，你会发现自己在错误的时间，出现在错误的地方。你面对的是西部荒野那种的严峻的现实。

在"咆哮的二十年代"，美国股票市场便是这般景象。

不论是腐败的 CEO 刊登了一篇伪造的新闻稿，是不道德的经纪人推荐了毫无价值的股票，还是华尔街的木偶大师操纵了股市没有人能躲开所有的子弹，子弹从四面八方飞来，没有任何预警。

在某种程度上，在股票市场里投资就像是在藏污纳垢的赌场里下注。

不仅赔率会对你不利，而且你参加的每场游戏中都会有另外的陷阱。每掷一次骰子，每转动一次轮盘，你拿的每一手牌，都有幕后黑手和纸牌高手在暗中操控。这些因素会使赌局对你更不利。基于这两方面原因，你要想在游戏中获胜是不可能的。

这就是在美国 SEC 成立前美国股票市场的真实写照：

让狼来放羊，让狐狸守鸡舍，让患者管理精神病院，让纵火犯担任消防队长。

现在回头看一下，有一点其实从一开始就再明显不过了：让约瑟夫·肯尼迪处于监管食物链的最顶层，用不了多久就会大祸临头。毕竟，如果有很多故事间接地反映了把权力交给一个曾滥用权力的人的风险，那么这些故事蕴含的道理很可能对我们有益。

无论如何，尽管约瑟夫·肯尼迪的道德品质存在问题——他是个说谎者、骗子、花花公子、操纵市场者、私酒贩子、崇拜阿道夫·希特勒的极端反犹主义者，但是他仍称得上是一位有所作为的管理者。所以，我们先从积极的方面讲起吧。

约瑟夫·肯尼迪掌权后，SEC 的首要任务就是，对华尔街那些藏污纳垢的"赌场"里荒唐危险的行为进行管束。SEC 制定了一系列明确的基本交易规则，要求所有人和机构（不仅包括在华尔街工作的人，还包括在华尔街筹集资金的上市公司、上市公司的投资者，以及参与这一切活动的其他人员）严格遵守。美国有史以来第一次出台了一系列紧密相连的联邦证券法，而且这些法规在美国境内跨州合法执行。

跨州合法执行的重要性怎么强调也不为过。

在获得联邦政府的全面授权,并且成立了内部执法部门后,SEC 就能对各州的案件提起诉讼,对任何有诈骗嫌疑的个人或实体发出传票。这份名单上有银行家、经纪人、交易员、分析师、律师、会计、交易所、评级机构以及任何可能影响市场的人。

根据联邦证券法的规定,每个人在与客户交易时都应依法履行公平、诚信地交易的义务。今天,我们可能会认为对诈骗行为进行追责是理所当然的,但在 1934 年,这却是一次根本性的变革。事实上,假如你问一位生活在"咆哮的二十年代"的股票经纪人,他怎样看待与客户交易时要坚持公平、诚信的原则,他可能会把脑袋歪向一边,盯着你一会儿,就像一个人听到了一件极其荒唐可笑的事情后所做的那样。接着,他会当着你的面大笑起来,然后说:"我为什么要那样做呢?这里是华尔街,不是童子军。诚实和公平是孩子的梦想,最好还是留给小学生吧。"

想想看,我言过其实了吗?如果说历史让我们明白了什么道理,那就是当周围的每个人的行径都很恶劣时,人类会变得极其可怕。

例如,在古罗马时期,罗马人把他们的奴隶喂给狮子吃,而那些所谓有道德的罗马公民在拍手叫好。在西班牙宗教法庭统治时期,那些敬畏上帝的基督徒杀害了数百万不信基督教的犹太人和穆斯林,然后回到家与家人团聚,反而感到自己离上帝更近了。接着便是纳粹德国政府那些罄竹难书的暴行,数百万的犹太人和其他族裔的人被屠杀。事实其实很简单,那就是一个社会在某个时期认为是合乎道德或者合情合理的事情，在另一个时期却是反人类的罪行。

在风险较低的时候也是如此。

试想一下，你在20世纪30年代去看医生。在他给自己的橡胶手套涂上润滑剂，准备给你检查前列腺时，你让他把正在抽的烟掐灭。作为一个生活在21世纪的人，你可能觉得自己完全有权提出这个要求，可对那个生活在20世纪30年代的医生来说，你的要求听起来有些可笑。毕竟，所有的人都一直在抽烟！他的病人、他的妻子、他的同事、他的成年子女，甚至他的父亲都在抽烟。当时，他的父亲正在医院里吸氧，而嘴里正叼着一根烟。

因此，医生用理智的声音说道："年轻人，别怕！我这个人从来不会把烟吐向病人的屁股。所以不必紧张。一会儿就好。"说完这段话，他慢悠悠地深深吸了一口自己最喜欢的牌子的香烟，然后把一团浓浓的烟雾吹向了病人的肛门括约肌。

同样，我们现在习以为常的很多其他规范刚出现时是颠覆性的。在这些规范中，有一条就是华尔街的经纪人一定要公平、诚信、优先考虑客户的利益。今天，我们认为这是一种不言自明的道德规范，可在1934年之前，情况显然不是这样的。当时，华尔街经纪人把投资者当作炮灰，然后安然入睡。

SEC对上市公司产生了同样深远的影响。

有史以来第一次，华尔街有了一套有关证券发行和融资的明确规定。针对所有的新股发行，实施一项集中登记制度，同时采用标准化的申请表，以简化审批流程。

第6章 强大的组合拳　　129

根据新出台的制度，所有新股发行资料必须以招股说明书的形式提交给 SEC。在收到上述资料后，SEC 的企业融资部会对其进行审核。在这个过程中，SEC 与发行人会进行数轮的讨论和修改。一旦最终获批，证券便被视为"合法注册的"，可以卖给公众，但前提是销售时必须附带一份招股说明书的副本。

针对审批阶段，SEC 做出了其 89 年历史中最明智的决定之一。事实上，两个决定合二为一——一套名副其实的组合拳，为资本的形成创造了一场完美的风暴。

第一个明智的决定是在审批过程中坚持充分披露的原则。根据定义，"充分披露"是指公司必须向公众提供一切相关的信息，以便潜在的投资者可以做出明智的决策。这包括详细说明公司的核心业务、财务现状、增长前景、管理团队和股票流通量、计划发行股票的类型、最大股东的名称，以及可能影响投资的关键风险因素。

SEC 的看法是这样的：如果公司想要向美国公众融资，那么它就要告诉美国公众其好的一面及坏的一面，尤其是丑恶的一面。你瞧，事实上，招股说明书并不是要成为一份吸引人的营销计划书，大谈公司的发展前景是多么光明。它的目的恰恰相反。因此，要想做出明智的投资决策，这可能是你要仔细阅读的最重要的文件了。实际上，如果没有招股说明书，你就只能凭感觉投资了。

虽说略读一下招股说明书中的某些章节也没关系，但你一定要格外注意下列部分：

- 摘要：作为投资者最常读到的内容，摘要是招股说明书的第一部分，简要介绍了招股说明书的要点，包括发行的目的、业务简介、相关风险、发行人的财务状况、管理团队以及投资者可能感兴趣的其他细节。

- **市场与行业数据**：该部分的数据主要来自第三方的行业报告，向投资者提供公司所在行业和市场的信息，包括行业规模、增长速度、关键发展趋势以及竞争格局。该部分还会介绍公司用来评价未来业绩的关键指标，例如日活跃用户数量、同店销售额的同比增幅以及每个客户的平均收入。该部分还包括当前的监管环境以及发行人可能面临的风险等方面的信息。

- **综合财务报表**：该部分包含标准化的财务报表以及有关发行人的其他相关财务信息。此外，该部分还包括最新的资产负债表、损益表和现金流分析，以及对上述各项情况的未来预测。有时，该部分还会包括即将进行的交易的相关信息，例如兼并或收购，以及该交易对公司的现金流、利润等财务状况的影响。

- **管理层的讨论与分析**：与招股说明书的其他部分相比，该部分使用了一种"谈话式语气"，向投资者简要介绍公司的当前财务状况和未来增长前景，包含有关公司运营状况、过往财务状况、当前的流动性、资本来源和关键风险因素的信息。

- **经营**：该部分详细说明了公司的产品、服务和整体经营活动，包括有关公司的发展历程、目标市场及竞争优势的信息。该部分还包括公司的关键客户、供应商、战略合作伙伴以及关乎公司业务发展的现有合约。这方面的信息有助于投资者全面了解公司的经营活动以及公司面对的机遇和挑战,从而在决定是否投资该公司时做出明智的决策。

- **管理团队**:该部分向投资者提供了负责公司日常经营活动的管理人员的关键信息,通常包含最高管理层以及管理团队的主要成员的相关信息,例如他们的姓名、背景、经历、资质,以及他们在公司内的职位和职责。

- **主要股东**:该部分列出了持有发行人大量股份的个人或者实体的名单,同时提供了有关上述个人或实体的身份及所有权股份的重要信息,以及他们与发行人可能存在的任何关联关系。这类信息对投资者很重要,因为主要股东的行为可能会对发行人及其发行股票的价值产生重大的影响。例如,主要股东可能会影响发行人董事会的决策,或者对兼并、收购以及分红等重大事项进行投票表决。因此,投资者必须清楚公司有哪些主要股东,以及自己的投资目标与这些股东的投资目标是否一致。

- **某些关系与关联方交易**:这是指发行人与某些关联方(例如发行人的高级管理人员、董事和主要股东)之间已经(或者将要)开展的金融交易。这些交易可能包括贷款、资产的销售或购买、提供或接受的服务,或者其他类型的金融交易。投资者务必充分了解这些交易,因为这些交易可能会存在利益冲突或者会对关联方产生很大的影响。招股说明书应全面地披露这类交易的相关信息,包括交易的条款、目的及考量。这类信息有助于投资者了解发行人与关联方之间关系的性质和程度,并对投资所发行证券的潜在风险和收益做出评估。
- **风险因素**：该部分重点说明可能影响公司的经营业绩和财务状况的潜在风险和不确定性因素。常见的风险因素包括市场风险（例如需求、竞争和经济状况的变化），经营风险（例如供应链中断、技术故障和监管变化），金融风险（例如利率、汇率、信用评级的调整），法律风险（例如诉讼、调查以及法律或法规的修订），以及环境风险（例如与自然灾害以及气候变化相关的问题）。此外，由于披露风险因素有利于公司避免将来因未披露的风险因素而承担责任，因此公司往往会采取一种"大杂烩"的策略，即列出所有能想到的风险，不管这种风险多么遥不可及和无关紧要。因此，在读到这部分内容时，关键是要保持警惕，不要患上"风险因素疲劳症"，在这种情况下，一切都会变得一片模糊。到头来，你就无法掌握每个风险因素的重要性。

至于哪一部分最重要，归根结底，你绝不能低估管理团队对公司成功的重要性。例如，一流的管理团队几乎总有办法确保公司正常运营——即使公司的经营模式起初不尽如人意，但这支团队只需选择一种全新的经营模式，然后迎难而上。而糟糕的管理团队尽管拥有世界上最好的想法，却可能把这个想法彻底搞砸，利益相关方随着一起遭殃。

上面的内容就是我用"官方语言"描述的 SEC 要求的招股说明书的内容。

如果你让我用更"通俗易懂"的词语来描述招股说明书的内容，那么我给出的解释可能会有些不同。我会说：

"招股说明书就是份枯燥的、令人讨厌的、可怕的文件。它就是要把那些读到它的人吓破胆，除了那些最精明的投资者。它使用尽可能严厉的词语，强调每种可能出现的风险。它使用强有力的免责声明，淡化一切可能的上涨势头。

"结果，如果你从头到尾把一份普通的招股说明书读完，那么有95%的可能性，你最终会躲得远远的，根本不敢搞什么投资。"

为什么？

因为对投资新手来说，招股说明书让事情看起来风险巨大，投资者最后只能溜之大吉。

因此，对于如何看待招股说明书，目前有两种截然不同的看法。

哪种对，哪种错呢？

像生活中的大部分事情一样，真相往往介于极端的观点之间。

然而，让我先把一个问题跟你交代清楚：

我并不是说，招股说明书未能客观地向投资者介绍某家公司的经营前景。相反，我想说的是，你在某家公司的招股说明书中读到的所有投资警告和风险因素，在同一行业内的任何一家类似规模的公司的招股说明书中也会读到。换句话说，某家公司的招股说明书中强调的绝大部分挑战和风险因素，与其竞争对手不得不强调的挑战和风险因素并无不同。

也就是说，做生意对每家公司来说都不容易。

风险和危险简直是无处不在。不论你目前关注的是哪门生意，都会有数不清的陷阱使一家公司出现各种问题，可能是融资困难、供应链面临的挑战、与竞争对手的矛盾、变化无常的顾客、收款问题、严重的经济衰退、恶性通胀、可能面临的诉讼、科技变革、全球范围的流行病等等。

因此，考虑到实际情况，在阅读招股说明书时，哪一方面对你最重要呢？

答案是，你目前阅读的内容的背景。

换句话说，从冷静、客观的角度来看，相比于同一行业内规模相当的公司的招股说明书，这份招股说明书中的积极因素和消极因素究竟是什么样的？这是在做出投资决策时，你需要考虑的最重要的事情。

从本质上讲，时间竟然不是唯一具有相对性的因素。

风险、回报，甚至招股说明书中的其他因素都具有相对性。

我猜，爱因斯坦看到后也会非常自豪。

正因如此，经验丰富的投资者很容易看穿某份典型的招股说明书的负面倾向。他们清楚，绝大部分的招股说明书使用的是每份招股说明书都会使用的模式化语言，而他们会根据恰当的背景知识来做出正确的决策。相反，缺乏经验的投资者往往很难做到这一点。由于他们以前没有读过足够多的招股说明书，因此他们缺少做出正确决策需要的恰当的背景知识。招股说明书往往使用具有煽动性的语句来强调风险因素，而在描述积极因素时轻描淡写，面对这种对比，这些投资新手对公司的看法往往是负面的，这会阻碍他们做出正确的决策。

例如，有个投资新手正在浏览美元的招股说明书。这份文件中会有什么要点呢？

显然，招股说明书里会有很多正面信息。毕竟，美元不仅是全球储备货币，而且美国是世界第一大经济体和超级大国。自美国建国以来，美国一直在偿还债务。

可负面信息有哪些呢？上帝啊——招股说明书的开头会写些什么呢？

首先，它会大谈美联储在超长时间内保持零利率的同时，是如何大量印钱的。披露的这两方面信息本身就有很大的警示意义，而且这两方面信息还会被详细地列出。当然，招股说明书中还会列出其他数不胜数的风险因素。毕竟，那体现了国家货币的本质：它就是复杂且混乱的东西，就连最好的货币也不例外。当然了，大部分投资新手是没有鉴别能力的。

其实，等他们读完了招股说明书，他们会有点儿吃惊。他们纳闷了，美联储在想什么？美联储为什么要把美元带入未知的领域，给全世界造成巨大的不确定性？招股说明书指出，有很多经济学家认为，以如此极端的方式使美元贬值可能会导致美元的感知价值严重恶化。

等投资新手读完招股说明书后，他们就会感到震惊不已。

虽说这些内容并没有那么骇人听闻，但投资者会想，招股说明书为什么要暗示这些？这太疯狂了！这是不负责任的！这种事情不可能发生，至少自己一辈子也碰不上。这样做毫无道理。我们是在美国啊！

但这些内容造成的危害已经显现。

投资者对美元的认识发生了根本性的变化。他们的潜意识中已经播下了怀疑的种子，而这些种子就像处在潜伏期的病毒一样，静静地躺在那里。

事实上，由于投资者对全球货币市场几乎一无所知，他们可能会觉得，当下只有真正的疯子才会投资美元。

但是，别着急，他们读到的那些正面信息呢？难道那些正面信息不足以抵消负面信息的影响，从而让他们对美元有准确的判断吗？

遗憾的是，抵消不了。

而且，从本质上讲，招股说明书就是要让正面信息不那么正面，负面信息显得更加负面。坦率地讲，这很可能是最好的安排。毕竟，尽管招股说明书给那些经验不足的投资者制造了一些挑战，但是经纪人必须向每个潜在的投资者提供一份招股说明书，这一举措有力地抵消了经纪人一时激动脱口而出的吹捧和胡说的影响。实际上，我曾经作为高层管理者目睹了这一切。我可以告诉大家，你们如果听到经纪人在推销某只新发行的股票时说的那些话，就会很吃惊。我说的不只是斯特拉顿·奥克蒙德这家公司的经纪人。愿它安息！它还差得远呢。我说的是华尔街上的每一家大公司的经纪人，从高盛开始。这些公司的一线经纪人为了兜售某只股票，在一时激动下，他们会连哄带骗。他们的话滔滔不绝，简直就像尼亚加拉瀑布一样。

这里的要点是：要想对某家公司有充分的了解，你就应该从它的招股说明书入手，非常认真地读一读招股说明书，但你还要做一些调研，这样才能充分明白招股说明书的含义。千万别忘了，所有的企业在拓展各自的业务时都面临各种挑战。无论是一家支付股利的蓝筹公司，是一家拥有颠覆性技术、发展势头强劲的高科技公司，还是账面业绩糟糕而使投资者直摇头的初创公司，这些企业都会有数不清的风险因素需要在特定的情景下考虑。

我们接着谈一下 SEC 第二个明智的决定，即招股说明书的审批过程不包括"价值审查"。换句话说，SEC无意做出哪些公司有可能成功，哪些公司有可能失败的判断。这真是谢天谢地！

毕竟，在SEC的企业融资部里，那些勇敢无畏的员工根本不知道哪些公司会成功，哪些公司会失败。他们怎么会知道呢，他们大部分都刚刚大学毕业，或者最近才从法学院毕业。

让我把这个问题再说得清楚点儿。

假如我决定在那儿工作——哈！——尽管我过去35年一直在做风险资本业务，但如果让我做判断，我也办不到。

我想强调的是：

归根结底，即便世界上一流的风险资本家的胜算也只有3/10，而且那是他们走运时才有的胜算。事实上，如果你跟他们谈一谈，他们就会给你讲数不清的"战地报道"，都是有关他们放弃的各种不同的交易的，最后他们放弃的公司竟然发展成了世界上一些最大的企业。

这里的要点是，不管在哪个行业，挑选的公司最终是成功者还是失败者，这本身就是件碰运气的事。就连那些精英中的精英能选对的概率也是很低的。例如，当西尔维斯特·史泰龙给不同的人第一次看《洛奇》的剧本时，你知道有多少人拒绝他吗？你想猜一下吗？

好莱坞的所有人！所有卓越的电影工作室负责人。这些人正是凭借以往在挑选成功者方面不可思议的表现，攀到了职业生涯的顶峰。他们当时心想，拍这种电影没什么商业价值，安排史泰龙这个没名气的小演员担任主角这一想法尤其愚蠢。

如果让瑞安·奥尼尔演主角，那么这部电影一定能大火。

假如你未满 50 岁，你很可能不知道瑞安·奥尼尔是谁。然而，20 世纪 70 年代初，当史泰龙还是个苦苦挣扎的无名小卒时，他就已经是风靡一时的大影星了。当时人们都认为，瑞安·奥尼尔注定会成为好莱坞历史上最卖座的演员，而史泰龙应该换换工作，要么当保镖，要么当特技演员。但是，事实上，《洛奇》获得了奥斯卡最佳影片奖，史泰龙成为家喻户晓的大明星，而瑞安·奥尼尔却成为过气名人的典型代表。

再次强调，挑选成功者一直是一件冒险的事。对上市公司来说，这件事的风险就更大了。毕竟其中有太多的变数，有太多的事情容易出错。更别说你根本无法预见闪电何时袭来，也无法预料何时会有人过来敲门，告诉你一个新点子或者全新的视角，自然也无法预测过去那个世界上最糟糕的、迟早会破产的公司，现在很有可能成为下一家苹果公司或谷歌公司。

正因如此，在缺少"价值审查"的情况下，SEC 建立以充分披露为基础的审批流程这一决定，成为针对资本形成的一套势不可当的组合拳，并创造了我们大家都能从中受益的现代投资格局。

然而，缺少"价值审查"确实给普通投资者带来了一些问题。例如，要是一个巧言令色的经纪人跟你说，他寄给你的那份招股说明书经过了 SEC 的批准，就像加盖了 SEC 的批准印章一样，这也不算撒谎。

现实情况并非如此。

例如，即使遇到最坏的情况，一份"经批准的"招股说明书本身也表明，SEC 认可了某家公司披露其糟糕的经营状况的方式，这家公司就是一坨屎，而那些头脑混乱的投资者才会买它的股票。在有些招股说明书中，即使公司自己的会计师事务所也会声称，要是公司还能持续经营一年，就已经算运气好了。公司面临很多挑战：竞争对手林立，市场地位不稳，问题专利众多，商标毫无价值，以及管理团队管理水平低（这个团队在经营公司方面有不良记录）。

然而，虽然这份招股说明书提示有多处风险，但是经纪人指给投资新手看的却是它上面那个闪闪发光的SEC的批准印记。虽然在招股说明书的封面上有一段用小号字印刷的附带条款，写的是SEC不对公司的好坏做出主观判断，但很少有人愿意花时间去读一读这段文字，毕竟这段文字的字号实在太小了。可即使有人会读，经纪人也很快就会找理由辩解一通——这是华尔街上每家公司标准的操作程序。

让我给你讲个小故事吧。

你们大家都知道我在华尔街的事业是怎么起步的，对吧？

我在前面说过，我刚开始是在一家颇有声望的经纪公司里工作。这家公司名叫L. F. 罗斯柴尔德，主要业务是销售在纽约证券交易所上市的优质股——至少大部分时间是这样。为了多赚些钱，他们有时会毫不犹豫地干些下三烂的事情。

"毕竟，华尔街本身就是这样！"他们这样跟我解释。

无论如何，在经历了L. F. 罗斯柴尔德公司长达6个月的令人精疲力竭的培训后，我在经纪人考试中拿了高分，并在周一早上出现在办公室，满怀信心地要去征服这个世界。

我也是够倒霉的，那天正好是1987年10月19日，也就是"黑色星期一"！

在随后的六个半小时里，我目睹了短短一天内股票市场暴跌了508点。眼前的一切让人备感震惊。就这样，公司被迫关门，我自然就失业了。

那一天就像昨天一样依然记忆犹新。公司里的经纪人四处走来走去。他们如丧家之犬，低着头，夹着尾巴，嘴里不停地嘟囔着："该死！全完了！真是难以置信！全完了！"我却在问："你说的'全完了'是什么意思？我还没开始呢！怎么能完呢？"从那时起，情况越来越糟。我下了楼，看见《纽约邮报》的头版上有这样一个大标题：

"华尔街已死！"

就在这个标题的下方，配有一张纽约证券交易所内部的阴森恐怖的照片，照片的焦点是一些衣着邋遢、体态臃肿的男人，他们一脸惊恐。接着，在照片下面，是下面这个副标题：

"经纪人打算转行做出租车司机"

现在回想起来，我想真正触动我的是这个副标题。

我立刻就明白了：一切真的完了，我的一生也完了。我当时24岁，从牙科学校辍学，在不到7个月前已经破产了。

简单说一下，当时的情况是这样的：从牙科学校辍学后，我做起了鲜肉和海鲜生意，我手下很快就有了26辆卡车，可生意很快就黄了。一个年轻的创业者可能犯的错误，我差不多都犯了一遍：过度扩张、资金不足、靠贷款发展业务。就这样，我的企业破产了，我自己也破产了。我就是这样投身华尔街的。

在经历 L. F. 罗斯柴尔德公司为期 6 个月的培训后，我又一次回到了零点。也就是说,我破产了,我很绝望。我连房租都付不起。可在华尔街陷入恐慌,新的招聘计划纷纷暂停之际,我不得已在华尔街之外找了一份工作。这是一家位于长岛的小型经纪公司,名叫投资者中心。

仅公司名字就能让我脊背发凉。

我过去听惯了雷曼兄弟、高盛和美林这样的公司的名字。这些公司的名字如雷贯耳,在华尔街可谓一呼百应。我不敢想象的是,有一天我会说:"喂,这是乔丹·贝尔福特。我在位于长岛的投资者中心给你打电话。我跟你一样'了解'华尔街。所以,我掌握内部消息,你却全然不知的可能性微乎其微,可以说根本没有。你愿意把钱交给我来打理吗?你将来很可能会血本无归。"

我敢说,你现在至少看过一次《华尔街之狼》这部电影,很可能不止一次。这部电影有一个经典场景:我平生第一次走进投资者中心的破旧不堪的办公室,室内的景象惊掉了我的下巴。我环顾四周,竟然没有发现一样东西能让人联想到财富、成功或华尔街。办公桌上连台电脑都没有,在办公室里看不到销售助理,也没有身穿西装、打着领带的经纪人。里面只有20张破旧的木质办公桌,而且有一半的办公桌都是空着的,还有一群发育过度的青少年。这些孩子穿着牛仔裤和运动鞋,一脸傻乎乎的样子。

在经理面试我的时候,有个孩子就坐在离我8英尺[1]的地方。他极其惹眼。他正在跟一个客户打电话。他又瘦又高,长着一张大长脸,他的脸简直比纯种马的脸都长。他的年纪不会超过20

---

[1] 1英尺 ≈ 30.48厘米。——编者注

岁，身穿学生度春假时才会穿的衣服。在打电话时，他突然从椅子上蹦了起来，开始朝着电话大喊起来，呵斥电话那头的那个可怜的家伙。经理和我都转过头，想听听他在说些什么。

"闭嘴吧！"那个长着马脸的经纪人大喊道，"我不管那份狗屁招股说明书上写了什么！对你这种人，那东西只有一个作用，就是把你们吓得尿裤子。没错！那上面净是些唬人的话，没一句是好话。现在，我希望你做一件事，去趟卫生间，关上门，关掉灯，然后在黑暗中好好琢磨一下这份招股说明书。这种办法最管用，因为这只股票都涨上天了。我不希望你错过这次赚钱的机会。听明白了吗？"接着，他平静地坐回座位上，等着电话那头给他回电话。

"那是克里斯·奈特，"经理说，"他可是这里的金牌经纪人。他的口才超好，对吧？"

"我猜是的，确实很好，"我答道，"可我觉得，他确实有点儿轻率鲁莽，在担保方面有些不负责任。但我想说的是，我有什么资格评判别人呢，是吧？L. F. 罗斯柴尔德公司里的那帮人也会说这种疯话。当然了，他们可不是唱诗班的男孩。"我朝着经理笑了一下，就像是一个并肩作战的战友，好像在说："别担心，我知道华尔街交易大厅里发生了什么。我不会举报你们的。"

实际上，我并没有说谎，L. F. 罗斯柴尔德公司的那帮经纪人并不是唱诗班的男孩。在我待在那里的 6 个月里，我听过至少十几次诸如"去厕所，在黑暗中琢磨招股说明书"这类话，跟刚才听到的一模一样。我猜，这段话一定出现在某本秘密的销售培训手册里，目前 SEC 还没注意到这本手册。毕竟，这显然违反了 SEC 的规定，即依据招股说明书进行股票发售的规定。

第6章 强大的组合拳　　143

按理说，这项法规应该是这样运作的：

股票发售阶段开始于某家公司向 SEC 的企业融资部提交招股说明书，结束于股票开始交易的 30 天后。在此期间，公司向投资者披露的信息只能是招股说明书中包含的信息。其他信息都是被明令禁止的，甚至提都不能提。无论是在销售凭证、营销平台、广告中，还是在像克里斯·奈特那种白痴经纪人的一派胡言中，都不能出现这种信息。如果提了，就是违法行为。

问题是，这项法规在理论上的意义远超过其在实践中的作用。

在实际交易中，销售新发行的股票的过程可被划分成四个不同的阶段：

（1）**鼓吹稀缺阶段**：首先，经纪人会给客户打电话，说有只热门新股票预计在两周内上市，而且经纪人断定，客户应该买入这只股票。在接下来的 60 秒内，经纪人向客户简要说明公司的情况，重点强调股票的发行数量有限。这就是说，一旦股票开始交易，股价就会立刻上涨。唯一的坏消息是，由于交易异常火热，经纪人只能给客户搞到数量不多的股票。但好消息是，这些股票像黄金一样珍贵，因此就凭经纪人给客户搞到的那些股票，客户就该感叹自己拥有的好运气了。因此，客户对经纪人千恩万谢，并告诉他们自己是多么感激不尽。

（2）**预设思路阶段**：在这个阶段，经纪人一开始就会努力降低招股说明书给客户带来的负面影响，但前提是客户选择去读它。经纪人先会解释说，由于此次是新股发行，因此他们有义务向客户提供招股说明书，然后经纪人会补充道："我知道你现在很忙。这东西很无聊，我想你很可能只想简单地看一眼。我是说，大部分人都会这样。你可别误会了。这家公司很出色，方方面面都很出色。你如果愿意读那东西，就尽管去读好了。好好花时间读一读。"

（3）**祈祷阶段**：挂断电话后，经纪人通过电子邮件，将招股说明书发给了客户，以便根据 SEC 的法规履行其应尽的义务。接着，经纪人闭上双眼，向上帝祈祷，希望客户不要去读招股说明书。如果客户真的读了，那么经纪人就只能等客户打来的电话。客户一定会打电话过来，电话那头会传来愤怒的吼声，或者至少会问上几句。那时，经纪人就会实施第四步。

（4）**消除影响阶段**：在等那个电话时，经纪人已经想好了对策，一心想消除那份有害的招股说明书所产生的寒蝉效应。由于经纪人的道德层次各异，他们会从很多不同的反驳预案中选择一条，要么会讲一讲跟这家公司类似的其他公司的故事，说这些公司最终是怎么成为大赢家的，要么从十米高的跳台上纵身一跃，跳入黑暗的深渊，突然说出那句著名的台词"你最好去趟卫生间，在黑暗中好好琢磨招股说明书"。

无论如何，现在回到我在投资者中心的面试现场。当时，克里斯·奈特突然再次从椅子上跳起来，朝着电话大喊道："噢，比尔，求求你了！我的天哪！你太可笑了！招股说明书上说的都是最坏的情况。再说了，这只新发股每股只要10美分。就那点儿钱！每股才10美分，能出什么大问题，对吧？"

我把身子朝经理那边靠了靠，悄悄对他说："他是说每股10美分？"

"对呀，怎么了？"经理答道，"有问题吗？"

"没问题，"我连忙回答，"我从没听过那么便宜的股票。"

就在那时，克里斯·奈特怒气冲冲地把电话往下一摔，嘴里嘟囔着："真是个彻头彻尾的浑蛋！他敢挂断我的电话！发神经！我恨不得杀了他！"

我关切地看了经理一眼。

"没事，"他说，"他下次会搞定那小子的。"

我点了点头，可这里有什么不对劲儿的地方。我的心里有这种感觉。一家公司上市时的股价才每股10美分？我心想，那准是一坨狗屎。

当然，到了这个时候，我已经完全明白了一点：SEC并没有进行"价值审查"，因此最大的狗屎股票也能通过获批的招股说明书上市发行。其实，在准备经纪人资格考试时，我就已经把充分披露搞得一清二楚了。但从书上了解它是一回事，在现实中看到像克里斯·奈特这样的经纪人将其付诸实践是另一回事。说实话，就在那一刻，在看到由于"价值审查"的缺失可能出现的违法行为后，我不太确定这到底是不是件好事儿。

所有的一切似乎都有问题，似乎投资者中心这家公司根本就不应该存在。让人无法理解的是，这种公司怎么能被允许存在呢？然而，那个经理身后的墙上有两块牌匾，它们讲述了一个完全不同的故事。其中一块牌匾挺大的，是长方形的，上面浅蓝色的字表明投资者中心是全美证券交易商协会（NASD）的荣誉会员。另一块牌匾是正方形的，表明投资者中心是一家获得正式执照的经纪公司，也就是经 SEC 批准后开展经营的公司。我颇感震惊。我指着墙上的两块牌匾，说道："看来你们是合法经营？哇——这太不可思议了。"

那个经理好像吓了一跳。"你说的话是什么意思？"他反问，"我们当然是合法经营！"他指着办公桌上并排摆着的五个立方体形的东西。这些合成树脂做的东西约有 3 英寸[1]高，里面有一份缩小版招股说明书。"这些是我们过去做的一些新发股。"他拿起其中一个奖杯，扔给我，好让我仔细看看。"我们这里的所有业务都是光明正大的。"

真是难以置信！我心想。谁会想到这种地方竟然是合法的？

回想起来，我的想法大错特错。

投资者中心不仅跟合法经营的经纪公司相去甚远，而且我入职后在那里学到的东西，为华尔街有史以来最严重的波动之一铺平了道路。

可除此之外，当我那天坐在那把椅子上，带着艳羡的目光望着那个小小的奖杯，那个里面有缩小版招股说明书的奖杯时，我想的是：

没有"价值审查"可真是把双刃剑啊！

在往下讲之前，关于披露要求，我还有一些话想跟大家说。我要说的首先是，披露要求会一直持续到公司上市之后。为了让投资

---

[1] 1 英寸 ≈ 2.54 厘米。——编者注

者及时了解公司的情况，上市公司需要提交定期披露报告。

我们简单地看一看四种最常见的定期披露报告。

（1）10-K报告：这是所有上市公司必须每年提交一次的综合性报告。用通俗的语言来说，这就是所谓的"大杂烩"似的财务披露报告，其中包括你需要了解的一切信息。最关键的是，这个报告经过了充分审计，伪造信息会触犯伪证罪条款。CEO和CFO（首席财务官）都必须签署一份保证函，说明据他们所知，报告中的所有内容都真实可信，报告没有胡说八道，没有言过其实，没有伪造账目，没有重复计算库存。这是SEC新增的要求，目的是处罚那些说谎和骗人的CEO和CFO（这类高管过去在提供伪造的数据后，只会得到象征性的惩罚）。现在，要是他们故意提供虚假信息，FBI很可能会敲响他们的门，把他们送进监狱。

（2）10-Q报告：这种报告是更为详尽的"老大哥"10-K报告的精简版。相比于需要每年提交一次的10-K报告，这种报告每三个月提交一次。两者之间的另一大区别是，10-Q报告未经审计。这就是说，该报告中的信息不像10-K报告那样可靠。然而，10-Q报告仍可作为有用的预警信息，指出公司在现金流、供应链、库存管理以及最终会出现在10-K报告中的其他业务方面存在的问题。

（3）8-K报告：这种报告用来宣布公司的重大变动，因此可随时提交。常见的例子包括公司的收购声明、破产申请、重要管理人员变动、董事会调整、新股发行。实际上，这种报告可能是短线交易者最要好的朋友或最可怕的噩梦。这取决于其如何看待公司新闻以及如何在市场中定位这些变动。

（4）13-D报告：这种报告经常被称作"受益所有权报告"，主要用来公开声明个人或团体已经持有某家公司超过5%的股票。在此报告中，投资者应披露他们除了作为被动投资者赚取收益这个意图之外的其他意图（如果他们并无主动意图，那么可提交此报告的精简版，即13-G报告）。最常见的主动意图要么是通过要约收购的方式接管一家公司，就像埃隆·马斯克收购推特那样，要么成为主动投资者，迫使公司在当前经营或资本结构上做出重大调整，以便提高股东价值。

除了上述的"四大报告"，目前还有一些其他披露报告，但上述报告是大家最常见到的报告，也是绝大多数人做投资决策的依据。

在讨论接下来的内容前，我想把一个关键问题跟大家讲清楚，那就是华尔街相比于普通民众的最大优势在于，华尔街掌握某些信息，但普通民众却一无所知。在过去一百年里，这种观念已经深入人心，而付出的代价是上百亿美元的广告投入，而花这么多广告费的是麦迪逊大道上那些毫无生气的公司。

通过直接邮寄广告，投放户外广告、广播广告和电视广告，加上过去20年里数量惊人的线上广告，麦迪逊大道上的公司成功地完成了它的使命：为全世界最难闻的、最丑陋的、最贪婪的猪，也就是华尔街，涂上了最诱人的艳红色口红。

没明白，是吧？让我给你详细讲一下：

简单的事实是，你不需要华尔街替你理财。

你完全不需要。你自己的理财能力要比华尔街强太多了。

你觉得我在夸大其词？

如果沃伦·巴菲特也这样说呢？你认为他是那种爱说大话的人吗？

当然不是了，他根本就不是那样的人。

他是一个智慧非凡、语调轻柔的人，一个非常值得信任的人。

其实，我想我们都认为他是一个值得信任的投资顾问，没错吧？

是的。的确如此！

所以，我将引用巴菲特有关金融圈的最新语录之一（这绝对能给我们带来启发）。

"我宁愿把自己的钱交给一群朝标普500指数成分股扔飞镖来选股的猴子，也不愿意让华尔街的经纪人或对冲基金经理为我理财。不是因为个人偏见，而是因为猴子十之八九比华尔街的那帮人干得好。"

但是，在仅仅30年前，情况可大不相同。

1987年，我第一次去华尔街。当时，除了可以读《华尔街日报》的早间版（那其实是昨天的新闻了），要想了解金融圈发生了什么，你确实需要找一个股票经纪人。

因此，在经纪公司斯特拉顿·奥克蒙德工作时，我在第一篇稿子里写的经典销售台词就与这个问题有关——正是因为信息差，普通投资者与那些能紧跟市场动态的华尔街经纪人相比，显然处在极其不利的地位。这篇稿子是为柯达公司写的。当时柯达是在纽约证券交易所上市的一家蓝筹股公司。当时，宝丽来起诉柯达的专利侵权，这场官司导致柯达的股价大幅下挫，从每股 100 美元暴跌至每股 40 美元。这是诉讼的乌云笼罩在柯达公司头顶的结果。

这篇稿子的主旨其实很简单。

很多公司的公司章程里有限制性条款，禁止它们与那些面临重大诉讼的公司有业务往来。因此，一旦解决了诉讼，这些公司的股价就会飙升，并迅速创下新高。为此，我举了其他三家公司的例子。这些公司面临与柯达类似的处境。诉讼刚一解决，这些公司的股价就暴涨，很快达到新高。我敢说，这篇稿子很有感染力，不仅逻辑严密，而且真诚感人，最后一段重要的话可谓点睛之笔。

这段话的威力太大了，当你跟客户通话的时候，他有一半的可能会在你说到一半时打断你。他会说，"难道那不是事实吗？"，或者"那是雷打不动的事实"。或者他会心照不宣地向你嘟哝一声，就像是在说："没错，你们这帮人在那儿搞的骗局真厉害！"

事实上，这段话不仅让客户彻底明白，他们现在就要买入股票——在他们从报纸上读到诉讼得到解决的报道之前，而且强调了在生活中有一个在华尔街工作的经纪人的重要性，而不必在乎经纪人可能额外收取的佣金。在交易日结束时，经纪人的重要性就不限于此了。

这段话就出现在陈述的最后，正好在你要求客户下单之前。

你会说："吉姆，现在，要想在这种情况下赚钱，关键是要在诉讼解决之前，对自己有准确的定位。等到你在《华尔街日报》上读到诉讼得到解决的消息时，就为时已晚了。"

话里的意思很清楚：

你如果没有在华尔街工作的经纪人，那么基本上没机会在股票市场里赚钱。信息传播的速度实在太慢了，等信息被刊登在《华尔街日报》或者你能接触到的其他新闻报道渠道，信息已经变得没有价值了。到那时，华尔街上的每个交易员、分析师和经纪人都已经看到了那条新闻，并采取了相应的行动——买入、卖出或按兵不动。为了获得提前知道的优势，华尔街的经纪人在办公桌上都有一台叫Quotrons的专用电脑。通过使用这种电脑，他们能掌握最新的股票行情，还可以获取彭博社提供的重要财经新闻。电脑通电那一刻，所有新闻便呈现在眼前。

为了在市场中占有更大优势，华尔街上的每家大公司都安排了通信员蹲守在位于华盛顿特区的SEC总部内，等待上市公司的员工前去提交披露信息。他们一到那儿，通信员便立刻行动起来——骑自行车、奔跑冲刺、开车或发传真，将具有时效性的披露信息传送给各自公司的金融分析师。这些分析师会对披露的信息进行分析和研究，并将信息重新整合，制作成独立研究报告，随后将报告分享给公司的交易员、经纪人和客户。

销售稿最后那段很有感染力的销售话语其实暗示着所有这些优势。偶尔，倘若客户还是心怀疑虑，或者他们说自己更愿意委托本地的经纪人进行交易，那么你会说："吉姆，我并不是想干涉你与那个俄克拉何马州的经纪人的关系。我相信，在活牛期货和作物报告方面，他为你提供了很好的服务。但要说到股票，我就在华尔街工作，因此我能掌握最新的市场行情。当你在本地的经纪人正忙着读昨天的《华尔街日报》时，我已经凭着明天才会刊登的新闻占得先机……"这种情况不胜枚举。俄克拉何马州某个农场里的投资者,或者密歇根州某个工厂组装线上的投资者,根本无法与华尔街上的经纪人相提并论。由于信息差距、技术差距,再加上客户每次买股票时必须给股票经纪人打电话,这些投资者并无胜算。

可现在呢?

我刚才描述的情形是不是与今天的数字世界有一点点相似?在这个数字世界里,信息会以惊人的速度通过世界上任何地方的智能手机、笔记本电脑和台式电脑传播。

当然不一样了。毫无相似之处。

华尔街仍在不遗余力地向普通投资者兜售这种老掉牙的话术——他们掌握着公众并不了解的信息。这纯属一派胡言。

没错,曾几何时,这句话确实没错。可那已经是很久以前的事情了。

自 2001 年起,所有的上市公司都应依法在 SEC 的线上数据库 EDGAR 中提交披露信息,这使 10-K 报告、10-Q 报告、8-K 报告和 13-D 报告能在瞬间出现在世界上任何一个能访问互联网的投资者面前。

简言之,信息差已不复存在。

要想掌握有关上市公司的最新动态,你要做的就是上网搜索 EDGAR。瞧,你需要的所有信息唾手可得。

你瞧,即使没有"价值审查",信息的充分披露竟然也有这么大的作用。

这成为针对资本形成的一套势不可当的组合拳,并为美国股票市场在全世界受到推崇奠定了坚实的基础。

当然了,这个过程需要一定的时间。

1934年，美国仍是一片混乱。

大萧条是美国历史上前所未有的一场危机。美国经历过很多次繁荣和萧条，偶尔也出现过恐慌，但当时发生的一切却与以往大不相同。人们愤愤不平，强烈要求变革。SEC的成立就是回应他们的变革要求的结果。因此，该机构有两项核心使命：

（1）恢复投资者的信心；
（2）鼓励美国人再次投资。

这是两项崇高的使命。第一项的完成会为第二项的完成打下基础。从本质上讲，如果他们能使美国公众相信，竞争环境是公平的，投资者就会更放心地重新入市投资了。

从理论上看，这是一个绝妙的计划。

唯一的问题是，说起来容易，做起来难。

为了使资本市场尽快解冻，华尔街和投资者都要买入。双方必须一致认为竞争环境是公平的，新出台的证券法对每个人都是公平的。否则，一切都将一如既往。虽然我断定华尔街会欣然接受这一现状，但美国公众可不会买账。他们受够了。他们被薅了不知多少次羊毛。如果没有真正的改变，他们就不会重回市场。

华尔街很紧张，其实，它可以说是惊恐万分。

一百多年来的贪婪无度终于被牢牢地控制，新出台的这些证券法规绝不能被轻视。披露全部信息、新股注册、公平诚信交易、客户至上——这些在20世纪30年代可都是全新的概念，以前从未有过哪怕一点儿类似的东西。

然而，华尔街会做出怎样的选择呢？

尽管这一切令人震惊，但是美国人这次确实是认真的。"金融村"遭到肆意踩躏和掠夺的"荣耀岁月"终结了。

就这样，华尔街决定硬着头皮，做正确的事情。

华尔街最大的那些银行和经纪公司的管理者齐聚一堂。他们同意接受新出台的法规。从那一刻起，他们将尊重新法规，将纽约证券交易所打造成一个更友善、更温和、更公平的交易场所。在那里，客户的需求始终排在第一位。毕竟，这一切是为了美国，而美国过去格外善待他们。在美国，他们拥有了自己连做梦都想不到的财富和权力。现在，是他们给美国一点儿回报的时候了。这会成为某种意义上的重生，标志着一个新时代的到来。我们将迎来一个前景光明、充满希望、诚信尽责的华尔街。

难以置信，是吧？

如果你相信这些无稽之谈——在国家的危急关头，华尔街良心发现，愿意为了"更大的善"而牺牲自己的利益，那么我敢说我在瓦坎达的闹市区有块地可以卖给你。

我的意思是，说句实话，你真的以为那些贪婪的浑蛋会善罢甘休吗？绝对不会的！接下来出现的便是金融管理者像十岁的小孩一样发起了脾气。他们说："如果我们无法继续按旧规则玩球，我们就拿着球回家了。我们不玩了。就这么定了。"华尔街就是这么干的。

那些大公司直接拒绝合作。

"这太不公平了，"那些大公司的管理者声称，"这不是美国人的做派。对于这些新法规，我们既无法接受，也没打算遵守。我们不会登记证券。我们不会提交招股说明书。我们不会披露全部信息。当然了，我们也不会优先考虑客户的需求。我们为什么要这么做？你觉得我们疯了吗？要是讲诚信，我们还能赚钱吗？"

就这样，一场抵制运动开始了。

文章被刊登在主流报纸上。反对派成员遭到公开抹黑。向美国最高法院提起的诉讼一个接着一个。这一切的背后是美国有史以来最大规模的游说活动。华尔街的木偶大师与国会进行了正面交锋，坚持要求国会修改那些可笑的证券法规。如果国会拒不修改，股票市场就会一直休市：没有新股上市发行，没有新的资金筹集，也没有新的贷款发放。

他们要表达的意思很清楚：如果你们拒绝合作，美国就是人质。

他们的办法果然奏效。

在华尔街对融资和发放贷款近乎完全垄断的高压态势下，国会在证券法规中掺了水分，使其变得更温和，豁免了纽约证券交易所的很多责任。纽约证券交易所大部分时间可以自我监管，因此在打击木偶大师的犯罪活动时，执法行动会不够强硬。

难怪最初负责制定法规的人会彻底崩溃，但让他们更崩溃的是罗斯福总统的下一个决定。

你瞧，罗斯福仍面临棘手的问题。

华尔街不信任他。

在华尔街看来，罗斯福是个外行，一个有共产主义倾向的坚定的理想主义者。他们认为，罗斯福对美国商界怀有明显的敌意。结果，对华尔街的那帮木偶大师来说，这个掺水版的联邦证券法仍是不能被接受的。按照他们的想法，罗斯福很会得寸进尺。他会不知不觉地给他们套上枷锁。

因此，僵局仍在持续。

为了打破僵局，罗斯福需要找人向华尔街兜售自己的计划。这个人应该是华尔街的内部人士，是华尔街那帮人熟悉且信任的人。否则，股票市场就会一直休市，普通投资者就会成为受害者，大萧条就会持续下去。

因此，罗斯福选中了约瑟夫·肯尼迪，他就是我们熟知的"老乔"。这个决定让他的智囊团以及开始时更严格的证券法规的起草者大为不满。

他们感到既震惊，又义愤填膺。媒体也是如此。有新闻这样写道："选择约瑟夫，告诉我们这不是真的！他们找一匹狼来看管一群羊。现在会发生什么？"

但罗斯福有他的理由。

他知道，肯尼迪是那种能说会道的推销员。他只要眨下眼、点下头，华尔街就会乖乖听话。这正是他想要的。

他的计划其实非常简单。

"我们永远都不会有足够的资源来持续对华尔街进行监督，因此在执法方面，我们要实际一点，明确哪些人需要被严密监督，哪些人无须被严密监督。事实上，我们知道，有些人是诚实可信的，他们会严格遵守新出台的法规，而其他人却不然。

"对我们信任的人，监管其实很简单。我们只需出台一套法规，让他们严格依法经营就行，而他们心中的道德规范会做好剩下的一切。但对其他人，我们要像鹰一样盯着他们的一举一动。"

那正是老乔要做的事情。

他说服自己以前的犯罪同伙接受了针对公司财务的严格的披

露要求，但前提是他承诺在执法时实行两级司法制度。

"这会比以前更好，"他向其他木偶大师解释道，"一旦投资者的信心恢复，我们就可以盗用更多的钱了。假如你把手伸进监管机构的饼干罐时被逮个正着，我敢说SEC要么会假装没看见，要么会象征性地给点儿处罚。这做起来不难，不会有人感到意外。"

他继续说："我们将为开展新的调查设置一个很高的门槛。当我们分析调查结果时，你们有权质疑。万一有一个骗局完全失控，最终造成投资者损失惨重，就连媒体都进行了报道，那么我跟你们保证，SEC将让我们找个没什么地位的小人物当替罪羊。我们到时候就说，这个人太贪心，都是他一个人干的，这样就能把他当成替罪羊，而公司的生意照做不误。先生们，这个办法太妙了。我向大家保证！行吗？"

不出所料，所有人都同意了。

毕竟，这个绝妙的计划可是由以前的"华尔街之狼"想出来的。他摇身一变，竟然成了一匹披着羊皮的狼。这太不可思议了。

老乔很快投入工作中。

他做的第一件事就是把整个金融界划分成两类：好的和坏的。第一类包括他认为值得信任的个人和机构，其中有华尔街最大的一些银行、经纪公司、共同基金、投资信托基金、评级机构、律师事务所和会计师事务所的负责人，还有道指涉及的30家上市公司的高管。总的来说，这都是些大人物，每个人都足以引发市场崩盘。

但老乔可不是这样看待他以前的那帮犯罪同伙的。

在他的眼中，他们都是君子，因此像所有的君子一样，可以使用荣誉制度对他们进行监管。毕竟，这些人的家庭出身、上过的寄宿学校和大学、参加的乡村俱乐部都赫赫有名。荣誉制度一直陪伴着他们长大成人，因此他们清楚它的重要性。对他们来说，荣誉准则就是一种神圣的传统，一种他们必须不惜代价去遵守并保护的传统，或者说，在他们就要违反这种传统时，至少他们会向自己和其他人声称自己会誓死捍卫它。

接着，老乔把其他人或机构都划归到第二类，也就是所谓的"坏的"。这一类别包括那些身处权势集团之外的个人和机构。虽然他认为说这些人或机构不可信有失公允，但不在权势集团内这一点使这些人或机构成了未知因素。因此，要像鹰一样密切监督这些人或机构的一举一动，以免其滋事生乱。

当然，这两套法规并没有被白纸黑字地写下来。老乔太狡猾了，他不会干那种蠢事。他深知，那样做就违反了《美利坚合众国宪法》最基本的宗旨，即"平等的法律保护"，因此会立刻被美国最高法院驳回。从官方层面讲，其实只有一套法规适用每个人。

然而，在实践中，情况却大不相同。

一方面，开展选择性的执法；另一方面，在权势集团内的成员偶尔做了极其恶劣、无法被视而不见的事情后，仅仅给予其轻微的处罚。在这两种手法并用的情况下，华尔街中那些最大的公司的生意照旧，木偶大师继续操控市场。

现在，在往下讲之前，我想快速地向你们提出一个小问题。你瞧，我知道你此刻在想些什么。

你可能在想：算了吧，乔丹。你对 SEC 进行的一通猛烈的抨击听起来有点儿自私啊！想想看，SEC 曾起诉你操纵股票市场，结果你被罚了300万美元。你很可能觉得,你受到了迫害,这个制度本身道德败坏、腐败透顶。

要是你那样想,我完全理解。我清楚你为什么会那么想,毕竟你并不了解事情的来龙去脉。看起来我至今仍心怀不满。我就是要报复SEC。

因此,让我花点儿时间澄清一下,事实并非如此。我根本没胆量去挑SEC的毛病。即便在监狱里,我身边的那些狱友也成天对天发誓,说他们没干过任何违法的事情,但我当时常说的是:"我是肖申克监狱中唯一的罪人!"

你听明白了吗?

我从未有过这样一种错觉:我是一个无辜的人,被某些流氓调查人员陷害,接着被故意和我过不去的司法制度轻率地判定有罪。我的罪名成立。这一点不容置疑。我违反了法律,得到了应有的惩罚。我从来没想过大事化小,或找理由为自己开脱。

其实,回想起来,我被SEC抓住反而是我经历过的最好的事情之一。那次误入歧途的经历给了我一个宝贵的教训,一个我本来不可能懂得的教训。如果没有懂得这个教训,我今天的人生就不可能如此精彩。

因此,我要再说一遍,我与SEC之间的问题,同过去的那段恩怨没有关系,和他们当时如何对待我也没有关系。相反,问题在于,SEC对华尔街的那些大公司里发生的一切了如指掌,包括抢先交易、操纵股票市场、制造泡沫、欺诈以及渎职等,却无动于衷,仅仅象征性地给予像超速罚单那样轻微得可笑的处罚。

让我们回头接着说老乔吧。他的计划非常奏效。在华尔街的支持下，SEC推出了这项计划。纽约证券交易所说到做到，恢复了所有的业务。但是，在接下来的10年里，情况仍未有明显的改善。失业率高达33%，世界处在另一场大战的边缘。随着美国加快生产用以打败希特勒的机器，人们手头的那点儿钱都拿去买美国的战争债券了。

起初，战时经济的启动很慢，但很快就加速运转起来。等到战争结束时，战时经济达到了空前繁荣的程度。

最后，第二次世界大战改变了一切。

它打造了一个历史上从未有过的经济巨人，而华尔街取代伦敦成为全球的金融中心。美国拥有丰富的自然资源，同时东西两侧均有海洋护佑。因此，美国在这场战争中几乎毫发无损。在美国，工厂机器轰鸣，资本顺畅流动，股票市场正在酝酿一轮大牛市。然而，道指足足花了9年时间才重新恢复到1929年股票市场崩盘前的水平。

当这一切最终成为现实时，其中的讽刺意味不言而喻。

有传言说，城里悄然兴起了一种新的金融游戏，甚至有人做出了非常大胆的断言，它将改变一切。

让一切变得更好！

第 7 章
大崩盘与其他重大事件的真相

下面是一组极为惨淡的统计数据,你做好思想准备了吗?

道指花了超过 25 年才完全恢复到 1929 年股票市场崩盘和大萧条之前的水平。这 25 年充满了黑暗、阴郁、痛苦。

具体来说,道指在 1929 年 9 月 3 日创下历史新高 381.17 点后,直到 1954 年 11 月 23 日才打破这一纪录。这花了 25 年加上差不多 3 个月。

我于 1987 年第一次得知这些数据。当时,我正在准备经纪人考试。我至今仍记得,我看到这些数据时大吃一惊。当时,我正在阅读这样一段内容:杠杆头寸在"咆哮的二十年代"造成的危害,以及它们是如何制造"定时炸弹"并在黑色星期一引爆它的。我还读到美国联邦政府和美联储在刚开始的几年里都犯了严重的错误,即利率不降反升、税费不减反增、货币供应不松反紧,加上突然提高进口商品的关税,这一切导致外贸陷入停顿。

最后,一个恶性循环出现了,这造成道指暴跌 90% 并在 1932 年 7 月 8 日跌至历史最低 41.22 点。至少可以说,1932 年真是非常糟糕的一年。随后，道指开始缓慢而痛苦地恢复。整个过程持续了约25年。

回想起来，尽管二战后美国的经济空前繁荣，但华尔街仍无法使道指再次上涨。毕竟，到战争结束时，美国已经成为经济超级大国，全美各地的工厂中机器轰鸣。失业率很低，美国人神采飞扬，工业产值较股票市场崩盘前的高点增加了300%。但是，不知为何，这一切仍然不够。美国在二战结束后又用了9年，才最终使道指超过崩盘前的高点。

大吃一惊，是吧？我的意思是，"咆哮的二十年代"的那些银行家和经纪人的胆大妄为一定会让你大吃一惊。他们竟然把市场抬高到如此离谱的高位，远远高出它的基本价值。甚至一场世界大战，还有随后出现的工业巨头，也无力使"倔强的"道指超过其在股市崩盘前的高点，这真是令人难以置信的事情。

股票市场是经济基本面的晴雨表，可反映未来6~9个月的经济前景。因此，二战结束后，在美国经济空前繁荣、美国的未来一片光明的背景下，道指依然低迷，处于181.43点，比股票市场崩盘前的高点低了约50%，这怎么可能呢？

股票市场到底出了什么问题？股票市场为什么未能随着经济的其他领域一起复苏呢？事实上，对此有一个很好的理由：这不是真相。

这个虚假的数据基于错误的假设和不完整的信息。实际上，道指仅用了七年两个月就实现了全面复苏。具体来说，1936年11月5日，当美国仍深陷大萧条的泥潭之中时，道指已经达到了179.90点的历史新高，超过了1929年当时破纪录的高位381.17点。我知道，这看起来像是打字错误，但其实并不是。

第7章　大崩盘与其他重大事件的真相　　163

179.90 点怎么会是历史新高呢？毕竟它要比以前的历史高点 381.17 点低很多。

首先，你的数学没有问题：381.17 确实要比 179.90 高。其次，你觉得"信息不完整"这个想法是对的。事实上，你还要考虑以下三个方面：

（1）通缩的影响；
（2）已付的股利；
（3）道指的构成。

要想准确地了解道指的实际表现，必须考虑上面三个方面。否则，你掌握的情况就会严重偏离真相。现在，如果你分析短期内（可能就两三个月）的道指表现，那么即使不考虑这三个方面，你仍可以准确地掌握相关情况。但随着时间一天天流逝，你掌握的情况就会越来越偏离真相。直到有一天，你掌握的情况会是完全错误的。为什么会这样呢？我先从第一个方面讲起吧。

通缩的影响

过去 85 年来，美国经济总体上一直经历着稳定的通胀。物价逐年上涨。有些年份，物价的涨幅大一些，而其他年份，物价的涨幅小一些。但总的来说，物价一直在上涨。

然而，在大萧条时期，情况并非如此。从 1930 年到 1935 年，情况恰恰相反。美国经济有史以来第一次出现了严重的通货紧缩，商品和服务的价格大幅下跌。一切东西（包括汽车、住房、食品、取暖用油、汽油、车票以及理发费）的价格总体上下降了33%。

这对道指的价格有什么影响呢？像其他事物一样，道指（以及其他任何股指）的真实价值始终与经济基本面息息相关。比如说道指目前是500点，而此刻一套普通住房的价格是3 000美元，一辆普通汽车的价格是100美元，普通人每个月的水电煤气费是3美元，而一加仑[1]牛奶、一打鸡蛋和一磅[2]肉碎总计5美元。

接着，灾难从天而降。大萧条爆发了。突然间，商品和服务的价格开始下跌，人们周围的一切都比以前便宜了33%。一套新建住房的价格跌至约2 000美元，一辆新车的价格跌至约66美元，普通人每个月的水电煤气费降至约2美元，而一加仑牛奶、一打鸡蛋、一长条面包和一磅肉碎的总费用从10美元降至约3.5美元。与此同时，道指却纹丝不动。

因此，我现在问你一个问题：考虑到此次通缩率达33%，从道指的经济购买力来说，道指的真实价值是多少呢？它此时的购买力与它过去位于500点时一样吗？或者，道指的购买力提高了吗？

答案不言自明：购买力提高了。

提高了多少呢？从实际经济价值的角度来看，提高了33%。具体来说，在美元保持不变的情况下，500点的道指此时便拥有了约667点的购买力。你要知道，这可不是理论框架，而是经济现实。购买力的变化对你的钱袋子会产生非常大的影响。因此，经

---

[1] 1加仑（美）≈ 3.79升。——编者注
[2] 1磅 ≈ 0.45千克。——编者注

济统计数据一般会以两种不同的方式出现在报告中：

（1）名义值；
（2）实际值。

报告中的某个统计数据是"名义值"，说明该数据未根据外部因素进行调整，也没有提供更充分的背景信息。你看到的是原始数据。相反，报告中的某个统计数据是"实际值"，说明该数据根据外部因素进行了调整，以提供更充分的背景信息。这方面的例子是根据通胀、通缩、货币波动、季节性波动以及人口规模变化等进行的调整。当你比较某个资产的长期价值时，你如果不进行调整，得出的结论就可能毫无意义。

1936年道指处在约184点。从名义价值来看，它要比历史最高点低50%以上。但从实际价值来看，它要比表面上的价值高出33%，仅比历史最高点低20%左右。这引出了我要跟大家谈的第二个方面。

已付的股利

下面是一段离奇的故事：

我相信你一定听说过IBM，也就是国际商业机器公司，对吧？好吧，让我们回忆往昔岁月。20世纪70年代，我还是个孩子，IBM是当时全世界规模最大、最知名的公司之一。IBM的外号是"蓝色巨人"，因为它生产的电脑是蓝色的，它的标志是蓝白相间的，而且在投资者眼中，它是蓝筹公司里"最蓝的"那家。当时 IBM 的雇员超过 35 万人，业务遍布 170 个国家，年销售额超过 150 亿美元（这在当时可是个不小的数字）。虽然 IBM 的管理层早在 20 世纪 80 年代初就开始一再犯错（他们先是错过了个人计算机热，接着错过了服务器热，后来又错过了互联网热），但这家公司至今仍是一个巨无霸。目前，该公司的雇员超过 28 万人，年营收超过 590 亿美元，在纽约证券交易所的股票交易价为每股 120 美元，而且该公司的股票是道指的成分股。

当然，尽管 IBM 现在规模庞大，但是跟所有的大公司一样，IBM 创立之初是一家并不起眼的小公司。早在 19 世纪末，有个聪明的德裔美国人赫尔曼·何乐礼想到了一个好办法，就是用卡纸板做的"打孔卡"来代替人工计数，以完成一项极其艰巨的任务——1890 年的美国人口普查。事实上，在爱迪生发明灯泡和人类使用电之前，他已经在设法制造计算机了。

令人颇感意外的是，打孔卡的效果非常好，何乐礼的生意也越做越好。公司在 1915 年正式上市。20 年后，这家公司的股票成为道指的成分股。看了这个让人难以置信的成功案例后，你不妨大胆地猜一下：你如果在 1915 年 IBM 上市时花 100 美元买了公司的股票，那么现在会赚多少钱？

现在，我假设你在想那可是笔巨款，对吧？

我是说，既然 IBM 是一家如此成功的企业，怎么可能不大赚一笔呢？

那好，你如果真的这么想，那么完全正确。

如果 1915 年花 100 美元买 IBM 的股票，那么这些股票如今的价值会超过 400 万美元。这笔钱可不少，对吧？

嗯……我说不准。

说句实话,在第一次看到这个数字的时候,我并没有太惊讶。我并不是说,看到100美元的投资换来了400万美元的回报,我一点儿也不开心。那岂不是太不合常理了。我想说的是,我本来以为最后赚的钱会更多一些,比如1 000万美元或者2 000万美元。毕竟,我们这里说的是创立于1911年的一个很小的公司,在75年后发展成了世界上最赚钱的公司,其利润增至1911年的2.5倍。我不清楚……我只是觉得,毕竟IBM最后发展成了一家规模巨大的公司,那当初100美元的投资应该有更高的回报。

事实上,我的直觉是对的。

在计算收益时,有一个关键因素被忽略了,那就是IBM自20世纪30年代以来一直在分配股利。这个因素完全改变了结果。

你瞧,在你买入某家公司的股票后,你其实有两种方式来赚钱。第一种是通过资本升值。说得好听点儿,就是你一直信奉那句古老的投资格言——"低买高卖"。用华尔街的行话来说,最后获得的利润可以被称作"资本利得"。在美国,资本利得有两类:

(1)短期资本利得:这包括持有期不足一年的所有投资的收益,而且这类收益与普通收入一样需要纳税。

(2)长期资本利得:这包括持有期超过一年的所有投资的收益。目前这类收益按15%的税率纳税。除了收入最低的那部分投资者,这个税率要远低于人们缴纳普通收入税时的税率(表7-1列出了每个税级节省的税费)。

表 7-1　2023 年美国联邦税级

税率（%）	单身纳税人 应纳税收入（美元）	夫妻联合报税 应纳税收入（美元）	节税（%）
10	0～11 000	0～22 000	0
12	11 001～44 725	22 001～89 450	3
22	44 726～95 375	89 451～190 750	7
24	95 376～182 100	190 751～364 200	9
32	182 101～231 250	364 201～462 500	17
35	231 251～578 125	462 501～693 750	20
37	578 126 以上	693 751 以上	22

此外，别忘了税率会随着时间变化，因此一定要掌握最新的税率水平，并咨询税务专家，以便了解你的投资在某一年应按什么税率缴税。

买入某家公司的股票后的第二种赚钱办法就是公司分配的股利。股利是把公司收益的一部分分派给其全体股东，包括流通股股东。这就是说，如果你持有某家能分配股利的公司的股票，在公司分配股利时，你就会得到自己应得的那份股利。例如，IBM 每季度分配的股利是每股 1.5 美元，因此你持有的每股股票，在每季度末就能分得 1.5 美元，或者说一年能分得 6 美元。

在此，你不难理解另一个重要的数字，即"股利收益率"。还是以 IBM 为例吧。你用每股的年股利 6 美元除以当前股价 120 美元，最后得出一个数字，并用百分比的形式表示它，即 5%。也就是说，你如果只是买入 IBM 的股票，并一直持有它的股票，股票的价格始终不变，那么每年的投资收益率是 5%。

写在纸上就是这样的：

股利收益率 = 年股利 ÷ 当前股价

股票 A：

买入价（时间：1 年）= 每股 120 美元

价格（当天）= 每股 120 美元

股利 = 每股 6 美元

投资收益率 =（投资净收益 ÷ 总成本）×100%

投资净收益 =（价格 - 买入价）+ 股利

投资收益率 =［（120 美元 -120 美元）+6 美元］÷120 美元 ×100%
=0.05×100%=5%

投资收益率 =5%

一般来说，有两种股利：

（1）定期股利：这类股利通常按季度支付，采用现金或额外的股票两种形式。
（2）特殊股利：这类股利一次性支付。公司可随时宣布分配股利，也采用现金或额外的股票这两种形式。

公司可能会基于以下原因宣布支付特殊股利：

- 闲置的库存现金：公司目前可能有一大笔闲置的库存现金，而且短期内的经营或扩张不会使用这笔现金。在这种情况下，公司可能会向股东分派特殊股利，作为向股东返还额外现金的一种方式。
- **一次性活动**：如果公司出售了一部分重要资产或者依法收到了欠款，公司可能会决定分派特殊股利，作为向股东返还额外现金的一种方式。
- **调整经营策略**：公司可能正在调整经营策略，无须留下那么多的库存现金。在这种情况下，公司可能会向股东分派特殊股利。
- **减轻股东压力**：激进的股东可能会向公司施压，要求公司分派特殊股利，尤其是在公司以往一直支付定期股利，而且目前有一大笔库存现金的情况下。

一家公司如果刚成立不久，目前正处于高速成长期，那么不太可能支付股利，毕竟它手里的每一美元都要被用来支持未来的发展。然而，如果公司发展到了一定阶段，其产生的现金流足以支持当前的所有经营活动以及未来的发展，公司的董事会就会宣布分配股利。公司会根据股东的持股比例，向全体股东分配股利。

从以往的情况来看，某些类别的公司的股利收益率很高。对于那些拿着退休金，还想有份额外收入的老年投资者来说，这些类别的公司是很有吸引力的。例如，公共事业公司、石油和天然气公司以及金融服务公司都有很高的股利收益率，而且按季度向股东支付股利。对于一个退休人员来说，唯一的收入来源就是每月寄来的社会保障金支票。在这种情况下，一个包含高收益股票的投资组合决定他是能勉强糊口还是能过上奢华的生活。

因此，目前有两种方法来打理你每个季度的股利收入：

（1）消费：虽然有些投资者实际上靠股利收入生活，但是没有法律明文规定，你不能拿自己刚得到的股利支票，去拉斯维加斯疯玩上几天。我的意思是，那是你的钱，你爱怎么花，就怎么花。但更好的做法是，你可以做些负责任的事，选择第二种方法。

（2）再投资：假设你不必将股利收入作为生活费，那么这自然是更好的选择。大多数支付股利的公司都会推出股利再投资计划，允许你用自己的股利自动买入更多的股票。在后面的章节中，我会更深入、细致地介绍这方面的情况。到时候，我会解释如何利用长期复利，使你的投资收益最大化。

要想得到近期将派发的股利，你必须在某个日期之前出现在公司的股东名录上。这个日期被称作"股权登记日"。你如果在股权登记日之后买入某家公司的股票，就无法得到该公司近期派发的股利。

除息日是指股票在与股利所有权分离的情况下开始交易的日期，通常设在股权登记日之前的两个工作日。

当股票不派息时，股价的下跌额度通常正好是将支付的股利的金额。例如，如果某家公司的股票交易价是每股100美元，而且该公司宣布每股的股利是1美元，那么在除息日，股价一般会下跌到每股99美元，以表明股票目前在除去1美元的股利的情况下交易。

要想算出股利对道指长达25年的恢复期的影响，这里有两点需要考虑：

（1）首先，某家公司股利收益率的大小与其股价是逆相关的。具体来说，随着股价下降，股利收益率就会上涨。相反，随着股价上涨，股利收益率就会下降。这是个简单的数学问题。我们不妨以IBM的股票为例，把这个问题讲清楚。如果IBM的股价下跌50%，从120美元跌至60美元，那么其5%的股利收益率会自动翻一番，达到10%。相反，如果IBM的股价上涨100%，从120美元涨至240美元，那么其5%的股利收益率会自动减少一半，降为2.5%。这也是个简单的数学问题。

（2）其次，虽然公司的股价会一直波动，但是其股利的规模往往会保持不变。这是因为公司会想方设法确保其支付给股东的股利保持不变，毕竟即使股利减少一点儿，也会给股票带来灾难性的后果。你只要好好想一想我说的这句话，就能完全理解我的意思。为什么？如果公司觉得有必要减少每季度派发的股利，那就像是发出了一个信号：公司目前出现了现金流问题。另外，很多股票的价格要靠股利来支撑，这是因为那些渴望获得高收益的投资者看重的是收入。所以说，即使股利减少一点儿，也会给股票价格带来极大的压力，毕竟那些投资者会开始卖掉手中的股票，转而选择另一家股利收益率更高的公司的股票。正因如此，公司的董事会只会在迫不得已的情况下才授权减少股利。

基于此，当道指在大萧条时期大跌90%时，这对道指涉及的30家公司的股利收益率会有什么影响？在回答这个问题前，要记住的是，我不是在说每家公司股利的总金额发生的变化，毕竟在大部分情况下，总金额是不变的。我这里说的是下跌90%对30家公司的股利收益率的影响，总的来说，就是对道指涉及的公司的平均股利收益率的影响。当然，答案是，每家公司的股利收益率的增长与道指90%的大跌同步，而道指的平均股利收益率也不例外。

具体来说，在1930年至1945年，道指的30只成分股所属公司的平均股利收益率是14%。从历史的角度来看，这真是个惊人的数字（如今，道指的平均股利收益率仅为1.9%）。

实际上，这意味着，在这一时期，那些一直持有道指并将股利再次投资的投资者每5年将投资增加了一倍，即使道指几乎没有变化。股利本身就能做到这一点。

为了把这个问题讲清楚，我们不妨回头看一下。我计算了1915年IBM上市时投资100美元买入IBM股票，IBM股票现在的具体价值。

你可以回想一下，如果没有股利，当前的价值是400万美元。虽然把100美元变成400万美元自然是件了不起的事，可考虑到经过了那么长时间，这并没有让我太吃惊。那么，大胆地猜一下，如果你把过去100年来IBM派发给股东的股利都买了IBM股票，那么同样的100美元今天的价值会是多少。我想，你如果知道答案，就会大吃一惊。

准备好了吗？

数字一下子就增长到了1.4亿美元。

没错，是1.4亿美元。这笔钱超过了你最初投入的那100美元的100万倍。

我不知道你是怎么想的，但是这一数字不仅让我惊叹不已，而且说明了道指为什么没用 25 年时间就摆脱了大萧条的影响，超过了股灾前的高点 381.17 点。

事实上，当你根据通缩进行调整并将当时道指极高的股利考虑在内时，该指数在约 7 年后便达到了历史新高。具体来说，1936 年 11 月 5 日，该指数达到了 179.90 点。

让我们把那道数学题做一下。我们已经根据通缩做了调整，这样一来，道指每个点的价值实际上会提高 33%，这就相当于道指上涨了约 59.37 点。结果，道指的真实价值便由 179.90 点提高到约 239.27 点。接着，为了将道指 14% 的股利收益率考虑在内，你可以使用所谓的"72 法则"[1]。根据该法则，凭借 14% 的股利收益率，你的收入每 5 年便可翻倍。这揭示了一种本来有些令人困惑的情况：道指到 1936 年底就已完全恢复到以前的水平，这要比大多数人想象的早约 18 年。当时，我们还深陷大萧条的危机之中。

但接下来，1939 年一项糟糕的决定，一项简直让人啼笑皆非的决定，导致道指的真实价值大幅缩水。这时，我们就要谈一谈第三个方面了。

道指的构成

我们最后再回头看一下 IBM 这个案例。

---

[1] "72 法则"是计算复利的一个简单方法。你只需用数字 72 除以当前的收益率，便可得出你的资金翻倍所需的年数。

从 1915 年 IBM 上市到 1929 年 10 月"股票市场大崩盘"，IBM 虽然已经成为一家颇为成功的企业，但是它还需要岁月的沉淀才能成为一个家喻户晓的品牌。问题是，公司的主营业务是数据处理，但在它所处的时代，"数据处理"这个术语还不存在。

实际上，在黑色星期一那天，IBM 的股票甚至还没有成为道指成分股。

直到 1932 年，道琼斯公司才最终决定将 IBM 的股票纳入其旗舰指数之中，尽管彼时大众对该公司几乎一无所知。

当时，道指从 1929 年股票市场崩盘前的高位狂跌 90% 以上，IBM 也未能幸免于难，几乎与道指同步大跌。那时，IBM 的股价是每股 9 美元，而在 1929 年 9 月股票市场崩盘前的最高位是每股 234 美元。

简言之，那三年成为每个人的噩梦。

谢天谢地，情况很快出现了转机，而对 IBM 来说，事情要更乐观一些。

不管是灵光一闪，还是凭借运气，那个将 IBM 的股票纳入道指的人应该被追授"诺贝尔选股奖"。差不多在 IBM 的股票成为道指的成分股三周后，罗斯福赢得了美国大选。他承诺要推行"美国新政"，但让人意想不到的是，这项政策却造成了美国历史上最严重的一次簿记噩梦：美国《社会保障法》。

突然间，美国的所有公司都要依法记录每个员工的工作时长，然后将员工工资的一部分缴纳给联邦政府，而联邦政府会接着决定在这些员工年满 65 岁并有权享有福利后，把企业缴纳的那笔钱在什么时间和地点，以何种方式返还给谁。最后，只有一种解决方案：

IBM 的数据处理。

凭借最先进的制表机和受专利保护的打孔卡，IBM 拥有解决美国面临的最大问题的唯一解决方案：数据处理。

在这种背景下，IBM 进入了公司发展史上最为迅猛的快速增长期。曾几何时，IBM 还只是一个生产加算机和打孔卡的公司，这种产品只有在美国开展每十年一次的人口普查时才会用到。如今 IBM 成了世界上规模最大、最有价值的公司，甚至比排名第二的埃克森美孚公司的价值高出了 250% 以上。

这真是一个令人惊叹的成功案例，对吧？

不仅对 IBM 来说是如此，而且对于道琼斯公司的那些头脑敏锐的家伙来说也是如此。就在 IBM 进入具有传奇色彩的、足足持续了 47 年的快速增长期的前夕，他们有足够的智慧和眼光，将 IBM 的股票纳入道指之中。在那 47 年里，IBM 飞速成长、股价飞涨、股利剧增。蓝色巨人的股东获得了极其惊人的回报。在 IBM 的股票刚被纳入道指，每股 9 美元的时候，如果有个投资者只买了一股股票，到 1979 年的时候，这股股票的价值就会达到 41 272 美元。也就是说，在 47 年的时间里，IBM 的投资收益率竟然高达约 458 500%。

简直难以置信，对吧？

我是说，有这样的智慧，有这样的眼光！道琼斯公司的那些选股天才简直太精明了！不难想象，IBM 在这么多年里一定对道指的提升产生了巨大的推动作用。IBM 凭借一己之力便把道指推到了人们以前难以预想的高度，是吧？

其实，没那么厉害！

这里有一个小问题。

1939年,道琼斯公司的某个堪称世界级的白痴(没准是一群白痴,毕竟那个决定简直太愚蠢了,不像是一个人做出的)决定从道指中剔除IBM的股票,而此时IBM是全球最有价值的公司。没错,在IBM的股票被纳入道指7年后,IBM的股票竟然被移出了道指。

道琼斯公司做出这个决定的原因其实并不重要,尽管有一种简单的解释是,他们正在对另一个指数(即道琼斯公用事业指数[1])进行结构性调整,而IBM被牵连了。结果是AT&T(美国电话电报公司)取代了IBM。当时,前者的规模要比后者大多了。

无论如何,这个决定最终被发现是糟糕透顶的。

在接下来的40年里,IBM除了因其糟糕的客户服务而惹恼客户,在企业经营的各个方面都比AT&T表现得出色。在客户服务方面,AT&T绝对是无人能及的王者。但在其他方面,尤其是股价表现方面,两家公司的差距确实很惊人。

具体来说,如果在1939年同样花1 000美元买入股票,那么在1979年(正是在这一年,IBM的股票被重新纳入道指)AT&T的股票价值是2 500美元,而IBM的股票价值却超过了400万美元。

IBM的股票被重新纳入道指的确切日期是1979年3月16日。当时,道指为842.50点。

---

[1] 道琼斯公用事业指数(DJU)设立于1929年,主要追踪美国15个公开交易的公用事业公司的表现。选择公司时主要考虑的因素包括市值、流动性和对行业的代表性。DJU被视为反映股票市场中公用事业行业整体表现的领先指标。

这里有一个含金量很高的问题：如果 IBM 的股票从来没有被道指剔除，道指在 1979 年 3 月 16 日会处于什么水平呢？

你想猜一下吗？我直接告诉你答案吧。

答案是 22 740 点。

很震惊，对吧？

没错，确实令人震惊，但这也说明了 IBM 的股票或者任何一只道指成分股在一段很长时间内对道指的影响都非常大。当然了，这种影响可能是把双刃剑。就像正确的决定会对道指产生积极的影响一样，错误的决定会对道指产生消极的影响。

这一点为什么很重要呢？

主要有以下三个原因。

首先，正是第三个变量证明了主流叙事明显有误，即道指花了约 25 年才从股票市场崩盘中恢复过来的说法是站不住脚的。事实上，道指仅用了约 7 年就恢复过来，当道指反弹时，美国仍处于大萧条的中期。

其次，这无疑在提醒大家，一定要做一个有耐心的长线投资者，不要被来势汹汹的熊市吓到乱了阵脚，在最低价时卖出——只是因为你身边的人都告诉你，市场反弹需要几十年。

从以往的情况看，这完全是错误的。

如果你回头看一下过去的 150 年，你会发现熊市的持续时间一般不超过两年，而即便是美国历史上最严重的熊市（当时美国经济全面崩溃），也仅仅持续了 7 年。也就是说，千万别听那些没有道理的胡言乱语，一定要有耐心啊！

最后，有一点毋庸置疑，不管挑选公司时多么仔细，像道指这样由 30 只成分股构成的指数，并不足以成为描述整个美国股票市场的准确指标。这不仅是因为样本数量过少，还因为像道指这样的指数忽视了快速发展的小公司的重要性。这些公司一开始就在经济中发挥了举足轻重的作用。

显然，我不是第一个认识到这一点的人。

一百多年来，道指能否被视为描述股票市场（以及经济基本面）的准确指标一直是争论的焦点。自20世纪初以来，每一任美国总统、财政部长和美联储主席都不得不纠正公众的错误认识：道指等于股票市场，道指下跌等于经济增长放缓。其实这根本不是事实。只是公众被洗脑了。他们成天看金融新闻，而那种过于简单化的报道方式让他们形成了错误的认识。媒体日复一日地用简短的评论提到道指的走向，一些奇怪的事情，接着便是美国经济可能发生的一切。这些信息最终在外行的脑子里交织在一起。在他们听了很多次后——轰的一声！——这些东西便建立了联系。

其实早在1923年，有一家名叫标准统计（Standard Statistics）的公司就想建立一个指数，一个比极不完善的道指更准确的指数。当时仅存在一个问题：

在没有计算机的时代，这种事说起来容易做起来难。

想必你听过这样一种说法："好事多磨。"

标准统计公司就是这样，它几十年来一直在努力建立一个比道指更准确的指数，以反映美国股票市场和经济基本面。要想成功，这个指数就要比股票市场中地位稳固的道指强出好多倍，毕竟道指早已成了股票市场的代名词。

事实上，在20世纪20年代初，美国每家报纸都会在其商业版的头条刊登道指前一天的收盘价，就连美国最新的媒体——新闻广播，也会用一句简单的话来总结前一天的股票市场行情，如"昨天华尔街交易活跃，道琼斯工业平均指数收盘时上涨三个点，这是因为在劳工部发布了超预期的就业数据后，投资者纷纷买入股票"，或者"昨天华尔街交易不畅，道琼斯工业平均指数收盘时下跌六个点，这是因为政府发布了报告，指出第三季度的经济增长放缓，有迹象表明美国经济有可能步入衰退期……"。这样的例子不胜枚举。

再一次，这里传递的信息很明确：道指等于股票市场，美国经济和道指是密不可分的。

同时，对华尔街中的每个人来说，道指的缺陷是显而易见的。尤其值得一提的是，道指存在以下三个突出的缺陷：

（1）道指使用的样本数量过少，难以准确反映股票市场的整体走势。例如，纽约证券交易所当时有超过700家上市公司，而且这个数字在飞快地增长。

（2）道指关注的是高度工业化的企业，但美国经济正一天天变得越来越多样化。随着时间流逝，为了反映美国经济的现状，道指也开始将非工业企业的股票纳入其中，但这种情况要到20世纪60年代才出现。

（3）为了方便进行计算，道指对每只股票进行价格加权。这样一来，不管一家公司有多少流通股，定价较高的公司的影响会比定价较低的公司的影响大得多。因此，不管在哪个交易日，道指中定价最高的两只股票经常会决定这个指数的走势。

当然，要想解决这些缺陷其实也不难。

建立一个能纳入更多股票的、涉及更多行业的指数，而且根据每家公司的市值（每家公司的股票相对于指数中其他股票的当前市场价值总额）来计算指数，然后每天用一个简单的数字来公布结果。

相比价格加权，市值加权的优势体现在以下三个方面：

（1）市值加权使得指数受到大公司的股价波动的影响会更大一些，这样一来，指数就能更准确地反映整个股票市场的状况和经济基本面。

（2）市值加权反映的是每家公司的实际价值，而价格加权反映的是公司的股价高低，与公司的市值无关。

（3）市值加权降低了股票分割和公司采取的其他行动造成的影响，而上述行动会导致公司的股价上涨，但公司的市值却不会同步增长。

不幸的是，所有这三个解决方案，即纳入更多的股票、涉及更多的行业和根据市值加权，在没有计算机的时代是很难实现的。例如，即使是计算像道指这样由 30 只成分股构成的价格加权指数，每天也需要好几个会计和统计员来处理数字。

然而，标准统计公司并没有退缩。1923 年，这家公司做了第一次尝试。这家公司编制的首个指数由不同行业的 233 只股票构成，是一个反映市场整体走势的工具。由于计算起来困难重重，这个指数仅每周发布一次。但可惜华尔街的反应最多也只能算不温不火。结果每周发布一次的股指其实没多大用处，难以反映任何事物。短短几年后,标准统计公司放弃了这个指数,准备从头再来。

标准统计公司在 1926 年进行了第二次尝试。

在吸取了过去的教训后,标准统计公司这次编制出一个每日发布一次的指数。该指数由各个不同行业的 90 只大盘股[1]构成,目标是成为老掉牙的道指的改进版。标准统计公司甚至给自己的新产品取了一个好听的名字——综合指数——目的是让华尔街和公众更容易记住它。

但可惜标准统计公司又一次失败了……虽说综合指数要比它的竞争对手道指强很多,但它并没有像道指那样受到市场的追捧。在随后的 30 年里,它根本没有成为任何事物的基准。但标准统计公司这次也没有退缩。标准统计公司不紧不慢但态度坚定,不断地将越来越多的股票纳入综合指数之中,而且在大萧条期间仍坚持发布综合指数。

接下来发生的一次并购事件彻底动摇了评级行业的根基。

1941 年,标准统计公司与其主要的竞争对手之一普尔出版公司合并,成立了标准普尔公司。这家新成立的公司最终成为全球最大的评级机构。最后,这家公司甚至控制了自己的主要对手,即道琼斯公司。2011 年,标准普尔公司成为道琼斯公司的控股股东,从而一跃成为全球金融指数界不容置疑的王者。

同时,到 20 世纪 40 年代末,现代版的华尔街收费机器复合

---

1 "大盘股"指的是市值超过 100 亿美元的上市公司发行的股票。"市值"是指一家公司的流通股的总价值,其计算方法是股票数量乘以当前每股的价格。大盘股通常被认为是由持续稳定增长的知名企业发行的,其风险在投资者眼中比中小盘股要小一些。

体开始流行起来。在美林证券这个颇有前途的经纪公司的引领下，华尔街和麦迪逊大道突然形成了共生关系。双方合力在全美范围内开展了一场针对普通投资者的营销活动。在开展营销活动的五年里，美林证券从一个知名度很小的公司成长为美国最大的公司之一，家喻户晓。

华尔街的其他公司很快注意到营销活动的重要性。

不久后，各大公司纷纷投入巨资，通过媒体开展全方位的广告宣传活动。它们重点宣传自己信守商业道德，拥有业界最出色的经营业绩。

当然了，这些广告词完全是谎言，可广告的力量是不容小觑的，对吧？尤其是不管你去哪里，完全一样的广告词会像坏了的唱片一样反反复复地播放。

当时具有重要影响的信息是什么？

具有讽刺意味的是，这个信息至今仍广为流传。

华尔街收费机器复合体全年无休、夜以继日地开展一场从不停歇的广告宣传活动，目的是让普通的投资者形成一种重要的认识：

华尔街的专家要比投资者更善于理财。对啊！一切就是这么回事。

不管是专有的研究、最先进的交易策略、外国的金融产品，还是在线交易平台，华尔街宣称的一切靠的都是你的一种错误的认识：你如果没有他们，就会赔钱。

事实并非如此。

你觉得我有些言过其实，对吧？

那好，巴菲特说过的瞎眼的猴子朝标普 500 指数成分股扔飞镖来选股的那段话，你还记得吗？

你猜怎么着？

他说的完全正确。

虽然华尔街中那些最优秀、最聪明的专家毕业于常春藤联盟大学，拥有"最先进的"策略，但他们却比那些猴子差远了。那些猴子十有八九能打败这些华尔街的高才生。

没想到，是吧？

我是说，有谁能想到，那些瞎眼的猴子竟然是如此厉害的选股高手？

当然了，唯一的问题是，在你最需要的时候，你身边根本就没有一群瞎眼的猴子，更别提猴子并不是什么友善的家伙。他们是些邪恶的小生物，而且聪明得要命。其实，它们朝标靶投镖的可能性与向你扔狗屎的可能性一样大。

谢天谢地，巴菲特想要表达的不是你应该去当地的动物园，绑架一群猴子，给它们都戴上眼罩，然后教它们怎样向标普500指数成分股投镖。

事实上，我敢说，如果听众中有人进一步追问巴菲特这位"先知"，那么他可能会说出下面这句话："如果你愿意一直坚持一种非常简单的策略，那么你就不必满足这样一个结果，即十有八九战胜华尔街的那帮人，你完全能一直碾压他们。"

那么，这种神奇的策略是什么呢？

要想真正搞明白这个策略，我们就要稍微回头看一下1957年2月6日那一天。那是个意义非凡的日子，一个星期三，标准普尔公司发布了世界上第一个由计算机生成的股票指数：标普500指数。

这个全新的股票指数是由不同行业的500家高市值公司的股

票构成的，最终有望转变为全球投资界最大的投资工具，从而让华尔街过去最不在乎的一群投资者，即普通投资者从中受益。

需要说的一点是，这种天大的福气可不是从天而降的。它是一点点出现的，是从标普500指数被创造出来那天开始的。

那是第一步。

那一步用了34年，但在技术的帮助下，标准普尔公司的两位极有见地的创始人最终实现了他们的梦想。具有讽刺意味的是，他们全然不知自己将要发射的武器对华尔街收费机器复合体有多么致命。

他们发布指数的时间与该指数转变为全球最棒的投资工具的时间相差了20年。此外，这种转变背后的推手并不是标准普尔公司内部的某个人，而是华尔街中一个前途光明、脾气暴躁、蔑视权威的大佬。

他就是约翰·博格。

他创立的公司叫先锋领航集团。

电影《飞奔鸵鸟和大灰狼》中有这样一个情节：歪心狼想要用导弹炸死哔哔鸟，可到头来把自己给炸飞了。1976年，约翰·博格把标普500指数变成了金融界的一枚导弹，直接将其瞄准华尔街收费机器复合体的核心部位。他的意图很明确：炸掉这台机器。

他为什么要这样做呢？

据说，博格最后得到了一份确凿的证据，证实了他对华尔街一直以来的怀疑：华尔街那些最优秀的选股高手完全是一群饭桶。

整件事情是这样的：

自20世纪初以来，已经有数量不多但令人信服的学术研究，提出了一种理论，即股票市场过于高效以至投资者无法持续战胜市场。该理论的核心是一个简单的观点——既然上市公司所有的相关信息是可以随时获得的，因此某家公司的股价中其实已经包含了这种信息的影响。换句话说，投资者在做出购股决定时已经将一切现有的信息考虑在内，而这种信息接着便会体现在股价上。

20世纪30年代，这个理论首次得到了验证。

在大崩盘爆发后，美国经济学家阿尔弗雷德·考尔斯一直在强调一种观点，即华尔街的一流分析师根本无法预测市场的走势。如果他们真能预测市场走势，那么他们为什么不建议客户在市场崩盘前卖出呢？在考尔斯看来，这完全没有道理。尽管他们发布了各种花哨的研究报告，但是他们实际上对市场知之甚少。真的是这样吗？

为了找到答案，考尔斯委托他人开展了一项学术研究。这项研究一直追溯到了1871年的相关信息，将华尔街金融服务巨头推荐的7 500只股票的预测价格走势与其实际价格表现进行了对比。在不使用计算机的情况下，这是一项极其艰巨的工作。但是经过耗时两年的大量数字运算后，考尔斯找到了答案：

在华尔街，知名投资巨头的荐股能力并不比占卜者的预测能力强多少。换句话说，华尔街的那帮人满嘴谎话，他们的建议完全不值得花那么多钱。

当然了，在20世纪30年代的华尔街收费机器复合体出现之前，考尔斯的结论在金融圈就是异端邪说，因此他连忙声称那些结论既不客观，也不公正，不能被采用。

但相关证据越来越多，而且能证明上述结论的技术手段也越来越多。

20世纪70年代初，计算机终于变得极其强大，能准确无误地追溯到华尔街成立之初的数据，并根据理论版的标普500指数，对每只共同基金的业绩进行评估。

它们可随时获取需要的信息。那些资料都堆放在某个地方的某个保险库里，上面满是灰尘，这些资料包含自《梧桐树协议》被签署以来，在纽约证券交易所交易过的每家公司的股票收盘价、市值和股利收益率。研究人员要做的就是把这些资料都翻出来。

此外，得益于标准普尔公司在20世纪20年代一心想编制一个比道指更准确的指数，研究人员在编制理论版的标普500指数方面取得了重大突破。

现在，剩下的计算工作容易多了。

研究人员只需把所有的数据导入一系列IBM打孔卡上，然后把这些数据输入到蓝色巨人的主机中，坐等计算机创造奇迹。

尽管这一切都是意料之中的事，可结果对华尔街来说简直是一场灾难。

关于20世纪初经济学家就开始怀疑的三大真相，有史以来第一次出现了不可辩驳的证据：

（1）市场高效运行的本质使我们无法预测市场未来的走势；
（2）收费最高的共同基金的长期业绩却最差；
（3）自从共同基金行业于1924年出现以来，扣除相关费用后，你会发现没有一只共同基金的收益能一直与标普500指数的收益相提并论。

因此，就这样，华尔街丑陋的真相被公之于众——即便是最优秀的基金经理也不可能一直不出错。

1987 年，我在华尔街上班的第一天，有人跟我解释过这个观点，不过听起来更有意思。当时，我们正在一家名叫 Top of Sixes 的餐厅里吃午饭。它是华尔街最有名的酒吧之一。华尔街的精英会聚在这里吃饭，交流他们参加过的每场金融战。当然，这里也是经纪人和基金经理聚在一起吸可卡因，喝价格奇高的马提尼酒的地方。这些东西还有一个"好处"，那就是能让他们变得油腔滑调。

正是在这种场合，我的老板马克·汉纳向我解释了华尔街的内部运作机制。他一会儿吞云吐雾，一会儿捶胸顿足。他说："我不在乎你是沃伦·巴菲特还是杰米·巴菲特，谁也不知道股价是涨还是跌，是横盘还是循环，更别提那帮股票经纪人了。"

当时，他的话让我大吃一惊。简直难以置信！我的幻梦破裂了。就在这一刻，我从小到大一直相信的关于华尔街的一切美好认知都遭到了质疑。华尔街过去给我的印象是：美国最杰出、最聪明的人才汇聚在这里不仅为他们的客户创造金融奇迹，而且推动美国经济的发展。是不是我误解了马克的意思？

我对他说："哦，可能有人知道哪些股票要涨吧！比如公司的分析师或基金经理？我敢说他们一定知道，是吧？"

"闭嘴吧！"他嘟囔着，"那些白痴知道得还没有我们多。这完全是一场骗局。他们是十足的骗子。"

马克说的这句话翻译过来就是：

整个理财行业建立在谎言的基础上。

可这里存在一个难题：

我们实际上离不开华尔街。

你瞧，尽管华尔街用尽各种套路，但是在美国经济和全球银行系统的运行中，华尔街却发挥着至关重要的作用。从有用的一面来看，华尔街帮助企业上市，为企业发展提供资金，确保市场的流动性，对公司进行分析以确定哪些公司有资格获得更多的发展基金。而且，华尔街促进了全球贸易，维护了货币市场的稳定，与美联储和美国财政部通力合作来确保债务市场的正常运行和经济的顺利发展。所有这一切，还有在很多其他方面，华尔街都发挥着重要的作用。没有华尔街，美国经济就会停滞不前，我们最终就会重新陷入大萧条的痛苦之中。

有道理。

让他们继续干下去，把赚的钱都收入囊中。

他们有资格这样做。

可接下来是第二部分，即华尔街没用的一面，具体表现为推荐狗屁股票和制造美式泡沫。具体来说，华尔街疯狂地投机，鼓励短线交易，打造出具有大规模杀伤性的金融武器，并且为了中饱私囊和掠夺公众的血汗钱，不惜毁掉这个世界。

在某种程度上，华尔街的所作所为竟然与黑手党以往的做法有可怕的相似之处。曾几何时，意大利黑手党在美国经济中一手遮天，不动声色地抬高美国境内流动的一切商品和服务的价格。从装卸码头和机场，到全美50个州的每一条高速公路和小路，再到每个人衣食住行的方方面面，黑手党都毫不留情地以各种名义从中榨取各种税费。

最终，虽然美国仍蓬勃发展，人们还在忙着自己的事情，但这一切抬高了每个美国人的生活成本，减少了他们的生活乐趣，却让五大家族成员的生活变得比以前奢侈得多、快乐得多。

嗯，你猜怎么着？

今天，华尔街收费机器复合体正是在以这种方式运行。唯一的差别是，华尔街比黑手党的效率高得多。其实，与华尔街收费机器复合体榨取的绝对价值相比，纽约臭名昭著的五大家族就像偷走某个同学的午餐钱的小学生欺凌者。

更糟糕的是，与黑手党不同的是，华尔街收费机器复合体前进的脚步根本无法被阻止。而且，现在阻止也太晚了。华尔街与华盛顿特区之间的邪恶关系已经渗透到了美国肌体的每个毛孔之中，使华尔街的腐败行径成为一种合法现象。由于华盛顿特区向华尔街收费机器复合体收取的高得离谱的费用，还有似乎总会随之而来的美国救市计划，事情已经成了"华尔街总是稳赚不赔，公众总是损失惨重"，这无疑提高了每个美国人的生活成本，减少了他们的生活乐趣。

现在，要先说清楚的一点是，我并不是说，在华尔街工作的每个人都坏透了。事实并不是这样的。问题在于那个该死的制度，那个比任何人的问题都要大的制度。事实上，我自己有很多好友就在华尔街工作。他们都是些友善诚实的人，是我能绝对信任的人。但这并不意味着，我会把自己的钱交给他们来打理。我自己就能做好理财，而且等你读完这本书，你也一样能打理自己手头的钱。

其实，只要让世界上最好的投资工具发挥作用，你就可以毫不费力地做好两件大事：

（1）阻止华尔街把手伸到你的口袋里，偷走你的钱。
（2）像巴西柔术大师一样，用华尔街金融从业者的堕落行为来对付他们,最终以其人之道,还治其人之身(我过会儿解释具体应该怎么做)。

在此,成功的关键是对华尔街的阴暗面视而不见。

让他们自食其果。

你可以让他们通过不停地交易和操纵,一路走到在汉普顿的豪宅,然后再回到华尔街,最后回到他们自己挖掘的金融坟墓。

不要跟着他们玩。

你还记得马修·布罗德里克主演的那部电影《战争游戏》吗?

这是一部好莱坞经典影片。在影片中,一台"智能"计算机决定发射核弹头,尽管在这个特定的案例中,这是因为这台计算机想要在一场模拟战争游戏中获得胜利。最终,马修·布罗德里克扮演的角色竟然说服计算机放弃了发射核弹头的想法,让计算机反反复复地自己跟自己玩井字棋游戏,而且速度惊人。到头来,计算机意识到,这一切竟然是徒劳的,于是停止了攻击,用一种诡异的机械声音说:

"一个奇怪的游戏。要想取胜,唯一能做的就是不玩这个游戏。"

嗯,你猜怎么着?

就像《战争游戏》中的计算机最后明白的道理一样,与华尔街的比赛只有一种方式可以获胜:

不玩游戏。

另外,还有一点很重要:

你即使不再参加华尔街那种自私自利的游戏,也不会错失这种游戏带给经济的价值。例如,如果有一家公司上市后最终取得了很大的成功,而且成为美国经济必不可少的一部分,那么,你使劲猜一猜，这家公司最后会怎么样呢？

这家公司的股票会被纳入标普500指数，这就是它的结局。一旦它到达那个位置，这家公司在向你支付股利，从而使你变富有的过程中，会推高该指数的价格。这就是我在前文中提到的巴西柔术，也就是华尔街肮脏的小秘密。

过去20年来，像沃伦·巴菲特这种人一直站在山顶就此问题大声疾呼，而华尔街收费机器复合体却想掩盖他的声音，好让人们留在桌边，继续像傻瓜一样玩游戏。

值得庆幸的是，巴菲特这个"先知"有一个秘密武器：

他愿意说到做到。

第 8 章
"先知"与华尔街的博弈

———

"我敢说，10 年内，标普 500 指数基金的业绩会超过你能想到的任何对冲基金或对冲基金组合。我愿意拿 50 万美元打个赌，有谁敢打赌？"

一个有两万人的大厅一下子安静了下来，以至于能听到针掉到地上时的声音。

"快点儿，有谁敢打赌？""先知"催促道。

大厅里更安静了。

接着，突然间，会议中心一下子沸腾起来——听众大声欢呼，扯着嗓子齐声叫喊，以表达对他们深爱的精神领袖、著名的"奥马哈先知"的敬意。这是一个将载入史册的时刻。

这个赌约是在 2006 年 5 月 6 日伯克希尔 – 哈撒韦公司一年一度的股东大会上提出的。你猜在哪儿开的会？就在内布拉斯加州的奥马哈。正是在那里，巴菲特把 50 万美元摆到桌子上，想直接挑战位于华尔街收费机器复合体的食物链顶端的对冲基金经理。

简言之，"先知"已经受够了这一切。

我猜，不知有多少次，这个世界上的第四大富豪想公开表示："我宁愿把自己的钱交给一群朝标普 500 指数成分股扔飞镖的瞎眼猴子，也不愿意让你们这帮薪酬过高的基金经理为我理财。"接着，他觉得自己必须补上一句："我说到做到。要么行动，要么闭嘴。别收取高得离谱的管理费，却成天大摇大摆地在街上晃悠，只给投资者提供诱人的假象。"

实际上，"先知"并没有说那些话，毕竟他是一个很好的人。而且，他是"奥马哈先知"，不是"奥马哈之狼"。但这并没有改变这样一个事实：他很可能是么想的或至少有类似的想法。你瞧，巴菲特比其他人都更明白一个道理：高昂的费用、可观的业绩奖金以及对冲基金为证明自己的存在而开展的近乎持续不断的交易活动所带来的居高不下的交易成本，这些结合起来对某个基金经理的业绩造成很大的拖累，进而使整个行业无法给予投资者公平的待遇。相反，"先知"提出了一种更简单的方法，一种他深知会彻底摧毁对冲基金行业的方法。

虽然打赌并非难事，但是其风险不容小觑。

巴菲特打赌说，在未来 10 年会出现一只简单、低成本的基金，它能追踪标普 500 指数的以往表现，从而使对冲基金一直标榜的所有华而不实、稀奇古怪的投资策略彻底失效。

确实如此。这种方法简单明了，切中要害。

在这里要说明的一点是，巴菲特并不是好赌之人。

也就是说，你不会看到"先知"兜里揣着 50 万美元去赌场，把钱都拿出来做赌注或一连赌上好几个小时，试图把这家赌场搅黄，因为他清楚赌场总是对赌徒不利。毕竟，要是你一直排在全球富豪榜的前列，那不会是你的行事作风，对吧？没错，你可以在以下某一方面表现出富豪独有的行事作风：

（1）根本不打赌；
（2）只在有把握的事情上打赌。

巴菲特属于后一种情况，而且他这样做是完全合情合理的。

他敢打赌，靠的是100多年以来不断发展的数学知识和50年的个人投资经验。巴菲特不仅看到、听到，还亲身经历了这一切。自从他在1962年执掌伯克希尔-哈撒韦公司的大权以来，他经历过熊市、牛市以及其他各种市场行情，包括经济繁荣发展的20世纪60年代、经济陷入滞胀的20世纪70年代、泡沫越来越大且最终导致市场崩盘的20世纪80年代、充斥着互联网泡沫且同样以市场崩盘收场的20世纪90年代，以及出现房地产泡沫的2007年。在2006年，已经有迹象表明这个泡沫即将破裂，这一破裂有可能成为一场巨大的灾难，把全球金融市场推向崩溃的边缘。

巴菲特非常清楚每个对冲基金经理、共同基金经理、股票经纪人、理财规划师以及金融服务业的其他"权威"心中隐藏的那种深深的担忧——要想一直跑赢大盘几乎是不可能的。你的身份、背景或者你当下使用的投资系统，这些都无关紧要。在数学上已经反复证明过一点：即使没有那些所谓的专家收取的高得离谱的咨询费，要想一直跑赢大盘也几乎是不可能的。如果你把那些费用计算在内，你就要删除"几乎"这个词，并斩钉截铁地说，要想一直跑赢大盘是不可能的。

那他们为什么总想要跑赢大盘呢？

答案很简单：如果金融"专家"不能一直跑赢大盘，那么你究竟为什么还要让他们帮你理财，为什么还要付给他们那么高的费用呢？

你绝对不会！

正因为这一点，巴菲特把目光投向对冲基金行业的"专家"，而非其他林林总总的金融"专家"。在等级森严的华尔街中，对冲基金一直被视为投资界皇冠上的明珠。全世界一流的交易员和选股专家齐聚对冲基金，替全球最富有的人打理他们积累下的巨额财富，从而获得惊人的回报。

这是一个外人难以涉足的领域。这里有各种稀奇古怪的衍生品、最前沿的交易策略以及先进的算法，而这些算法都出自麻省理工学院的毕业生之手。

简言之，在这里你才能找到真正的世界级专家，也就是金融服务业中所谓的"精英中的精英"。因此，通过向对冲基金行业发起挑战，"先知"其实是在向每个金融"专家"发起挑战。

事实上，伯克希尔-哈撒韦公司在内布拉斯加州奥马哈举办的年会更像一场朝圣。来自世界各地的民众对他们的"先知"表达敬意，认真聆听他的各种预言。年复一年，他从来没有让"信众"失望过。

巴菲特每天要喝5听樱桃味可乐。在小口喝可乐的间隙，这位"先知"会回答股民提出的各种各样的问题。接下来，他会突然谈到别的话题，而这些话题才是对你真正有价值的东西。

事实上，他嘴里说出的有些话绝对称得上无价之宝。他的话里既有夹杂着讽刺的智慧，也不乏幽默感。这些话的核心是世界一流的投资建议，其中穿插着对华尔街收费机器复合体的厌恶之词，他经常会饶有兴致地猛烈抨击这一复合体。

多年来，他预言过报纸产业的"空心化"（自那以后，新闻业的发展就直线下滑）、房地产泡沫的破裂（16个月后泡沫果真破裂了，世界被拖入危机的边缘）以及很多其他事情。现在，他的目光紧紧盯着对冲基金行业。

巴菲特以他特有的风格，对高得离谱的收费进行了持续一分钟的抨击，指出这会使投资者根本无法得到合理的投资回报。具体来说，巴菲特指的是所谓的"2和20原则"。这是绝大多数对冲基金采用的薪酬方案。其中，"2"代表2%的管理费，是基金经理在每年年初从总收入中提取的费用；"20"代表20%的业绩奖金，也是基金经理从总收入中提取的费用，表明他们从交易利润中分得的那一份。

换句话说，基金经理每年有两种赚钱的方法：

（1）不管基金是否盈利，他们都会收取一笔固定费用，而且这笔费用相当于基金管理的总资产的2%；
（2）他们会抽取基金产生的全部利润的20%，但如果基金在年底时最终亏损，他们则无法抽取任何费用。在这种情况下，投资者就要承担年底的全部损失，而基金则会重置，开启下一年的新投资。[1]

此处有一个简单的例子：

---

[1] 虽然"2和20原则"是对冲基金最常用的薪酬方案，但并不是所有的对冲基金都使用这一方案。

假如，在2021年，对冲基金管理的资产规模达20亿美元，投资收益率高达25%。在这种情况下，基金经理就可以从他们管理的20亿美元中提取2%的管理费（总额可达4 000万美元），再加上交易过程中产生的5亿美元利润中的20%（总额可达1亿美元），这样一来，他们理应得到的薪酬就高达1.4亿美元，而基金会得到还算合理的3.6亿美元净利润。

这一切看似对每个人来说都是双赢的，对吧？

但就像他们说的那样，表象有时是会骗人的。

事实上，在这个例子中，唯一的赢家是那位贪婪的对冲基金经理，他赚取了9位数的薪酬，而上当受骗的是那些投资者。

我给大家解释一下。

对于投资新手来说，基金的总投资收益率达到25%。一旦你扣除了基金的费用，该基金的净投资收益率仅有18%。虽然18%的收益率貌似可观，但就在同一年，即2021年，标普500指数上涨了24.41%，其涨幅高出对冲基金6.4%以上！顺便说一句，这还不含股利的再投资，包括股利的再投资会把标普500指数的收益率抬高到28.41%。这要比"天才"的对冲基金经理实现的收益率高出10%以上。我猜，你可能会说他们还是"天才"，不过是另一种截然不同的"天才"：那种拿着1.4亿美元的薪酬，但其投资收益率竟然比投资者投资免佣金的标普500指数基金的收益率低10%，并感到心满意足的人。

然而，为了清楚起见，我们接着讨论这个问题：

考虑到一切费用、业绩奖金以及额外开支（没错，他们还会向投资者收取基金相关的各种开支，例如租金、计算机费、电费、曲别针费，所有交易员、分析师、秘书、助理的薪水，以及他们能想到的任何费用），大胆地猜测一下，如果一只基金要与当年标普 500 指数的表现持平，那么这只基金的投资收益率要多高呢？

答案是 35.2%。

但凡低于上面这个数字，那么在各种费用和开支上花去的 1.4 亿美元将导致这只基金的表现相较于标普 500 指数更逊色。更糟糕的是，如果那只基金在以前的某一年赔过钱，那么在考虑正收益之前，基金就得先弥补过去由投资者完全承担的损失。

假如，这只 20 亿美元规模的基金有一年收益不好，赔了 8%。

在这种情况下，基金经理仍然拿走了 2% 的管理费，也就是 4 000 万美元，而投资者却要承担全部 8% 的损失，也就是 1.6 亿美元。接着，在新一年的首个交易日，基金则会重置，从头开始新一轮计费。

当然，如果你发现有个对冲基金经理真的能一直跑赢标普 500 指数，而且其基金的领先优势很大，即便在扣除所有的费用、开支和单边的业绩奖金后，该基金最终仍保持领先，那么 "2 和 20 原则" 还是有道理的，对吧？

没错，它当然是有道理的。

唯一的问题是，你在哪儿能找到这样一只基金呢？

答案其实很简单：梦幻世界。

这正是巴菲特拿出 50 万美元来打赌，想要证明的一点——用一个简单的词语来总结对冲基金行业就是 "多余"。华尔街那些收入最高，拥有常春藤联盟大学的文凭，兜里揣着数以亿计美元的薪酬的超级明星经理，完全是多余的。事实上，他们比多余

投资之狼

还糟糕。他们发挥的是一种纯粹的负面作用，毕竟他们索取的远超过他们能给予的。就像面对所有的负面作用一样，我们应该尽量避免它们。

你们中有人很可能会想，算了吧，乔丹，你准是在这里吓唬人！怎么说也会有几个对冲基金经理能一直跑赢大盘。我是说，我不知道听人说过多少回了，有一些对冲基金奇才确实给投资者带来了巨额收益。

如果你按这个思路去想问题，我不能怪你。你提出的观点似乎无懈可击。可惜的是，下面才是事情的真相：

（1）少数天赋异禀的对冲基金经理确实能一直给投资者带来超额的收益，完全有资格收取那些费用。他们是这个行业的摇滚巨星，是家喻户晓、人人追捧的明星。

（2）遗憾的是，这些明星经理的基金早已不向新投资者开放了，而且在短期内不会重新开放。事实上，一旦他们达到了摇滚巨星的地位，他们不仅会停止向新投资者发售基金，而且会把原来的投资者给他们的钱都退回去，开始为他们自己以及很少一部分超高净值的投资者进行交易。

（3）当行业内出现一名新的摇滚巨星，他们会很快停止向新投资者发售基金，除非他们的业绩下滑，他们才会重新发售基金。可到了那时，他们就不再是人们眼中的金融界的摇滚巨星了。

（4）虽说该行业内其他的基金经理还不如扔飞镖的猴子，但是他们收取的各种费用仍然跟金融界的摇滚巨星一样高得离谱。

（5）因此，如果对冲基金经理收取你那么高的费用，但其业绩还不如一个扔飞镖的瞎眼猴子，那么你到底为什么要把钱交给基金经理来打理呢？毕竟猴子只需一根香蕉。

你瞧，简言之，对冲基金行业就是这样的：为数不多的才华横溢的基金经理（谁也没碰到过）取得了优秀的投资收益，而在这种收益的金色光环下，行业内的其他人都在借着余晖捞钱，可他们其实就是一帮笨手笨脚的小丑。

然而，就像我前面说的那样，对冲基金行业的问题其实不是基金经理既无才华也无经验，也不是说他们都是些彻头彻尾的老傻瓜。其实，根本不是那样。问题在于他们收取的费用太高了，投资者的收益完全被蚕食了。

因此，就在2006年5月那个重大的日子里，巴菲特决定更进一步。他没有像以往那样对对冲基金行业进行口诛笔伐，而是开始将枪口对准基金经理。"听着，"他说，"如果你的妻子就要生孩子了，你最好给产科医生打电话，不要自己亲自接生。如果你家的水管漏了，你应该给管道工打电话。大部分职业本身附带的价值超出了普通人自己能实现的价值。但是，总的来说，投资行业的从业者却没有做到这一点，尽管其每年的总薪酬高达1 400亿美元。"

对内布拉斯加州奥马哈的两万名投资者来说，这一切是显而易见的。巴菲特的看法切中下面这个问题的要害：为什么投资者很难理解华尔街的负面作用大于正面作用？从小到大，我们都被教导要寻求专家的帮助，希望他们能解决我们的问题，消除我们的痛苦。这是我们一直以来学习的道理。如果你生病了，你的父母会带你去看医生。医生的着装和举止都相当规范。在你步入检查室的那一刻，让你感到吃惊的是，就连你的父母对这位专业人士也是毕恭毕敬。那是因为这个人经历了多年的求学和实习。在此期间，他掌握了让病人康复的所有知识和技能。因为他是专家，所以我们要听从他提出的建议。

但这只是我们受到影响的开始。随着我们一天天长大，我们会遇到一个又一个的专家。要是你学习吃力，父母可能会给你请个家庭教师。要是你想掌握一门体育技能，父母可能会给你请个教练。这种例子不胜枚举。等你最后长大成人，你继续父母以往的做法。直至今日，你还在不断寻找专家，想要确保你付出的一切努力都能得到最佳的回报。

这一切都很合理，对吧？

但找一个专家来帮你理财，却是个例外。我再说一遍，这绝对是个例外，这是百试不爽的"铁律"的例外情况。在本章，我将详细说明这背后的原因，但现在，你务必要记住的一点是，华尔街收费机器复合体完全清楚这一事实：无论是与生俱来的特质，还是后天养成的习惯，你都会主动寻求专家的帮助，希望借此来解决问题，取得最理想的结果。这些专家会无情而高效地利用这种心态，运用各种手段让你倾家荡产。

"先知"在一番长篇大论后说："每个对冲基金经理都认为，他是那个能跑赢大盘的例外。即使把他收取的各项高额费用计算在内，他照样能跑赢大盘。有些经理确实能做到。但随着时间的推移，总体来说，这并不可行。"

换句话说，不论基金经理多么有才华，在扣除了他们收取的所有费用和开支，还有单方面的业绩奖金后，从长期来看，他们的业绩都根本不可能比标普 500 指数的表现好。

接下来，"先知"宣布要打个赌。

当时，巴菲特认为，如果他打赌的消息传到了华尔街，那么对冲基金经理必定会排队等待机会来证明他是错的。

毕竟，当时流言四起，称他的黄金时期早已成为过去。有些批评者一直在说，他不过是一个生活在过去、与这个时代格格不入的人。在过去，耐心是一种美德，价值投资才是王者。但是，在 21 世纪来临之际，华尔街的那些最优秀、最聪明的基金经理凭借运算速度极快的计算机和人工智能技术，完全可以轻松战胜"先知"，就像碾碎一颗过熟的葡萄一样。再说，你想想看，对某些年轻的对冲基金经理来说，有能力战胜"先知"对他的事业意味着什么。他们会从一个默默无闻的基金经理，转眼间过上名利双收的好日子。他们要做的只是像对冲基金行业成立以来的 30 年间，一直在向投资者承诺的那样——在扣除他们的所有费用和开支后，一直跑赢标普 500 指数。

然而，在声明发布一年后，没有任何回应。

一点儿动静都没有。

16 个月以来，没有一个人挺身而出，前来应战。用巴菲特自己的话说，那是"沉默的声音"。

现在回想起来，这完全有道理。

毕竟，对冲基金经理可能会有很多面，但他们自然并不天真，也当然不想在公众面前输掉赌局，这是自取其辱。你瞧，他们对一个真正的事实心知肚明——所谓的"专家"要想一直跑赢大盘，几乎是不可能的，要是算上他们收取的高得离谱的费用，就更不可能了。事实上，在华尔街，这是一个众所周知的真相。他们在我们身后使劲地嘲笑我们。

需要说明的是，他们之所以大笑，不是因为人们相信了一个金融童话故事，而是因为过去20年来，一直有人在揭露那个童话故事，可时至今日，大多数投资者还是对它深信不疑。

没错，过去20年来，互联网上到处都有人说，华尔街的专家不可能跑赢大盘。尽管这是一个板上钉钉的事实，可还是有人不停地把钱交给他们来打理。现在，你不得不承认，这件事确实有些好笑。

这就像一个长大成熟的成年人仍在壁炉旁边放上饼干，非要等待圣诞老人到来一样。

当然，我们现在不那么傻了，对吧？

为什么？那是因为在你六七岁的时候，你的父母可能会让你坐下来，然后对你说："亲爱的，对不起，但圣诞老人并不存在。这么多年来，一直是你那个爱喝酒的叔叔约翰装扮成圣诞老人的样子。其实，那件衣服是从派对城买的。"

一开始，你感到很震惊。在接下来的几年里，你很可能像往年一样，仍然把牛奶和饼干放在楼下的壁炉旁边。但在那之后，你长大成人了。你接受了这样一个事实：童话故事并不是真的。世界上根本没有牙仙子、复活节兔子，也没有圣诞老人。这些都是弥天大谎，是大骗局。你如果发现圣诞树下放着玩具，或枕头下面藏着钱，或房子周围藏着巧克力蛋，就应该知道是个成年人放在那里的，买那些东西的钱都是他们辛辛苦苦挣来的。

这就是生活。世界上没有免费的午餐。谁也不例外。

然而，不知是什么原因，在投资方面，好多人就是一直长不大。他们一直坚持那种幼稚的想法：只要他们坚信不疑，华尔街的圣诞老人就会出现在他们面前。对此，华尔街收费机器复合体可谓心知肚明。这种挥之不去的希望就潜藏在很多股民心里。华尔街那帮人正在利用这一点来操纵那些股民，造成了极其严重的后果。

可现在复合体面临一大难题。

"先知"押的50万美元的赌注，就像一束巨大灯塔的光柱，照亮了他们腐败堕落的赌场，而且那个光柱准确无误地聚焦在位于赌场最高处的那些人身上。

最后，有一个勇敢的人走进了光柱中，大胆地接受了挑战。

他的名字是：泰德·西德斯。

他管理的对冲基金名为：门徒合伙基金。

而他的交易专长为：无。

没错，根本没有。

泰德·西德斯的核心竞争力并不体现在专业交易员、投资者或资金管理人这些身份上。事实上，那并不公平。他在某个方面确实是个专家——其实，从他成功地为门徒合伙基金筹集了大量的资金这一点来看，他无疑是一位世界级的推销员。

可即便如此，不得不说，这确实挺奇怪的。

我是说，这家伙靠给富人理财，每年赚数千万甚至数亿美元的高薪，但他显然并没有理财的能力——因此他必须把理财的事交给别人来做？

现在，我如果我遇到这样的人，就一定会觉得他是骗子。

下面是他的具体做法：

他的门徒合伙基金其实是一只"基金中的基金"。也就是说，门徒合伙基金公司向投资者募集基金，但前提是门徒合伙基金公司的专长不在于亲自管理资金，而在于挑选出业绩优秀的对冲基金，替门徒合伙基金公司管理资金。虽然从表面上看，这个前提似乎有些道理，可以往的经验证明，做到这一点是不可能的。事实上，在挑选对冲基金时，一种最糟糕的做法就是望着长长的对冲基金清单，然后选择那只在过去几年里业绩最好的基金。

毕竟，但凡有对冲基金连续几年业绩出色，那么几乎可以肯定的是，要不了多久，它就会有好几年业绩不佳。造成这种局面的原因有很多，但下面是几个主要原因：

（1）共同基金经理频繁跳槽，因此我们无法明确，某只共同基金以往的业绩与目前管理该基金的经理之间有什么关系。

（2）资产类别的周期性与共同基金年复一年地投资同一类资产的做法完全矛盾。

（3）有效市场假说就像是一个严苛的监工，使基金经理很难一直跑赢大盘。

（4）这不仅是道简单的数学题，而且使SEC要求的关于"以往的业绩不能代表未来的业绩"这一披露具有了新的含义。事实上，这句话应该这样写："过去几年的优秀业绩几乎可以保证你在未来几年里赔得精光！"

事实上，这就是说，一旦投资者把钱交给泰德·西德斯来投资，泰德只会转过身，把这笔钱交给其他对冲基金来打理。然后，他就能舒舒服服地坐在那里，将双脚抬得很高，开始收各种费用，但前提是真正负责理财的对冲基金先收取费用。

到头来，投资者遭遇了双重打击。

当然，"基金中的基金"在其营销手册中会用一些措辞巧妙的话语，让你相信事实并非如此——你并不是在交两份钱。但不管你怎么分摊这种费用，你都是在交两份钱。从本质上讲，至少还有一张嘴一直要你去喂，这是必然的。[1]

当然，假如你现在询问泰德·西德斯这件事，他会大谈同时投资多只对冲基金的好处。他首先会说，他能让华尔街最杰出的基金经理组成的"智囊团"一起为你的投资出谋划策。他还会告诉你，如果哪个基金经理业绩不佳，他就会马上换掉这个经理，取而代之的一定是某个业绩正佳的经理（以往的经验证明，这是最糟糕的做法）。

但这一切都忽视了"基金中的基金"存在的一个更严重的问题。由于没有一只股票能始终跑赢标普500指数，那么仅仅把几只业绩不佳的基金组合在一起，它们就能跑赢大盘吗？这就像有个医生对因为成天吃麦当劳而出现病态肥胖的病人说，要想解决这个问题，病人就要每天吃汉堡王。不用说，这两种情况的问题无疑都出在建议上，正所谓"有垃圾的建议，就有垃圾的结果"。

---

[1] 除了管理资金的基金收取的正常费用，典型的"基金中的基金"安排通常还会收取额外0.5%的管理费和5%的业绩奖金。

事实上，2008年，华尔街的金融从业者正是使用这种扭曲的逻辑，造成了房地产市场的崩溃。他们接受了数额巨大"有毒"的抵押贷款，也就是注定不能被偿还的抵押贷款，然后信誓旦旦地说，只要把这些抵押贷款组合起来，就会使抵押贷款的风险降低，而且确保抵押贷款会带来收益。这个想法从一开始就是荒唐可笑的，注定会造成严重的后果。而结局恰恰如此：在金融危机爆发后，政府花了纳税人缴纳的一万亿美元进行救市。

简言之，这就是泰德·西德斯的投资策略产生的后果。在对冲基金费用之上，层层叠加对冲基金费用，这样就形成了像一个巨型分层蛋糕一样的对冲基金费用组合。然而，在这个特定的案例中，他的做法更恶劣。他不只是挑选了5只对冲基金，关键是他选的那5只对冲基金都是"基金中的基金"。这样一来，他为与"先知"打赌所使用的基金总数就超过了100只。

无论如何，他的这个策略很有意思。

我是说，从理论上讲，在这100只基金中，如果绝大多数基金不仅在10年内跑赢了标普500指数，而且其业绩达到了碾压后者的程度，甚至在扣除各种各样的费用后，这些基金的投资收益率仍然领先，那么泰德·西德斯确实有可能在这次打赌中赢过"先知"，并向全世界证明他才是投资界的"王者"。

刚开始，有人问他觉得自己获胜的概率有多大时，他的回答显得太过自信，没有一点儿自知之明。这种人往往会收取高得惊人的费用，却不能给投资者带来任何有价值的回报。他轻松地说："至少85%吧！"然后，为了证明他的判断没有问题，他说了一大堆让人费解的经济和数学方面的东西来构成自己对股票市场未来几年走势的预测。

他有85%的把握认为市场在未来几年要么持续走低，要么不会像过去几年间涨势那么迅猛。在西德斯看来，这样可以使他在这场打赌中占有很大的优势。一般来说，被动型指数基金只能跟踪标普500指数的表现，但无法在市场下行时进行调整。与被动型指数基金不同的是，西德斯手里的100只对冲基金却属于主动管理型基金。这就是说，这些基金可通过转向那些在市场下行期表现更好的资产类别，以便"对冲"市场下行风险。

西德斯的思维过程只存在一个小问题。

毫无意义。

其实，即使你不考虑他提出的那种收取多层对冲基金费用的影响，他的逻辑仍存在谬误。这主要基于三个原因：

（1）过去70年来，所有的学术研究都一致认为，预测股票市场的未来走势的确定性程度与抛硬币的结果的确定性程度不相上下。

（2）同样的学术研究还证明，在很长一段时间内，主动管理型基金会跑赢那些追踪标普500指数的被动型基金。事实上，情况恰恰相反。那些收费最高的基金往往是收益最低的基金。

（3）即使西德斯真的是诺查丹玛斯转世，真的能预测市场未来几年的走势，但这也没有太大影响，毕竟这个赌约要持续整整10年。

现在你明白了吧。

不管是贪婪、傲慢，还是单纯的自我欺骗，西德斯似乎根本没有考虑以上原因。他似乎真的相信,他有85%的把握赢得赌注。他甚至都选好了慈善机构——无保留援助儿童基金会,承诺在他赢得赌注后,会把赢的钱捐给该机构。

关于巴菲特觉得他赢得赌注的机会有多大,我们可以在网站Longbets上找到他最初的想法。"先知"写道:

> 在2008年1月1日至2017年12月31日这10年间,标普500指数的表现将优于对冲基金中的基金组成的投资组合。上述的业绩在扣除费用、成本和开支后进行计算。
>
> 在证券市场中,有很多非常聪明的投资者刚开始的业绩超出了平均水平。我们将这类人称作"主动型投资者"。相反,"被动型投资者"的业绩接近平均水平。总的来说,他们的投资组合的业绩应基本接近指数基金的业绩。因此,主动型投资者的业绩也必须接近平均水平。然而,这类投资者产生的成本要高得多。因此,总的来说,在扣除这些成本后,他们的总收入比那些被动型投资者还低。

"先知"继续写道:

> 当高昂的年费、业绩费和主动交易成本一下子都成为主动型投资者承担的费用时,他们的成本就会大幅增加。对冲基金中的基金使这种成本问题更加突出,这是因为除了基金中的基金所投资的对冲基金收取的高额费

用,还要加上对冲基金中的基金收取的费用。

很多聪明人参与对冲基金的投资。但他们的努力大多是徒劳的,毕竟不管他们有多聪明,他们都无法抵消投资者要承担的成本。一般来说,从长远来看,投资者投资低成本指数基金的收益会超过他投资一组基金中的基金的收益。

然而,相比于巴菲特最初信心满满的样子,以及他选择的赢得赌注后接受他的捐款的慈善机构,他选择哪只基金进行打赌重要得多。

巴菲特看重的是基金的四大特点:

(1)基金必须能准确地跟踪标普500指数。虽说这一点似乎显而易见,但是有一些糟糕的基金在跟踪指数方面的表现却很差。结果,指数的回报与基金的回报之间出现差距。因此要尽可能回避这些"不准确的"基金。我会在本书的后面章节给大家列出那些"准确的"基金。

(2)基金不能收取任何形式的手续费。"手续费"是一种委婉的说法,是指在经纪人说服自己的客户投资某只基金后,该基金所属公司要向经纪人支付的销售佣金。无论是"前端手续费"(客户第一次投资时收取的手续费),还是"后端手续费"(客户退出基金时收取的手续费),这种手续费都是由客户承担的,因此会大幅度地降低客户的投资收益率。

(3）基金的管理费要处于很低的水平。由于指数基金并不是主动管理型基金，因此客户没有理由向那些按理能跑赢大盘的"专家型"基金经理支付巨额的管理费。当然，基金所属公司仍有权收取管理费，但要是管理费超过了 0.5%，收费就太高了。建议你选择另一只管理费更低的基金。

(4）基金必须允许自动的股利再投资。指数基金包括共同基金和 ETF 两类。其中，后者是指在交易所交易的基金。我将在本书的稍后章节中深入分析每一类基金的优点和缺点。现在，你只要记住，ETF 不允许自动的股利再投资，但共同基金却允许这种投资。在这种情况下，共同基金是更好的选择，尽管在某些情况下，ETF 可能更适合你。我将在后面探讨这个问题。

当时，每家大型的共同基金提供商都在提供能满足上述四个特点的低成本指数基金。这些基金都想抓住机会，成为"先知"打赌时选择的基金。最终，先锋领航集团获得了这个殊荣。先锋领航集团是业界翘楚，由约翰·博格于 1976 年创建。

具体来说，巴菲特最终选中先锋 500 指数基金 A 类份额（Admiral Shares）。

他的选择无疑是意料之中的。

第9章
史上最伟大的投资秘诀的试炼之路

一般情况下，我在说"摩根大通就像是撞击地球的小行星，为现代人类的出现创造了条件"，或者说"沃伦·巴菲特在弹奏他的尤克里里，两万人在载歌载舞"时，我用带有些许诗意的表述，目的是生动地阐述某个观点，让大家有好的心情。

可要是我说，"约翰·博格为普通投资者做的一切，要比华尔街里的所有人加起来还要多"，就不是这么回事了。

我是非常认真的。

事实上，当博格在2019年去世的时候，巴菲特曾说过一段名言："如果要树立一座雕像，纪念一个为美国投资者做出最大贡献的人，那么我一定会选择约翰·博格。"当时，博格不仅为投资者节省了超过1 400亿美元的共同基金费用，而且投资者通过使用他提出的被动投资理念，获得了极高的年度投资收益。

你瞧，当博格在1974年创建先锋领航集团时，这家企业秉持一条简单的原则，一条最终让整个共同基金行业陷入困境的原则：如果一只被动管理型、低成本指数基金能反映标普500指数的表现，但并不试图跑赢标普500指数，这只基金的业绩就会一直比主动管理型基金的业绩更出色。这基于以下几个原因：

（1）它会大幅度降低管理费；
（2）它会消除向基金经理支付业绩奖金的必要性；
（3）由于没有短线交易，它会在更大程度上节税；
（4）它会避免主动型基金经理出现非受迫性交易错误，而这类经理为了证明自身价值，一直在努力进行择时交易。

博格的观点并非凭空而来。这个观点响应了保罗·萨缪尔森发出的呼吁。萨缪尔森是世界上最杰出的经济学家之一。他曾经对共同基金行业进行了长达10年的研究。凭借这项研究，他最终获得了诺贝尔经济学奖。该研究揭示了博格一直以来支持却无法真正证明的一种观点：只有傻瓜才会投资共同基金。

现在，多亏了萨缪尔森的研究，真相已大白于天下。

简言之，萨缪尔森的研究揭示了一个无可争议的事实：由于共同基金收取的年度管理费、无谓的交易成本以及必须向主动型基金经理支付的业绩奖金，如果投资者仅买入并持有一只能反映标普500指数表现的被动型指数基金，那么他们的收益会高得多。

可唯一的问题是，当时还没有这样的基金。

投资者如果想要"买入"标普500指数，那么就必须进入市场，每次只能买入该指数涉及的500家公司中某一家公司的股票，而且每一笔交易都要单独支付佣金。仅仅因为这一点，买入被动型指数基金的策略在金融市场上就很难获得收益。尽管如此，还有一个问题就是，买下所有这些股票，得花很多钱。比如，如果买入标普 500 指数涉及的 500 家公司中每家公司的一股股票，仅启动资金就要几十万美元。这笔费用不仅远远超出了普通投资者的承受能力，而且无法建立一种能反映标普 500 指数业绩的投资组合。这是因为该指数中高价股可能会占比过高，低价股可能会占比过低。

要想准确地反映该指数的业绩，就需要更多的资金，还要有一台大型计算机，确保投资组合保持平衡。换句话说，要是没有强大的资金和技术实力，这一切根本无从谈起。

然而，萨缪尔森一直在想方设法解决这个问题。在他与博格交谈后不久，他开始公开向共同基金行业喊话，呼吁共同基金行业集中精力解决其依赖主动型基金经理以及过去 50 年来业绩一直低于平均水平的问题。

萨缪尔森用以下 5 个要点总结了他 10 年来的研究成果：

（1）有大量的相关证据表明，世界上最优秀的基金经理也无法提供卓越的业绩。

（2）虽然会有少数基金经理确实有某种"天赋"，有能力反复跑赢市场大盘，可即使真有这种人，他们也会一直隐藏得很深。

（3）主动型基金经理的业绩之所以相对较差，是因为他们的一切交易活动会产生无谓的交易成本，进而侵蚀该基金的年投资收益率，并缴纳更多税。

（4）虽然我情愿有其他看法，但是我一直看重证据，因此我不得不接受这样一种假设，即大多数投资组合的构建者应该退出市场。

虽然前4个要点是对整个共同基金行业的无情抨击，但是真正让博格倍感鼓舞的是第5个要点，也就是最后一个要点。

（5）一些大型基金至少应该建立一个内部投资组合，以跟踪标普500指数的业绩，这样只是为了建立一种原始模型，以便内部的神枪手能借此来试一试自己的枪法。

这正是博格想要听到的话。

不久后，他正式成立了先锋领航集团。

他花了整整两年时间来完善基金的机制，并使其全新的结构获得了SEC的批准。但当他最终做好这一切时，萨缪尔森读了这个开创性产品的招股说明书：这是一只成本极低的标普500指数基金，既无前端或后端手续费，也无须向主动型基金经理支付业绩奖金。萨缪尔森在一篇广为流传的专栏文章中写道："我真没想到，我的愿望竟然成真了。"

没错，这一切成了现实。

但是，博格付出了那么多，华尔街里其他人的反应却一点也不热烈。

事实上，他们真想私自处死这个"浑蛋"。毕竟，他新推出的指数基金收取的管理费低得离谱，而且根本不收取任何类型的销售佣金。这不就是要让整个共同基金行业无法生存吗？博格其实就是当着他们的面，把标普500指数变成了"武器"——从一个仅仅供基金跟踪的指数转变成一个能够在一次交易中买入和卖出的投资工具。

如果这种新型基金受到市场欢迎，那么它对共同基金行业的影响一定是惊人的。这个行业为了生存下去，将不得不大幅度降低各项费用，而且博格表达的观点（即尽管主动型基金经理各种自吹自擂，但他们管理的基金无法一直跑赢标普500指数）会导致大量资金从他们管理的基金中流出。

他们的担心是完全有道理的。

博格在推出他的新型指数基金后，就开始在全美范围内开展一场巡回演说活动——在他能前往的每个角落，不遗余力地宣传他的三个核心投资理念：

（1）极低的管理费；
（2）不收取前端或后端手续费；
（3）无须向主动型基金经理支付业绩奖金。

博格怀着布道者一般的热情，走进每一家经纪公司、理财公司、财务规划公司以及保险公司，向那些愿意倾听的人宣传他的理念。

只可惜，很少有人愿意听一听他要说些什么。

华尔街收费机器复合体已经开始行动了。

过去几十年来，针对那些敢说真话，说出吸烟有害健康，而且几乎可以肯定的是，吸烟会让人早早进入坟墓这一事实的人，美国最大的烟草公司把抹黑的伎俩用得炉火纯青。华尔街收费机器复合体借用了这种伎俩，开展了一场声势浩大的抹黑行动,针对的就是"卑鄙的"博格,还有他那同样"卑鄙的"指数基金。

在美国各地的报纸、杂志、户外广告牌和电视台上,到处都是广告。某些广告确实令人震惊,尤其是那些专门针对共同基金销售人员的广告。

例如,德弗莱斯公司是华尔街最有声望的基金管理公司之一。这家公司在《华尔街日报》上刊登了一系列整版广告,而且用很大的印刷体刊登了以下口号:

无手续费?想都别想!

这一口号竟如此厚颜无耻。

它像是在说:"告诉先锋领航集团,如果它不愿意像我们那样,向你们收取高得离谱的销售佣金,那么它就该滚蛋,去死吧!"

但那只是开始。

华尔街的高级管理者在努力地对付投资者的"看门人"时,也在更努力地对付投资者。他们要想尽一切办法,阻止公众意识到某只低成本基金的明显优势,也要防止市场上出现一场让所有的人都大声喝彩的"草根运动"。

广告的目标其实极其简单:永远捍卫这样一个神话,即相比于一只能跟踪标普500指数但无法战胜该指数的被动型指数基金,主动管理型共同基金的投资价值要高得多。

从表面上看,他们的核心观点似乎有些道理:

毕竟,如果某只基金的最好表现只是达到平均收益率,那么谁还会花钱买这只基金?我是说,有谁愿意接受平庸呢,对

第9章 史上最伟大的投资秘诀的试炼之路 219

吧？接着他们会解释一通，大谈正是出于这个原因，他们只会聘请世界上最优秀的基金经理。与博格不同，他们不会接受平庸。

毕竟，平庸确实很糟糕。

虽然我的确认同他们的观点的最后一部分，即平庸确实很糟糕，但他们说的其他话都是一派胡言。所有的经验证据都得出了完全相反的结论。这一点尤其体现在萨缪尔森的研究中。他的研究实际上提供了一种解决方案。

你瞧，考尔斯委托他人进行的研究将每只股票的预测表现与这些股票的实际历史表现进行了比较，但不同的是，萨缪尔森的研究将20世纪20年代以来每只共同基金的业绩与标普500指数的历史表现进行了对比。目前，博格已经将标普500指数变成了一种可投资的工具。因此，考尔斯的研究仅仅指出了一个问题，而在结合博格的思想结晶和萨缪尔森的研究后，一整套的解决方案出现了。

但华尔街收费机器复合体仍是一个强大的对手。这个复合体一直在全力以赴地开展一场不间断的广告宣传活动。通过利用与麦迪逊大道上那些同样毫无生气的机构建立起的关系，它把能想到的理由都拿了出来，一心想证明博格的思想结晶一文不值。这些理由纯属子虚乌有。

起先，这场抹黑活动取得了很好的效果。

图9-1描述了华尔街收费机器复合体在先锋领航集团刚成立的10年里如何有效地打压了先锋领航集团。

图 9-1 先锋 500 指数基金的价格（1976—1987 年）

的确，华尔街收费机器复合体表现出色——考虑到博格不愿意付给经纪人哪怕一分钱的销售佣金，经纪人很容易对博格和先锋领航集团感到失望。因此，虽然从投资者的角度来说，先锋领航集团的价值主张可能格外了不起，可对投资者的守门员来说，这一切却没有多大的吸引力，毕竟他们是那个有 50 年历史的系统的组成部分。这个系统靠着收取极高的费用，每年不声不响地榨取客户数十亿美元，但他们带给客户的收益竟然低于平均水平。[1]

接下来就是博格自己面临的挑战了。

说得委婉一些，他没能从金融界那些贪婪的销售人员的角度出发，向他们清楚地解释自己的价值主张。换句话说，由于博格根本不愿意支付他们的销售佣金，可该行业的其他人却给他们支付 8.5% 的佣金。他们推荐先锋领航集团的基金又有什么好处呢？

没什么好处，是吧？经纪人也要吃饭，对吧？

---

[1] 随着互联网的出现，这个系统将被彻底毁灭，但那是 25 年以后的事，毕竟那时的带宽才够大。在当时，通过门户网站直接跟客户打交道完全是天方夜谭。

事实并非如此——至少博格不这么认为。在跟经纪人解释这一切时，博格最喜欢的做法就是假装他是电影《教父2》中的迈克·柯里昂。

在影片中，来自内华达州的参议员吉尔里声称，迈克通过向他行贿，取得了拉斯维加斯某个赌场的营业执照。在长时间冷冰冰的沉默后，迈克回应道："我给你的条件是——一分钱没有，就更别提花钱请你办赌场的营业执照了。如果你愿意自己掏腰包办这件事儿，那么我还真得感谢你。"借用这个例子，博格对经纪人的反对意见做出了回应。如果博格不给他们佣金，那他们靠什么赚钱呢？

当然，在博格的心里，答案是不言自明的：

"你们对客户的诚信义务战胜了你们的自私，这样你们就不会总推荐那些佣金丰厚但业绩糟糕的共同基金。这难道还不够吗？"

虽然这段话难免让华尔街的人生厌，但是先锋领航集团的其他特点让他们更加震惊：先锋领航集团的结构。

出于时至今日仍然让华尔街感到费解的某些原因，博格建立了一种极其无私的结构，那些买入先锋领航集团指数基金的人就成了先锋领航集团的股东。换句话说，博格本人并不是先锋领航集团的大股东，他的投资者才是。

时至今日，先锋领航集团的结构一直保持不变——基金的投资者都是先锋领航集团的股东。最后，这个结构让博格承担了500多亿美元的成本，尽管在他的一生中，他一次也没有为此感到后悔。

事实上，就在他去世前不久，有记者问过他，关于他为先锋领航集团设计的结构，他是否有过遗憾。无论如何，假如他把所有权一直抓在手里，他赚的钱不知要多多少倍。

对此，博格很快用他特有的风格回复道："我现在的身价达到8 000万美元，这笔钱可是我十辈子都花不完的。所以谁在乎呢？"

博格的使命就是为普通投资者创造公平的竞争环境。他一生都在努力完成这个使命。

但这并不能改变一个事实：在20世纪80年代大牛市时期，博格在想方设法确保先锋领航集团维持运转。

接着出现的便是黑色星期一。

突然间，在短短一天内，那种一直让投资者无法看清共同基金行业真相的繁荣假象彻底破灭了。如果没有大规模的牛市，这些基金收取的高得离谱的费用所产生的影响就会暴露无遗。投资者意识到，他们要重新评估自己的选择。

当评估时，他们只有一种选择，尤其是只有一种比所有其他选择更合理的选择：先锋领航集团的那只成本极低的标普500指数基金。

其实证据一直都在那里，但在股票市场崩盘之后，所有投资者（包括散户和机构投资者）似乎才恍然大悟。用他们的话来说，这叫真相大白。随着标普500指数在整个20世纪90年代开始大涨，先锋领航集团的方法显得格外有效。就这样，刚开始资金从主动管理型基金中快速但有序地流出，进入了先锋领航集团的指数基金，后来演变成投资者争相抢购先锋500指数基金。

事实上，让我们简单看一眼图9-2，从1976年至1987年先锋领航集团的指数基金增长乏力。图9-2在图9-1的基础上进行了完善，图中的数据有所增加，补充了1988—2021年的数据。

第9章 史上最伟大的投资秘诀的试炼之路

图 9-2　先锋 500 指数基金的价格（1976—2021 年）

等到巴菲特在 2008 年宣布 100 万美元的赌注时（赌注从原来的 50 万美元变成 100 万美元），先锋领航集团的崛起已经促使共同基金行业发生了翻天覆地的变化，尤其体现在以下四个方面：

（1）费用下降了 50% 以上（而且一直下降，直至今天）。目前，费用已经从 20 世纪 70 年代中期该行业鼎盛时期的极高水平大跌了 80% 以上。但是，我必须澄清一下，这并不是说，你今天就要买入这些主动管理型基金。毕竟，尽管各项费用要低得多，但当你把它们的长期业绩与一个被动管理型标普 500 指数基金进行对比时，你会发现这些基金的业绩其实跟过去一样不尽如人意。

（2）就像"打不过他们，就加入他们"这句谚语所表明的那样，该行业最大的经纪公司和共同基金提供商不得不加入博格的行列，提供自己的低成本标普 500 指数基金。

（3）随着现代互联网的出现，先锋领航集团那种"疯狂的"价值主张就像野火一样在普通股民中蔓延。在没有"守门员"阻拦他们的情况下，先锋领航集团很快就发展成世界上第二大资产管理公司，目前的资产管理规模仅低于贝莱德集团，超过了8万亿美元。

（4）绝不能束手就擒。华尔街将推出一种更新、更激进的基金，最知名的基金经理可以在金融生态系统中某个极其隐秘的角落里为他们最有钱的客户提供有关这种基金的交易服务。在这个角落里，这种基金仍然能神奇地一直跑赢标普500指数，尽管根据所有的证据得出的结论恰恰相反。

难怪，当投资者要求这些知名的基金经理说一说，他们打算如何实现这么了不起的目标时，他们不愿透露任何细节，只是说与一整套复杂的策略有关。这一套策略可以被统称为"对冲"，以便规避市场中的风险。

华尔街把这种新型基金称作"对冲基金"，接着很快围绕这种基金打造了整个基金行业。他们创造了英雄、恶棍，还有非同凡响的人物，而这些人物就像金融界的摇滚巨星一样，激发公众的想象力。

在博格和他的新发明摧毁了共同基金行业后，对冲基金行业就像凤凰涅槃一样，从共同基金行业的废墟中逐渐崛起。就连一向古板的保罗·萨缪尔森也忍不住向共同基金行业的伤口上撒了一把盐。2005年，面对一群共同基金经理和行业销售人员，他轻松地说:"依我看,博格的这项新发明就跟汽车、字母表、谷登堡印刷机、葡萄酒和奶酪一样重要。"

听众的反应如何呢?

从人群中传出一阵阵骚动,多亏了博格,那群仍然震惊不已的听众亲眼看到那些高得离谱的费用化为乌有。最终,先锋领航集团的价值主张变得极有说服力,让人无法否认。正如他们过去担心的那样,一旦这种价值主张逐渐被公众认可,随之而来的便是一大批投资者的出逃。

只有对冲基金行业毫发无损,但这种局面很快就发生了变化。他们已经激怒了"奥马哈先知"。他变得怒不可遏,拿出100万美元来打赌,向对冲基金行业叫板。

赌注真是高得惊人。

对冲基金就相当于华尔街最厉害的基金经理的最后一道防线。当先锋领航集团引领的人民军队重击整个共同基金行业时,那些基金经理面对来势汹汹的敌人纷纷逃跑。但对冲基金无法摆脱"奥马哈先知"的影响。尽管他生性谦恭,但他却是最有影响力的。

他在大庭广众之下提出挑战。泰德·西德斯欣然应战。10年后,一切就会大白于天下。

2008年1月1日,赌局正式开始了。

胜利者最终得到的不只是吹嘘的权利。

第 10 章
黄金三要素

——

到这个时候,我敢说你已经知道谁会赢得赌注。

当然是"先知",他大获全胜!

事实上,他把自信满满的泰德·西德斯"狠狠地揍了一顿"。他不仅赢得了赌注,而且突如其来的两件事再次证明了,巴菲特对对冲基金行业高得离谱的收费,还有同样糟糕的业绩的看法是正确的。

首先,西德斯不到 10 年就认输了。到第 7 年的时候,他已经远远落后了,而且从数学上讲,他根本就不可能赢得赌注。因此,为了避免在剩下 3 年中事态变得更加严峻,他想在 2007 年底体面地退出。只可惜事与愿违,这场赌局不得不持续整整 10 年,最后的获胜者才能把赌注纳入囊中。

其次,等到第 10 年底的时候,两个人的投资结果的差距已经很大了。即使这次打赌只看业绩,不考虑对冲基金经理收取的费用,对冲基金也会被标普 500 指数远远甩在身后,对冲基金的业绩落后了 30%。

这个结果的影响是惊人的。

回想一下,巴菲特打赌的最初目的就是要证明对冲基金经理收取的费用高得离谱,他们根本不可能一直跑赢市场。可这跟说对冲基金经理即使不收取任何费用,也无法跑赢市场有很大的不同。

你看出不同了吗?是很大的不同。

可结果一目了然。

因此,我们现在就更深入地分析一下这场赌局的结果。不管你信不信,从第一年开始,西德斯和他的100只对冲基金实际上处于领先地位。从历史角度来分析这场赌局,虽然你们可能对此有些吃惊,但西德斯一开始的领先完全是有道理的。我在这里想说的是,赌局是在2008年1月1日开始的,而仅在3个月前,雷曼兄弟刚刚宣布破产,这一破产诱发了一场全球金融危机。

随着美国房地产泡沫的破裂,世界各国的股票市场大幅下挫。没有一个国家能幸免,美国也不例外。美国制造了一大堆麻烦,接着把危机扩散到其他国家和地区。

事实上,这正是我之前讲过的内容。我当时说:"过去40年来,高盛和华尔街其他臭名昭著的银行家把冰岛搞破产了,使挪威陷入经济萧条,对希腊痛下杀手,将波兰洗劫一空。"当然,华尔街并没有拿着手枪逼迫其他国家来达到目的。他们劝说这些国家购买了价值数十亿美元的有毒的抵押贷款,然后把这些抵押贷款变成了大规模杀伤性金融武器,还带着一些延时性导火索。这些导火索在2007年第三季度同时被点燃。

结果?

对股票市场而言,2008年是恐怖的一年。这使得西德斯的对冲基金有机会彰显自己的优势。虽然标普500指数的价值下跌了38.5%，但是对冲基金利用它们的优势——对冲风险，大幅度降低了这些基金的损失。

当年，这些基金的价值损失平均仅有24%，从而使西德斯拥有了高出"先知"14.5%的领先优势。

接下来就是第二年了。

就像道指并没有用大约25年才从大萧条中恢复过来一样，标普500指数开始反弹，恢复了它缓慢、稳定、可预测的上升态势。这个过程带给我们一个重要的启示，一个大家可千万不要忘记的启示：

熊市一般不会持续很长时间。

的确，所有投资者（包括业余投资者和专业投资者）对熊市最严重的误解之一就是，他们以为熊市持续时间长、恢复缓慢，要过很长时间才能恢复正常。

可实际上，事实正好相反。

股票市场的下跌通常是剧烈、严重和极其痛苦的，可要是把股票市场的下跌与股票市场的缓慢、稳定且渐进式的增长进行对比，你会发现股市持续下跌的时间不是很长。其实，自1792年签署《梧桐树协议》以来，股票市场缓慢而稳定的增长就变得像钟表一样可以预测了。看一下表10-1，你会明白我的具体意思：

表10-1 熊市和牛市的持续时间（1900年1月—2022年12月）

熊市			牛市		
起始时间	结束时间	持续月数	起始时间	结束时间	持续月数
1900年1月	1901年1月	12	1901年1月	1902年9月	20
1902年10月	1904年9月	23	1904年9月	1907年6月	33

续表

熊市			牛市		
起始时间	结束时间	持续月数	起始时间	结束时间	持续月数
1907年6月	1908年7月	12	1908年7月	1910年1月	18
1910年2月	1912年2月	24	1912年2月	1913年2月	12
1913年2月	1915年1月	22	1915年1月	1918年9月	43
1918年9月	1919年4月	6	1919年4月	1920年2月	9
1920年2月	1921年8月	17	1921年8月	1923年5月	21
1923年6月	1924年8月	14	1924年8月	1926年10月	26
1926年11月	1927年12月	13	1927年12月	1929年9月	21
1929年9月	1933年4月	43	1933年4月	1937年5月	49
1937年6月	1938年7月	13	1938年7月	1945年2月	79
1945年3月	1945年11月	8	1945年11月	1948年11月	36
1948年12月	1949年11月	11	1949年11月	1953年8月	45
1953年8月	1954年6月	9	1954年6月	1957年9月	39
1957年9月	1958年5月	7	1958年5月	1960年5月	23
1960年5月	1961年3月	9	1961年3月	1970年1月	105
1970年1月	1970年12月	10	1970年12月	1973年12月	36
1973年12月	1975年4月	15	1975年4月	1980年1月	57
1980年2月	1980年8月	6	1980年8月	1981年8月	12
1981年8月	1982年12月	15	1982年12月	1990年7月	91
1990年8月	1991年4月	8	1991年4月	2001年4月	119
2001年4月	2001年12月	8	2001年12月	2008年1月	72
2008年1月	2009年7月	17	2009年7月	2020年3月	127
2020年3月	2020年5月	1	2020年5月	2022年12月	30
熊市持续月数平均值=13			牛市持续月数平均值=47		

长期的趋势一目了然。

在股票市场长期稳定的上涨趋势中，时不时会出现一系列持续时间短得多的、严重的股票市场下跌。

自第二年起，每年的赢家就变成了"奥马哈先知"和他的普通指数基金。[1]对你们来说，这一切也是意料之中的事情。实际上，到第10年底的时候，先锋领航集团的标普500指数基金A类份额在扣除一切费用后的总收益率达到了125.9%，而西德斯的对冲基金的净收益率仅有36%。

双方在业绩上的差距竟然达到了89.9%。

此外，在对冲基金带来的所有利润中，有高达60%的利润要么是拿来支付了雇用对冲基金经理的费用，要么是进了泰德·西德斯的口袋。换句话说，他们双方都获得了数百万美元的薪酬，可他们的投资业绩却糟糕透顶。即便他们不收取一分钱费用，他们仍然会输掉赌注，两者的业绩差距达到29.9%。

更糟糕的是，由于各种费用是在每年底收取的，因此这样会大幅度降低长期复利的影响，从而会使基金的业绩进一步降低。比如说，在长达10年的时间里，先锋领航集团的标普500指数基金的年平均复合收益率达7.1%，而对冲基金的年平均收益率仅为2.2%。

事实上，这就意味着，巴菲特在先锋领航集团开设的投资账户每年平均增长7.1%，从而就会有多出的7.1%的资金用于来年的投资。这为收入的增长和每季度分配的股利的增长创造了更大

---

[1] 巴菲特自第二年起，每年都赢，但唯一的例外是第五年。从统计数据上看，双方在那一年可谓势均力敌，收益率都回到了接近12.5%的水平。

的潜力。

因此，当那场赌局最终于2018年结束时，投资西德斯选中的那些基金的100万美元仅取得了22万美元的收益，可投资先锋领航集团旗下的基金的100万美元却获得了85.4万美元的收益。这样巨大的差异是由三个重要的因素引起的。这些因素共同造就了非凡的业绩：

（1）标普500指数的平均投资收益率一直较高；
（2）先锋领航集团收取的费用极低；
（3）长期复利的影响很大。

通过利用这三个强大的因素，你甚至可以在一段时间内把一小笔钱变成一笔大额的储备金。这里的关键词是"时间"。

你瞧，时间是最重要的未知因素。时间会使复利产生一种近乎神奇的作用，尽管事实上它并没有任何神奇之处。这只是基本的数学问题。

有个典型的例子，就是那个由来已久的思想实验：你拿到一分钱，每天增加一倍，30天后，你就会成为百万富翁。实际上，我记得第一次听到这句话时的情形。我根本不相信。我拿出了一支笔和一张纸，赶紧算了起来。

等我算到第10天的时候，我自言自语道："这根本就办不到。我只得到了10美元。我已经算了三分之一了。我怎么可能得到100万美元呢？"等我算到第20天的时候，我更相信那根本不可能了。

我自言自语道："这完全是一派胡言！现在只剩下10天了，我只有大约5 000美元。我根本不可能最后计算出100万美元。"

接着，神奇的事情发生了。

等我从第 20 天向第 30 天算的时候，数字开始疯狂地增长。

我永远也不会忘记我当时看到的一切（见表 10-2）。

表 10-2 复利计算过程

第 1 天 0.01 美元	第 11 天 10.24 美元	第 21 天 10 485.76 美元
第 2 天 0.02 美元	第 12 天 20.48 美元	第 22 天 20 971.52 美元
第 3 天 0.04 美元	第 13 天 40.96 美元	第 23 天 41 943.04 美元
第 4 天 0.08 美元	第 14 天 81.92 美元	第 24 天 83 886.08 美元
第 5 天 0.16 美元	第 15 天 163.84 美元	第 25 天 167 772.16 美元
第 6 天 0.32 美元	第 16 天 327.68 美元	第 26 天 335 554.32 美元
第 7 天 0.64 美元	第 17 天 655.36 美元	第 27 天 671 088.64 美元
第 8 天 1.28 美元	第 18 天 1 310.72 美元	第 28 天 1 342 177.28 美元
第 9 天 2.56 美元	第 19 天 2 621.44 美元	第 29 天 2 684 354.56 美元
第 10 天 5.12 美元	第 20 天 5 242.88 美元	第 30 天 5 368 709.12 美元

我完全惊呆了。

我当时肯定反复算了十遍，想要搞清楚这里到底有什么隐情。可并无法现什么隐情。这其实是我第一次接触复利增长。这种增长能把少量的资金，神奇地变成数百万美元。

就连伟大的阿尔伯特·爱因斯坦也对这种不可思议的事情产生了浓厚的兴趣——复利刚开始似乎增长得非常缓慢，可接着会突然一路猛涨。他曾把这种现象称作"世界第八大奇迹"。他有句名言是这样的："懂得复利的人就会赚钱，不懂的人就会赔钱。"

在以下两个方面，他说得完全正确：

（1）复利的作用确实非常强大。

（2）复利是把双刃剑，既能让你赚钱，也能让你赔钱。

例如，你想没想过，为什么信用卡公司都不希望你在月底时还清全部欠款？事实上，他们会在心里祈求你千万别还清。

为什么？因为未付信用卡余额的利息是按日复利计算的。

换句话说，在每天结束时，前一天的利息会添加到你全部的未付余款中。这样一来，余款就会又增加一些，结果会造成下一天要付的利息增加一些。整个过程就是这样开始的——缓慢而隐蔽。很快，你会感到疑惑，心里一直在想，当你一年多都没买一双新袜子时，你的信用卡怎么能欠这么多钱？

这就是可怕的"雪球效应"——雪球慢慢地向山下滚去，每转动一圈会粘上一点儿雪，雪球越来越大，从而使雪球的表面积变得更大，所以在下一次转动时会粘上更多的雪。起初，这没什么大不了的，毕竟雪球刚开始很小。雪球要滚动好一阵子后，你才会察觉到它的变化。可等到那个时候，雪球就好像一下子变得非常大，能撞倒路上的一切，当然也包括你。

如果你对复利有错误的认知，这就是后果：在你搞清楚一切之前，你就已经身无分文了，而且对自己的财务状况的完全失控，你会感到困惑不解。事实上，搞清楚这一切并非难事——你只需在数学上明确一点，即长期复利会产生一种对你极为不利的神奇效果。

当然，正如爱因斯坦指出的那样，复利也同样会对你非常有利。要做到这一点，有三个关键变量可帮助你充分利用长期复利，甚至把刚开始的一小笔投资变成一大笔储备金。

（1）你的投资组合的年投资收益率：你的投资组合的年投

资收益率与其复利率之间存在直接关系。具体来说，随着投资收益率的增长，复利率也会增长；随着投资收益率的下降，复利率也会下降。就拿西德斯来说，他的平均投资收益率达到了 2.2%，低得可怜，几乎完全抵消了复利的影响。相反，巴菲特的平均投资收益率高达 7.2%，足以推动长期复利的大幅度增长。

（2）**你的时间通道**：复利周期越长，效果就会越显著。在经过足够长的一段时间后，你就会达到所谓的"后期阈值"。在这个时候，你的投资收益就会开始呈指数级增长。对于标普 500 指数基金这样的资产，"后期阈值"出现在大概第 25 年，并且在第 25 年以后急剧增长。例如，30 年后，仅仅 1 万美元的投资就会带来超过 36.5 万美元的收益，而 40 年后，仅仅 1 万美元的投资就会带来 120 万美元的收益。[1]

（3）**你对于追加投资的决心**：对一个已经获得复利收益的投资组合，人们会经常追加投资。这就好比火上浇油。用华尔街的行话来说，在现有的头寸基础上经常增加少量资金，这就是所谓的"定投"。当你把这种做法用于像标普 500 指数基金（其年均复合收益率达到了 10.33%）这样的资产时，它对你财务状况的影响简直令人难以置信。还拿上面的例子来说，假如你在自己最初 1 万美元的投资中每个月增加 100 美元，那么 30

---

[1] 此次计算假设存在股利的再投资，标普 500 指数在过去 100 年来一直保持着 10.33% 的年均投资收益率。

年后，你的资产会多于36.5万美元，最终会有72.3万美元；40年后，你的资产最终可以达到240万美元，而不是120万美元。

这就是所谓的黄金三要素的真正力量。

黄金三要素：

- 标普500指数的年均收益率达到10.33%；
- 长期复利的影响；
- 定期用现金追加投资。

要始终记住，由于复利需要很长一段时间才能充分发挥作用，绝大部分利润来自到达"后期阈值"之后，因此，如果你只有一小笔钱用来投资，那么很难想象会投资成功。但你如果不采用这个行之有效的策略，被引诱采用最新的股票投资建议，总想着赚快钱或频繁使用杠杆，就会赔得精光。

这正是人们拼尽一生努力赚钱，不断有人说服他们搞各种投资，但最后却没赚到钱的主要原因之一。结果他们丧失了养家糊口的能力，也无法过上轻松体面的退休生活。

但事情不必如此，至少现在不必了。

你可以重新把自己未来的经济大权掌握在自己手里，让自己和自己的家人过上更好的生活。这一切都要从博格的创意产品入手——无手续费、低成本的标普500指数基金，它的存在甚至让最小的投资者也能发挥黄金三要素的强大威力，还能调动起美国

500家规模最大、最好、最赚钱的公司的集体力量。

事实上,在你购入任何份额的标普500指数基金那一刻,立刻就会出现四件意想不到的事情:

(1) 你成了目前该指数涉及的500家公开上市的公司的所有人。
(2) 因为你的投资涉及目前推动美国经济发展的所有关键行业,所以你的投资组合实现了充分的分散化。
(3) 随着该指数为业务遍布全球、30%的收入来自海外业务的跨国公司的股票所主导,你的投资组合会在全球市场内实现分散化。
(4) 目前标准普尔公司的3.2万名员工都在替你工作,目的是确保指数涉及的每只股票都有资格留在指数中。

想得到这样利润极其丰厚的回报,你要花多少钱呢?

那要看你选的是哪只指数基金了,如果你最终选定了我极力推荐的先锋500指数基金A类份额[1],那么每年的费用占总投资的0.04%。

就美元而言,这意味着你每投入1万美元,每年要交4美元的费用。没错,只要4美元。

这一切好得令人难以置信,是吧?

确实令人难以置信!奇怪的是,这的确是真的。

---

1 这本书中所有关于指数基金和债券基金的推荐是作者乔丹·贝尔福特的个人建议,仅供参考。——编者注

实际情况会更好。

当你"拥有标普 500 指数"时，标普 500 指数就不只是一堆滑过电脑屏幕的闪烁的数字和字母。你有权分享美国 500 家利润最丰厚的公司的利润的一部分，尽管它可能微不足道。总体来说，这些公司代表着数万亿美元的价值，包括价值数十亿美元的设备、库存、专利、版权、商标、专有工艺以及现有的供应链，而通过供应链，原材料和成品能够以具有成本效益的方式在全世界自由地流动。

接着你会拥有大量的人力资源，而这些公司经过多年人才招聘，才煞费苦心地积累下这些人力资源。例如，目前，构成标普 500 指数的股票所属的 500 家公司的业务遍布 150 个国家，员工总数超过了 3200 万。很多员工都拥有高学历并经过专业培训，如果要找到同样的员工，就要花上数百万美元，用上好多年时间，毕竟他们个人和团队的综合经验具有无可估量的价值。

日复一日，这些遍布全球的员工为你工作，而每个人都是一台运转良好的机器中的零件。这台机器就是要增加利润，提高股东价值，并最终将这一目标体现在公司的股价及其股利的规模上。

但这仅仅是个开始。

除了该指数代表的一切艰辛努力和聪明才智，过去一百年来，这个指数之所以能成为可靠的投资对象，从根本上讲是因为构成该指数的股票所属的公司在不断变化。

具体情况如下：

标普指数委员会每季度召开一次会议，以确保两个关键结果：

（1）在目前构成该指数的股票所属的 500 家公司中，每家公司都一直是代表该公司所处经济部门的发展状况的最佳选择。

（2）在总共10个经济部门中，每个经济部门依据其目前在美国经济中的占比得到了比较合理的权重。

例如，当标普500指数首次于1957年发布时，工业公司的股票在该指数中的占比极高。当时，在构成该指数的股票所属的500家公司中，有425家公司属于工业企业，而医疗保健、金融和信息技术行业的公司总共只有17家。

当然，如今的指数权重几乎完全相反，三个股票权重最大的行业是信息技术、金融和医疗保健，而一度占主导地位的工业企业的股票的权重目前已经跌至底部了。而在中间位置，你会发现所有的消费品（还可再分成必需消费品和可选消费品）公司的股票，接近底部的是能源、房地产、公用事业和材料行业的公司的股票。

实际上，当某家公司要么财务状况大不如前，要么无法代表其所在的经济行业时，指数委员会就会用更能代表该行业的公司的股票取而代之。毕竟，至今仍安排美国最大的四轮马车制造公司的股票成为指数的一部分好像没有什么意义。美国过去40年来一直向中国和世界其他国家及地区转移生产基地，在此之后，工业企业的股票在指数中的占比大幅增加也是情理之中的事情。

从本质上讲，当你买入标普500指数基金时，你是在拿整个美国经济的成败作为赌注。

的确，尽管美国经济存在诸多缺陷和弱点，但是实践证明，美国经济有十足的韧性，一直是世界其他国家和地区的灯塔。你可以看一看标普500指数自1923年成立以来的长期表现图。当时，该指数每周仅发布一次。你们可以把这张图打印出来，贴到墙上，往后退几步，然后马上就能看清它的长期趋势了：

一路上涨！

为了给大家省一省麻烦，我在下面附上图10-1：

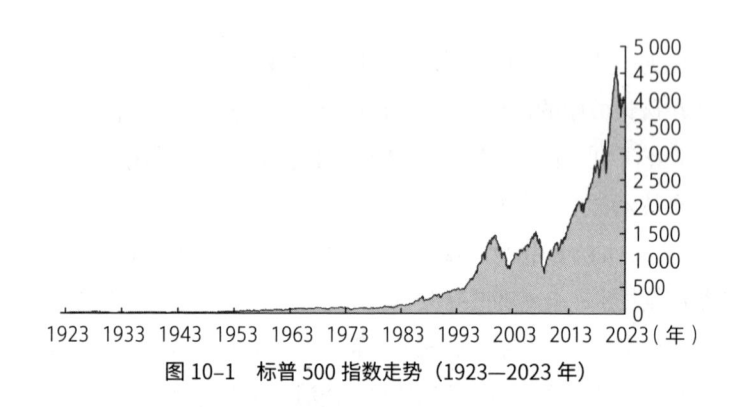

图 10-1　标普 500 指数走势（1923—2023 年）

沃伦·巴菲特在伯克希尔-哈撒韦公司 2017 年的年度致股东信中，对整体情况做了完美的总结。对泰德·西德斯最终认输这件事，他写道：

多年来，经常有人向我询问投资建议。在回答他们的问题时，我对人类的行为有了深刻的认识。我一般会建议他们买入低成本标普 500 指数基金。值得称道的是，我的那些并不是很富裕的朋友往往都能接受我的建议。

然而，我相信，那些富豪和财大气粗的机构或养老基金在听到上面那个建议时根本没有行动起来。相反，这些投资者礼貌地感谢了我提出的建议，转而去听某个收费很高的基金经理的诱人建议，机构投资者会找到另一种超级帮手，也就是所谓的"顾问"。

最后，从巴菲特的建议中可以提炼出四个简单的问题。每个投资者在考虑让某个"专家"管理自己的资金之前，都应该问一问自己下面这四个问题：

（1）我如果自己管理这笔钱，那么预期每年能获得的投资收益率有多大呢？
（2）我如果让某个"专家"管理这笔钱，那么预期每年能获得的投资收益率会增加多少？
（3）这个所谓的专家会收取我多少咨询费？
（4）在从他们"声称的"投资收益中扣除专家收取的各种费用后，让他们管理我的钱还有意义吗？

我们现在逐一分析一下这些问题的答案。

（1）我如果自己管理这笔钱，那么预期每年能获得的投资收益率有多大呢？既然你知道了世界上最伟大的投资秘诀，那么你有理由相信，标普500指数未来将继续保持其过去100年来的优异表现。换句话说，平均投资收益率会接近10.33%。
（2）我如果让某个"专家"管理这笔钱，那么预期每年能获得的投资收益率会增加多少？

这里有一个发人深省的数据：在任何一年里，仅有25%的主动管理型基金跑赢了大盘；在长达10年的时间里，几乎没有基金跑赢大盘，而且真正能实现这一目标的基金也不是普通投资者能买到的。

(3) 这个所谓的专家会收取我多少咨询费？要是看一看上面的答案，你就会觉得咨询费实在太高了。

(4) 在从他们"声称的"投资收益中扣除专家收取的各种费用后，让他们管理我的钱还有意义吗？毫无意义！

大家明白了吗？

我猜你明白了——至少现在明白了。

其实，当你读到这儿的时候，这一点已不言自明。

然而，你在开始读本书之前，很可能还不是那么清楚这个道理。

毕竟，华尔街收费机器复合体对投资者进行了彻底的洗脑，让他们深信主动投资才是最佳的选择——他们应该一直留在桌边，像傻瓜一样玩游戏，继续像温顺的绵羊一样被人不紧不慢地剪羊毛。

既然你如今意识到这个世界上最伟大的投资秘诀，那么你为什么还要听华尔街收费机器复合体的话，还要相信那些自私自利的一派胡言呢？换句话说，你或者任何一个头脑清醒的投资者，为什么要花钱请某个"专家"管理自己的资金呢？本来，你只要用手头的钱投资一只能跟踪标普500指数的免佣指数基金，你的投资收益就会高得多。

谁也不会听信那些鬼话，对吧？你也不会！

现在，你在读这本书之前，让某个"专家"来管理你的资金倒也无可厚非。假如你对这个世界上最伟大的投资秘诀一无所知，你很可能会获得极为惨淡的收益。

事实上，过去 30 年来，主动型投资者能实现的年均收益率仅为 4.0%，而标普 500 指数的年均收益率可达 11.86%。而且，如图 10-2 所示，你不难看出，即使在最好的年份，主动型投资者的收益其至比低成本的标普 500 指数基金的"被动"收益少得多。

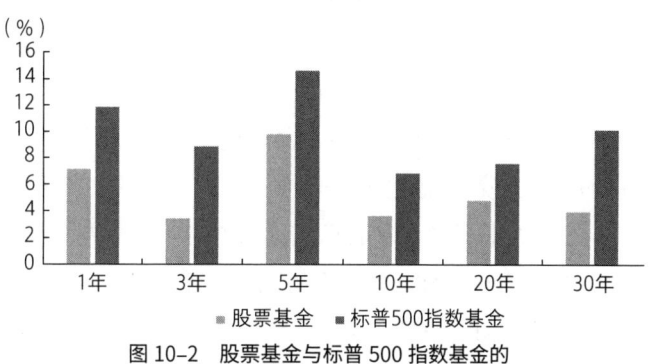

图 10-2　股票基金与标普 500 指数基金的年化总收益率

如果算上长期复利的影响，那么这多出来的 7.86% 可以带来改变人生的巨大差异，但前提是你要有足够的耐心，等待"后期阈值"的出现。到那个时候，以美元计价的投资组合的价值才会真正开始大涨。

具体来说，如果年均投资收益率为 11.86%，就需要 22 年才能达到"后期阈值"，然后年收益就会出现指数级增长。这并不是说，你不会得到多出来的 7.86% 的经济收益。我要说的是，要想把这一小笔钱变成一大笔储备金，需要很长一段时间。你要一直保持耐心，要始终相信一点：即使你坐在那儿什么也不干，复利本身也能创造奇迹，让你成为富翁。

但这里还有一个小问题。

人类天生不是被动的生物。我们是主动的生物，天生要与周围的环境进行交流，以得到我们想要的东西，得到更好的结果。过去6万年来，这种积极主动的本能根植于我们的基因之中，对我们非常有用。

事实上，就像伟大的汉尼拔将军早在公元前218年说过的那样，"要么找到一条路，要么开辟一条路"。当时，他指的是骑着大象，翻越阿尔卑斯山，向罗马发起偷袭。他的军事顾问认为，这根本就是天方夜谭，但他不这么想。他知道，只要愿意采取大量的行动，人类就能做到他们一心想做成的几乎所有事情。

今天，汉尼拔的这句名言已成为励志巡回演说的一大主题。这说明，为了实现目标，做一个行动派是多么重要。对这个前提，我举双手赞同，并且在我自己组织的活动中分享这一理念。然而，作为一个例外，这条铁律不适用于投资。

在投资中，采取大量的行动会导致一场灾难。

当然，这并不是说，主动投资永远不会有好的结果。有的时候，投资者会大获成功，体内多巴胺激增，得到丰厚的回报。但可惜在随后的20年里，他们将多次体会多巴胺激增的感觉，他们在这个过程中会把以前赚的利润赔光，然后在这个过程中再赔些钱。

这里的要点是，就投资而言，过于频繁地行动完全没有意义。虽然投资确实需要某种程度的行动，例如开设账户、选对指数基金、对税费做出合理的安排，还要定期采取其他行动（我将在后面给大家说明），但是你越是背离基本原则，后果就会越严重。

保罗·萨缪尔森凭借其获得诺贝尔奖的论文的核心论点，也就是前面提到的有效市场假说（EMH）证明了这一点。从本质上讲，在成熟的股票交易所（例如纽约证券交易所、纳斯达克证券交易所）交易的股票，不仅一切相关的信息都是可获得的，而且这些信息的影响会反映到每只股票的价格中。正因为这一点，要想跑赢大盘，每次选股都会极其困难，即便是世界上最成功的投资者也不例外。一般来说，资产的频繁交易和转移其实弊大于利，而从长远来看，用资金投资被动的低成本指数基金要好得多。

因此，这里有一个不容忽视的问题：毫无疑问，过于频繁地交易会造成投资收益率的下降。那么，为什么华尔街反而建议投资者频繁地交易呢？

答案是显而易见的：因为他们想赚更多的钱。

就对冲基金而言，过于频繁地交易背后的原因是显而易见的，也是可以被理解的：需要证明自己存在的价值。毕竟，对冲基金经理不能向投资者解释，他们拿了2%的管理费和20%的业绩奖金，而他们所做的只是买入标普500指数，然后把股利进行二次投资。

他们如果这么做，就会受到严厉的惩罚，最后被解雇。

就股票经纪人而言，他们的动机会略有不同。这取决于过于频繁的交易活动与更高的佣金之间的关系。这种关系是股票经纪人获得收益的主要方式。这就是所谓的"赚佣交易"。出现这种情况的原因是，经纪人的利益与客户的利益并不完全一致。想想看，谁会笑到最后？

经纪人。

需要说明的是，我并不是说，每个基金经理和经纪人这样做都是出于个人利益。在很多时候，我相信，经纪人和基金经理真的认为，他们进行的所有买入和卖出交易最符合客户的利益，而且最终会带来高于平均水平的业绩。可到头来，这一切却都成了白日梦。这是因为他们根本逃不出有效市场假说的数学现实，而且一个基金经理要想一直跑赢大盘几乎是不可能的。

被动投资的趋势已经开始了。

过去20年来，投资者的投资策略从收费高、回报低的主动投资，转向投资收费低、注重长期收益的被动型指数基金。

图10-3说明了这一点：

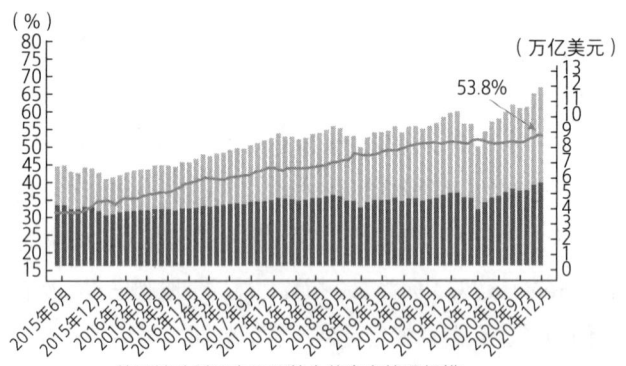

■ 美国被动型国内股票基金的资产管理规模
（截至2020年12月，资产规模为6.241万亿美元）
■ 美国主动型国内股票基金的资产管理规模
（截至2020年12月，资产规模为5.352万亿美元）
—— 被动型基金占美国国内股票基金的比率

图10-3　2020年12月被动型基金占美国国内股票基金的53.8%

数据来源：彭博社。

目前在构成标普500指数的公司的股票中，全部流通股中有接近25%由指数基金持有，比2000年的3%高出很多。现在有几十种选项可供选择。而且，得益于约翰·博格带来的金融福音,几乎每家大型基金公司都推出了自己旗下的低成本指数基金。这种基金不仅能跟踪标普500指数的表现,还能跟踪其他著名的指数的表现。例如,先锋领航、贝莱德、富达和嘉信理财等大型基金公司推出了数千种不同的指数基金。这些基金可以跟踪一切,涵盖大盘股、小盘股、国债、新兴市场、各类大宗商品、关键经济行业等。

一般来说,你会发现这些基金采用以下两种结构中的一种:

(1) 共同基金;
(2) 交易所交易基金,简称ETF。

这两种结构比较相似,因为它们都属于集合投资证券,通过进行一次简单的交易,你就可以很快在某个资产类别中实现多样化。

然而,对于共同基金,你只能通过发行共同基金的投资公司来买卖份额。而ETF可在中心化的交易所进行交易,而且交易方式与股票完全一样。

就以先锋领航集团(既提供共同基金,又提供ETF)为例,如果你想买入其中一只共同基金的份额,那么这笔交易最终就必须由先锋经纪服务完成(可能会在这个过程中向你收取佣金)。相反,假如你买入了一只先锋领航集团的ETF的份额,那么你的经纪人直接去交易所就能完成这笔交易,而不论你的经纪人是否在先锋工作。

此外,由于ETF的份额在公开市场上交易,其价格会在整个交易日波动,只要市场是开放的,交易就可以进行。但对共同基金的交易只有在闭市,并且资产净值由其所属的投资公司自己计算后才可进行。

除了极少数的例外情况，这两种结构对你同样有效。投资者能像进行其他股票交易一样买卖 ETF，这种简单性本身就使 ETF 深受投资者喜爱。事实上，自 ETF 于 1993 年首次出现以来，这类基金就经历了飞速的增长，参见图 10-4。

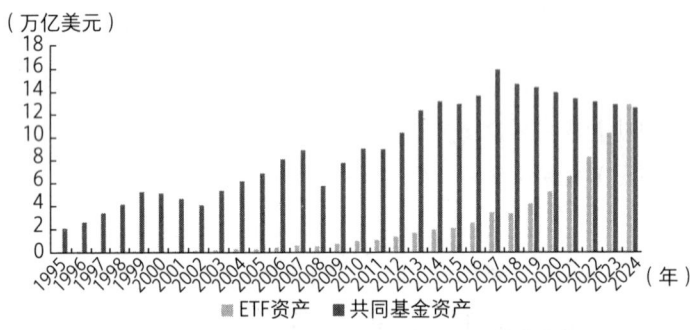

图 10-4　1995—2024 年 ETF 资产与共同基金资产

数据来源：ETF.com，美国投资公司协会，慧甚公司。

不管你最终选择哪一种结构，在选择某只指数基金时要考虑四个要点：

（1）**费用比率**：由于所有标普 500 指数基金的业绩相差不大，因此决定一只基金净收益的因素将是它的费用。通常，指数基金的费用比率应该是极低的，几乎可以忽略不计。这是由于费用只会流向基金的总维护费中，而不会流入那些总想要跑赢大盘的、拿着高薪的基金经理的口袋里。

（2）**最低投资额**：这不仅对初次基金投资，而且对后续基金投资都很重要。记住，为了发挥黄金三要素的作用，你要随着时间的推移一直增加仓位。在这种情况下，你要确保最低投资额不会超出自己的预算。

（3）**提供的其他金融产品**：虽然标普500指数基金应占据你的投资组合的主要部分，但是该指数基金不能构成你的投资组合的全部。根据你的实际情况，你通常想要持有两三种其他关键仓位，以便实现最大的投资收益，进一步降低风险。[1]在这个方面，选择一家能提供各种不同投资产品的基金公司是很有好处的，这有助于完善你的投资组合。

（4）**过往业绩**：这一定与某只基金的成立日期，而非该基金的业绩有关。该基金的业绩应该与跟踪标普500指数的其他指数基金的业绩相同。一只基金向公众发售的时间越久，该基金就越可靠，不过，由知名的基金公司发售的新基金也是一个非常安全的选择。

两种结构中哪种更适合你？

答案是，取决于你的投资目标。

在充分发挥黄金三要素的作用方面，共同基金在结构上要比ETF略有优势，这有以下两个原因：

（1）共同基金，允许你买入不足1份额的共同基金，这样

---

[1] 在某些极少见的情况下，标普500指数基金不太适合某个投资者的投资组合。最常见的原因是投资者的投资期限短（不足一年）。我将在后面的章节中更深入地分析这一点。

你就能容易地每月实施定投策略了，即每个月在你的账户里存入 100 美元。我在本章的前面讲过这个问题。相比之下，ETF 要求你至少要买入 1 份额（目前均价为 394 美元），这给希望进行小额、频繁投资的投资者带来了很大的困难。

（2）你只需勾选相应选项，便可通过共同基金自动进行股利再投资。相比之下，ETF 要求你在公开市场购入更多的 ETF 份额，借此来完成股利的再投资。虽然有些 ETF 会自动进行股利的再投资，但是这些 ETF 无法提供 1 份额以下的购买选项，因此你仍然会遇到同样的问题：缺少足够的资金来买入 1 份额（或者在你真的买入后，剩下的钱少得可怜）。

鉴于此，你如果决定选择购买共同基金，那么不要错过以下三个很好的选项：

先锋领航集团的 500 指数基金 A 类份额：由于先锋领航集团是该行业中历史最久、规模最大的低成本指数基金提供商，我认为先锋领航集团是最佳的选择。而且，除了标普 500 指数基金，先锋领航集团还推出了 800 多种不同的金融产品，其中大部分产品拥有市场上最低的费用比率，这可以使投资者完全有条件建立充分多元化的投资组合。

- 交易代码：VFIAX
- 费用比率：0.04%

- 股利收益率：1.49%
- 资产管理规模：6 860 亿美元
- 最低首次投资额：3 000 美元
- 最低后续投资额：50 美元
- 成立时间：2000 年 2 月

富达投资公司的 500 指数基金：这只基金的成本超低，既无最低首次投资额要求，费用比率又比先锋领航集团的基金要低。它满足所有的条件。而且，像先锋领航集团一样，富达投资公司为投资者提供各种不同的低成本金融产品，从而有利于投资者构建多元化的投资组合。

- 交易代码：FXAIX
- 费用比率：0.015%
- 股利收益率：1.26%
- 资产管理规模：3 993.6 亿美元
- 最低投资额：0 美元
- 成立时间：1988 年 2 月

嘉信理财公司的标普 500 指数基金：与富达投资公司的 500 指数基金在费用比率和投资要求方面类似，嘉信理财公司的标普 500 指数基金也是一个很好的选择。

- 交易代码：SWPPX
- 费用比率：0.02%

- 股利收益率：1.58%
- 资产管理规模：583.8 亿美元
- 最低投资额：无
- 成立时间：1997 年 5 月

如果你们中有人希望能开展更活跃的交易，那么很可能出于下列原因选择 ETF：

（1）ETF 全天交易，而且能像普通股票一样轻松地交易。相比之下，共同基金每天只在闭市后交易一次。而且，你可能要支付佣金，除非你通过最初发行共同基金的投资公司来交易。

（2）对于短期投资者来说，ETF 往往更能节税。这样一来，无论在短期内，还是在长期内，税后收益都会大幅度提高。

你如果决定选择 ETF，那么可不要错过以下三个很好的选项：

道富资本公司的 SPDR 标普 500 ETF：道富资本的 SPDR ETF 被职业交易员称作"蜘蛛"，是市场上历史最久、规模最大的基金。虽然该基金已经不再是最便宜的基金之一，但是凭借每日大量的交易，该基金的交易成本从长期来看有望下降。因此，如果你计划进行活跃的交易，那么该基金最终可能是你可选择的成本最低的基金。

- 交易代码：SPY
- 费用比率：0.095%
- 股利收益率：1.6%
- 资产管理规模：3 670 亿美元
- 最低投资额：1 份额（目前价格为 394 美元）
- 成立日期：1993 年 1 月

先锋领航集团的标普 500 ETF：尽管该 ETF 的交易历史仅有 10 年，但仅凭该基金是由先锋领航集团发行的这一点，我们便可确定这是一个很好的选择。该基金有足够的交易量，可满足任何流动性需要。因此，它无疑是你的最佳选择。

- 交易代码：VOO
- 费用比率：0.03%
- 股利收益率：1.6%
- 资产管理规模：2 650 亿美元
- 最低投资额：1 份额（目前价格为 394 美元）
- 成立日期：2010 年 9 月

安硕公司的核心标普 500 ETF：安硕不仅是过去 20 年间的行业领军企业，而且是贝莱德集团的旗下公司。贝莱德是全球最大的资产管理公司。凭借较低的费用比率和每日大量的交易，该 ETF 成为另一个很好的选择。

- 交易代码：IVV

- 费用比率：0.03%
- 股利收益率：1.6%
- 资产管理规模：3 010 亿美元
- 最低投资额：1 份额（目前价格为 394 美元）
- 成立日期：2000 年 5 月

不管你最后选择的是 ETF，还是某只传统的共同基金，两者的差异相对较小，而相比之下，两者的一个相似点却要明显得多：你只要买一次，便可立刻成为美利坚合众国 500 家规模最大、最好、最赚钱的公司的股东。标准普尔公司的指数委员会密切监督每家公司的运营状况，并在任何一家公司要么名声扫地，要么对其所在的经济行业的代表性下降后，随时准备选择另一家公司取代这家公司。该委员会会打出一套有力的组合拳，而这套组合拳在投资界的力度是无人能及的。

尽管实践证明这个策略非常有效，但要提醒大家的一点是：不要把所有的资金都投进去。如果要构建一个真正世界一流的投资组合，也就是既有可能获得最大的长期收益，还能尽量降低中短期风险的投资组合，你就必须使自己投资组合更多样化一些。

下一章，我会告诉大家具体应该怎么做。我将深入分析资产配置的技巧，还会再回头看一看费尔南多和高蒂塔的生活。

构建一个能完全满足自身需要的世界一流投资组合其实是非常简单的。因此，在我带领费尔南多和高蒂塔走整个流程时，我希望大家能一直在旁边静静地观察。

第11章
费尔南多和高蒂塔的反击

———

真是难以置信！我心想！

我的妹夫费尔南多仍有点金术……

新公寓更大了，餐厅更气派了，位置更优越了，景色更壮观了。所有这一切都足以证明，我的妹夫在不幸闯入有鲨鱼出没的短线交易这个水域，未能成功地择时交易后，他完全有能力在经济上重整旗鼓。我心想，他可真行啊！当然啦，高蒂塔也不例外。

晚上8点出头，我坐在他们崭新的公寓的餐厅里，带领他们学习资产配置的技巧。在一年多前的那个决定命运的夜晚，我努力搞清楚他的投资组合损失惨重的原因。得益于他的金属加工生意，还有高蒂塔做房地产销售得到的佣金，他们才能攒够钱，买下这么漂亮的新房子。这套新房位于布宜诺斯艾利斯最尊贵的街区，占据了那幢闪闪发光的拉丝铝板大厦的整个第31层。置身于这幢大厦，人们可以欣赏到拉普拉塔河的壮丽美景。克里斯蒂娜和我在超过30分钟前来到这里。这个地方真的太棒了。

我刚刚解释了世界上最伟大的投资秘诀——讲述了一个名叫

约翰·博格的男人如何把标普500指数变成可投资的工具，然后以极低的价格将其提供给普通投资者，从而给了整个共同基金行业一记重击。总的来说，其他投资都无法与之相提并论。

为了强调这一点，我给他们看了图11-1。图11-1比较了过去100年间美国全债券收益指数和标普500指数的收益率。[1]

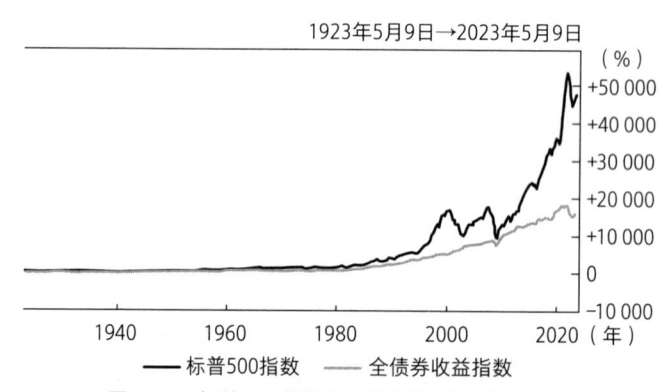

图 11-1　标普 500 指数和全债券收益指数的收益率

数据来源：美国联邦储备经济数据库。

这里的要点很明确：

从长远来看，投资美国500家最大的公司比投资优质债券更有利可图，而且两者的收益率之差平均每年略高于7.5%。我曾通过那个可爱的翻译，告诉费尔南多和高蒂塔："想必你们都知道，要是考虑到长期复利，7.5%会产生很大的影响。例如，考

---

[1] 图11-1重点描述了由资金实力强、违约风险较低的政府、市政当局和公司发行的投资级债券。低质量的债券被称为垃圾债券，是由资金实力弱、违约风险高得多的公司发行的。为了补偿这种较高的风险，垃圾债券要比投资级债券支付高得多的利率。

虑到你们的年龄和收入水平,当你们准备退休时,你们会很轻易地拿到几千万美元。"

克里斯蒂娜突然停止了翻译。"真的吗?"她问道。

"当然是真的!要想赚大钱,你只需要有一点儿耐心,其实要很有耐心。要是他们的账户上最初有10万美元,他们每个月往账户里存入1万美元,而且上面两笔资金都在他们的预算范围内,30年后他们的账户里就会有1 300万美元,40年后就会有超过4 000万美元。"我稍稍停顿了一下,便于他们理解我说的话,"当然了,前提是标普500指数的增长会维持其长期的平均水平。考虑到该指数过去100年来的走势,我觉得这个目标不难实现。"

"哇——好的。"克里斯蒂娜说道。我的话引起了她的兴趣。"噢,我希望我们也能做到那一点。"她又说道。接着,她耸了耸肩膀,开始翻译我刚才说过的话。

显然,她的翻译非常出色,是因为15秒后,费尔南多转向高蒂塔,用西班牙语对高蒂塔说:"就这样吧!我受够了所有其他那些狗屁东西。将来我的钱都要投到标普500指数基金里。"说完这句话,他朝高蒂塔微微一笑,满脸的自信。高蒂塔翻了翻白眼,耸了耸肩,好像在说:"眼见为实!"

具有讽刺意味的是,不管费尔南多是否打算兑现他向高蒂塔做出的承诺,他突然要把全部资金投向标普500指数基金的决定存在一大问题。具体来说,这个决定完全背离了所谓的MPT(现代投资组合理论)。这个理论是自1952年以来投资组合管理的"金科玉律"。

作为诺贝尔奖得主的经济学家哈里·马科维茨的思想结晶,该理论几乎从被马科维茨提出的那一刻起,便席卷了投资界。

这个理论基于两个核心理念：

（1）在所有条件相同的情况下，投资者更喜欢在一定的收益率下，风险最低的投资组合。
（2）与投资组合中任何资产相关的风险不可能被在真空中计算，毕竟投资组合中的其他资产会对风险产生很大的影响。

让我逐一分析一下这两个理念。

（1）在所有条件相同的情况下，投资者更喜欢在一定的收益率下，风险最低的投资组合。

假设这样一个场景：

你有两种方法来实现预期10%的年收益率。一种方法不稳定且风险大；另一种方法稳定且有保障。

这里有一个简单的问题：你个人会选择哪一种方法呢？

你的答案是显而易见的：你每次都会选择那种稳定且有保障的方法。

你给出的理由更是显而易见的：只要是头脑清醒的人，如果无法得到更大的回报，那么有谁会愿意承担更大的风险、接受更大的不确定性呢？

答案是：没有人。

如果有选择，投资者在一定收益水平下总会选择风险最低的投资组合。这是个很简单的逻辑。

（2）与投资组合中任何资产相关的风险不可能被在真空中计算，毕竟投资组合中的其他资产会对风险产生很大的影响。

让我们将这个场景称作"双投资组合记"。

在第一个投资组合中，两种各占一半的同等风险的资产类别总会同时上涨或下跌。在第二个投资组合中，两种各占一半的同等风险的资产类别一种上涨时，另一种下跌。

这里有一个简单的问题：哪一个投资组合的风险低一些？

你的答案是显而易见的：无疑是第二个投资组合。

你给出的理由更是显而易见的：由于第二个投资组合中的两种资产类别一种上涨时，另一种下跌，因此那种一路下跌的资产类别的损失至少在一定程度上会和那种一路上涨的资产类别的收益抵消。

这是个简单的概念。

现在，要是你回忆一下前面章节的内容，这些不同的资产类别用华尔街的行话来说，就是"无关联的"，而最常见的例子就是股票和债券。例如，当整个股票市场一路上涨时，整个债券市场往往会一路下跌。这里有个关键词，那就是"往往"。换句话说，两种资产类别并不是完全"无关联的"。[1] 有时，它们会同时上涨或下跌。这就像 2022 年的情况那样，利率在十多年来一

---

[1] 分析师使用浮动范围来描述不同程度的资产关联性。该范围为从 +1 至 −1，其中 +1 代表着资产始终同时沿着相同方向变化，而 −1 代表着资产始终同时沿着相反方向变化。

直保持接近零的水平后，美联储开始大幅提高利率。这就像是一个橡皮筋被过度拉伸后，这两种通常无关联的资产类别会突然回弹，开始同时沿着相同的方向变化，也就是开始下跌，这会在无数投资者中引发严重的金融恐慌。

然而，需要说明的一点是，这种同向变化是例外情况。

要是你看一下过去 100 年来每 5 年的变化，你会发现没有一个 5 年期出现了股票市场和债券市场同时下跌的情况。因此，要想有效管理投资组合中的风险，股票和债券是很好的组合。

因此，意料之中的是，资产配置中使用的两大资产类别其实就是股票和债券，还有远远排在第三位的现金和现金等价物[1]，例如信用违约互换（CDS）和货币市场基金。此外，还有其他资产类别可用来进一步完善投资组合。这方面的例子包括房地产、大宗商品、加密货币、私募股权本和艺术品等。

但是，一般来说，这里的两大"主力"是股票和债券。它们通常会在一个管理有方的投资组合中占约 90%，而每种资产类别的占比取决于每个投资者在风险和收益上的偏好。

例如，某个投资者如果想要降低自己投资组合的风险（而且情愿接受更低的收益），就会降低股票相较于债券的比例，直到达到他希望的风险和收益水平。

相反，他如果想要增加投资组合的预期收益（而且情愿接受更高的风险），就会提高股票相较于债券的比例，直到达到他希望的风险和收益水平。

---

[1] 此处所说的"现金"并不是你口袋里的冷冰冰的现金，而是银行账户里的现金或现金等价物。

这是一个简单的逻辑。

事实上,通过将简洁性和灵活性有机地结合起来,现代投资组合理论格外吸引投资者。仅需调整投资组合中股票和债券的占比,就能实现预期的风险和收益水平。

鉴于此,我对费尔南多说:"我欣赏你的热情,但不管标普500指数多年来的收益率有多高,你还是不应该用所有的资金投资该指数。你得分散自己的资产。我敢说,你们都听说过那句老话,不要把所有的鸡蛋放在一个篮子里。"

克里斯蒂娜停止了翻译,说道:"当然,那是西班牙语。它是《堂吉诃德》里的一句名言。"

"太好了!"我答道,"噢,看得出,你们都知道这句名言!就个人而言,我觉得没有比这更有道理的话了。这句话不仅适用于投资,而且适用于人生的方方面面。就拿维托里奥来说。顺便问一句,维托里奥在哪儿呢?"

"就在你身后,"克里斯蒂娜说,"他正在玩iPad(苹果公司生产的平板电脑)呢。"

我转过头,没错,他就在那儿。他正坐在地板上看一部西班牙语动画片。我望着他,发现他正在自言自语,每个字都说得很清楚,连个音节都没落下。我心想,对一个两岁的孩子来说,这简直太了不起了。接着,我回头朝向餐桌,说道:"那好,当维托里奥将来有一天要上大学的时候,他不是要申请一所大学,而是要申请好多所大学,这样才能保证他至少能进入一所大学,对吧?这里的逻辑其实很简单,友谊也不例外。在你的一生中,你不会只想有一个朋友,而没有其他朋友。为什么?因为,如果你和你仅有的朋友的关系出了问题,那么你想再找个人出去逛一逛都办不到。"我停了一下,好让克里斯蒂娜把这段话翻译完。

大约10秒后,就像克里斯蒂娜一样,费尔南多和高蒂塔都在点头表示赞同。太好了,我心想。我接着说:"不管怎样,我可以不停地举出各种例子。毕竟这一点确实很重要。我是说,就拿摩门教徒来说,有些浑蛋有三四个老婆,而他们对这种生活似乎都挺满意。更别提几亿个精子追逐一个孤独的卵子在进化层面的诸多好处……"当我继续大谈摩门教一夫多妻制的生物学意义时,我发现我妻子的面部表情从困惑不解,到不知所措,再到完全充满敌意。更糟糕的是,我还没来得及拦住她,她已经开始把我说的话翻译给高蒂塔了,而且是一字不差地翻译了出来。

不一会儿,费尔南多开始大笑起来。

可只是那么一会儿。高蒂塔死死地瞪了他一眼,他连忙停下了。

接着,他看了我一眼,耸了耸肩。

为了缓和这种尴尬的局面,我用一种和事佬的口吻对克里斯蒂娜说:"听着,你们完全没抓住重点。我想说的是,虽然标普500指数是高度分散化的指数,毕竟它是由500家公司的股票组成的,可构成该指数的只有股票,而股票总体上在一个篮子里,一起上涨或一起下跌……正因如此,我不希望你把所有的鸡蛋都放在一个篮子里!"太好了!我心想。一个句子里有两个篮子。我得救了。我继续说:"这才是我想表达的意思!你们就是爱断章取义。"

"我们没有断章取义,"克里斯蒂娜怒气冲冲地说,"真正令人不快的是你后面说的那段话。"她转向高蒂塔,可还没等我反应过来,她就开始翻译起她刚才跟我说的话。

"没错！"高蒂塔赞同道，"确实令人不快！"接着，她以轻蔑的口吻补充道："不要把所有的鸡蛋放在一个篮子里。噢，拜托了！"

"说得没错，"克里斯蒂娜表示赞同，"他纯属胡说。"

"好吧，我知道了。跟高蒂塔说，我向她道歉。我不提摩门教徒了。我们接着谈资产配置吧。"

克里斯蒂娜跟高蒂塔说了几句话。高蒂塔听完后就喋喋不休起来，她很可能也就说了20来个词，但我完全听不懂。现在，姐妹俩好像激烈地争论起来了。这场争论似乎持续了很长时间。最后，克里斯蒂娜望着我，说道："好吧，高蒂塔原谅你了。"

我看向高蒂塔，发现她的脸上露出一副满意的表情。我们俩的目光交会。她点了一下头。

"好的，"我微笑着说，"那就翻篇了。我们接着说……"说完那句话，我在接下来的几分钟里细致地讲解了MPT这个概念，还有怎样才能把两种无关联的资产类别混合，以降低投资组合的短期风险，并提高它的长期收益率。

"所以，虽说我不建议你把所有的钱都放在标普500指数基金这个篮子里，但考虑到你的年纪和收入水平，你投资组合的80%都应该放在标普500指数基金里。剩下的20%应该放在某只优质债券基金里。"我稍稍停了一下，思忖了一下自己刚才说的话。我接着说："这里的前提是，你们已经攒够了生活费，以应对可能出现的紧急情况。你的生活费应该够6个月到12个月用。否则，你得从全部投资中把那部分生活费预留出来，然后按80∶20把剩下的钱分别投资。"

"你是说实实在在的现金吗？"克里斯蒂娜问道。

"不，不是现金，"我答道，"尤其是阿根廷比索。我想，如今阿根廷每年的通胀率大约是100%。你问问费尔南多，他知不知道通胀率有多高。"

克里斯蒂娜望着费尔南多，问道："费尔南多，现在通胀率有多高？"

费尔南多耸了耸肩，说道："大概超过150%了。"

"天哪！"我嘟囔着，"真是涨疯了。你们这些人怎么活啊？餐馆是不是每天都得改变菜单上的价格？"

"一天三次，"高蒂塔轻松地说，"欢迎来到阿根廷，乔丹！这里是世界上唯一无法按揭买房的国家，但要是买电视，银行会提供长达五年的贷款。这里的一切都在倒退。"

真有意思，我心想。对于生活在这里、希望按MPT办事的人来说，这的确是个不小的挑战。他们要遵循的最根本的生存法则是，以现金和现金等价物的形式，预留6个月到12个月的生活费，以免自己哪天失业或遇到其他突发性事件，不得不自掏腰包以解燃眉之急。一个人如果不需要供养家人，预留出6个月的钱就够了。但是如果有家人，那么他很可能就要预留出12个月的"保障金"。此外，他恐怕不能再冒太大的风险了。如果真到了紧要关头，他就应该能从投资组合的其他资产中拿出钱来应急。

当然了，在美国做到这一点并非难事。人们有很多金融产品可以选择，而且通胀率处在很低的水平。但在阿根廷，你如果把现金都放在银行里或者把比索藏在床垫下面，等到每个月月底的时候，就会损失掉2/3的钱。毋庸置疑，这不是一个好的选择。

鉴于此，我说："哦，那可真有些烦人！我想，在这种情况下，对你们来说，最好的选择就是让一家名为先锋领航的经纪公

投资之狼　　264

司来打理你们的投资。你们可以在网上开设个账户，这个过程很简单。这一账户就会成为处理各项业务的一站式商店。比如，投资组合中的现金部分，你们就可以将其投向先锋领航集团的某只货币市场基金。"我稍稍停顿了一下，好让克里斯蒂娜把我说的话翻译完。我继续说："让高蒂塔把先锋领航这家公司的名字记下来。我希望她能开设个网上账户。我建议他们买入的指数基金是先锋500指数基金A类份额，其交易代码是VFIAX。这只基金无疑是最适合他们的。"

克里斯蒂娜点了点头，开始翻译起来。

没过一会儿，高蒂塔开始在她的苹果手机上打起字来，她打字的速度简直就像杰克兔一样快。刚一打完字，她就说："乔丹，接着说吧！"

"好的，高蒂塔。"接着，我转向克里斯蒂娜说道，"我建议他们买入的下一只基金是先锋全市场债券指数基金。跟上只一样，这只也是A类份额，不是普通基金。"

"为什么要选A类份额？"克里斯蒂娜问道。

"因为它们的费用稍低一些。这样的话，每年年底的时候，就会有更多的钱落入费尔南多和高蒂塔的口袋里，而不是先锋领航集团的口袋里。不过说句公道话，先锋领航集团所有产品的费用都很低。"

"如果A类份额更合适，那么为什么并非每个人都买它呢？"克里斯蒂娜追问道。

"这个问题问得好，"我答道，"答案是，它们有最低投资额要求，为3 000美元，对有些人来说，那不是个小数目。"

"明白了，"她答道，"我跟他们解释一下。"

当克里斯蒂娜忙着翻译的时候，我不由得想起了去年的那些事……尤其是那个时刻……当时高蒂塔用冷冰冰的目光盯着费尔南多。此刻回想起来，那是一段让人倍感心酸的回忆。费尔南多在交易中赔了9.7万美元，但他对此一副满不在乎的样子。在他看来，那点儿损失不值一提，毕竟他们还比较年轻，加上他们也挺能赚钱的。如今，费尔南多似乎在某种程度上证明了自己是对的，这套超棒的新公寓就是最好的证据。但是，放眼望去，公寓里一件家具都没有，而这无疑证明高蒂塔也没错——9.7万美元的损失可不能不被当回事。其实，当我们刚到他们家的时候，高蒂塔说起家里没摆家具这件事时，她的口吻带有几分自嘲的意味。她说："要是你们现在让我倒立，然后使劲晃我，我敢说不会有一个子儿从我身上掉出来。"显然，她的话有些夸大其词。毕竟，他们之所以今天晚上让我们到他们家来一趟，是因为他们想重建自己的投资组合。所以，情况能有多糟糕呢？不会很糟糕，我心想。

"相差7.5%。他认为，这不符合你前面提到的黄金三要素。他的想法对吗？"

突然，我意识到克里斯蒂娜在问我话。可除了知道与黄金三要素有关，我完全不清楚那究竟是什么。于是我说："他的什么想法？"

"他担心的事！"克里斯蒂娜连忙说，"他喜欢黄金三要素，但他担心投资债券会使他的收益降低太多。"克里斯蒂娜稍稍停顿了一下，像是在想自己刚才说过的话。克里斯蒂娜接着补充道："我想他说的是这个意思。他的担心有道理吗？"

"的确如此，"我答道，"完全有道理。"

事实上，费尔南多的担心不仅合情合理，而且凸显了人们对现代投资组合理论的最大误解——如果为了对冲下行风险，用一定比例的资金投资债券，这样会使投资组合的收益出现同等程度的下降。换句话说，鉴于标普500指数的历史收益率达到10.33%，远高于债券市场的历史收益率4%，那么在你用20%的资金投资债券，从而得以规避下行风险后，你的投资组合的年收益率会出现令人无法接受的大幅下跌吗？

从表面上看，人们可能会这么想，可事实并非如此。

由于你在使用某种无关联的资产类别进行对冲，因此你最终会通过短期保护而获得丰厚的非对称利益。换句话说，任何特定的债券配置对投资组合的长期收益的影响并没有它带来的短期保护那么明显。

如表11-1所示，你不难看出在行情最差的年份，不同的债券配置为投资组合提供了多大的保护，以及会给投资组合带来多少损失。

表11-1 基于股票/债券配置的最大年损失率及年均收益率（1926—2012年）

配置	最大年损失率（%）	年均收益率（%）
100% 股票	-43.1	10.0
80% 股票/20% 债券	-34.9	9.4
60% 股票/40% 债券	-26.6	8.7
40% 股票/60% 债券	-18.4	7.8
20% 股票/80% 债券	-10.1	6.7
100% 债券	-8.1	5.5

注意，如果用20%的资金投资债券，那么投资组合的年均

收益率仅会下降 0.6%，同时最大年损失率会下降 8% 以上；如果投资债券的资金达到 40%，那么投资组合的年均收益率仅会下降 1.3%，同时最大年损失率会下降 16.5%；如果投资债券的资金达到 60%，那么投资组合的年均收益率仅会下降 2.2%，同时最大年损失率会下降约 25%。

显然，在所有这三种情况下，与行情下跌时债券配置提供的短期保护相比，债券配置对年均收益率的影响相对较小。

现在，需要说明的是，我并不是说你应该仅仅为了有趣而提高债券在投资组合中的占比。相反，你应该投资适当比例的债券，正好就行。

这让我不由得提出一个含金量很高的问题：

对你来说，什么样的资产配置计划才合适呢？

伟大的约翰·博格曾指出，从以往的经验来看，年龄可以作为依据。换句话说，你如果 30 岁，就可以把投资组合中 30% 的资金配置到债券中；你如果 40 岁，就是 40%；你如果 60 岁，就是 60%，以此类推。

当然了，这只是起点。

在提出适当的资产配置计划之前，所有的投资者（包括你）都要问一问自己以下四个问题：

（1）我的财务目标是什么？
（2）我的投资期限是多久？
（3）我的风险容忍度如何？
（4）我目前的财务状况如何？

我们先逐一分析一下这些问题。

我的财务目标是什么？

千万要记住，你很可能会有不止一个财务目标。你的资产配置计划需要准确地体现这一点。例如，你的主要目标是为退休存些钱，但你可能还想攒够买一套新房所需的首付或供孩子读完大学，也可能你想创业，或者买辆新跑车，或者进行环球旅行。

你会有数不清的财务目标，从最无私和最崇高的目标，到最自私和最堕落的目标，但到头来，这个问题的答案其实无对错之分。那是你自己的钱，你当然有权决定该怎样支配它。但关键的问题在于，有些目标可能是短期的，因此在你制定资产配置计划时，你要考虑到这一点，毕竟债券更适合较短的投资期限。在此基础上，我们就要谈一谈下一个问题了。

我的投资期限是多久？

要想准确地回答这个问题，你得回头看一下第一个问题的答案，然后估算出每个目标的实现日期。例如，如果你的第一个目标是为退休存些钱，那么你打算多少年后退休呢？

你的第二个目标呢？第三个目标呢？

你打算什么时候买新房子？供孩子上学呢？创业呢？

如果这些目标在不足三年到五年就要被完成，那么你确实需要提高债券的配置比例，降低股票的配置比例。

事实上，你只需看一眼图 11-2 就行。从图 11-2 中可以看出，过去 100 年标普 500 指数在不同投资期限内的表现。

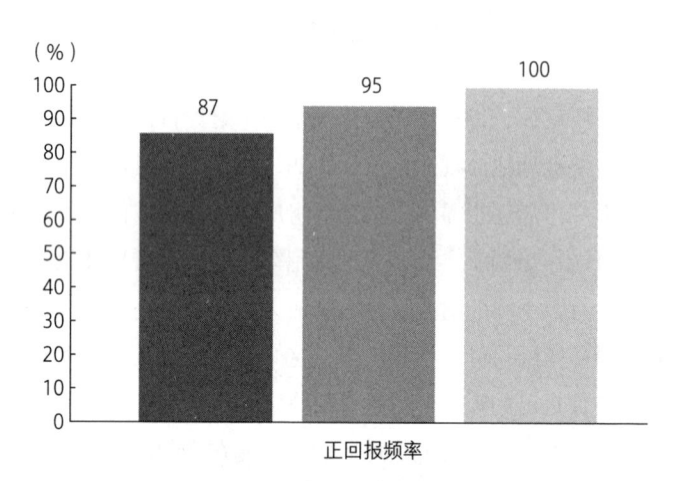

图 11-2 标普 500 指数的前瞻性年化收益率在不同投资期限内的正回报频率（从 1920 年 1 月到 2020 年 12 月）

此处有几点需要强调一下。

首先，从 1920 年至 2020 年的任何 20 年内，标普 500 指数从未出现过负回报，即使大萧条那段时期也不例外。

从 1920 年至 2020 年的任何 15 年也是如此。

那么 10 年期呢？

在大多数情况下，答案是一样的，不过在一个 10 年期，也就是大萧条期间，该指数下跌了 1%。尽管这自然不是投资者希望看到的结果，但这个跌幅也不至于把任何一个投资者逼入绝境。这个 10 年也是个例外。在其他情况下，标普 500 指数都实现了正回报，10年期的平均收益率接近11%。

那么1年期呢？

标普500指数一直在上涨吗？

没有，完全没有！

在情况最糟糕的那一年，也就是1931年，当美国身陷大萧条的泥潭之中时，该指数大跌了48%。更糟糕的是，该指数在1929年下跌了20%，在1930年再次下跌了25%，三年内总共下跌了90%。

需要说明的一点是，这并不是历史上唯一一次股票市场连续多年遭受重创的情况。这种情况也出现在2000年3月互联网泡沫破裂之后。在三年内，以科技股为主的纳斯达克指数狂跌90%，标普500指数也大跌了50%。

现在试想一下，假如你在互联网股崩盘之前的几周把所有的资金都投入了股票市场，而且你必须在24个月后供女儿上大学，接着女儿考上了哈佛。你会对她说什么？"哦，亲爱的，别担心！我们当地的社区大学也不错！"更可怕的是，这是个真实的故事——我有好几个朋友，他们先不缴那年的预估税，而把钱投到了股票市场里。你猜猜，出什么事了？没错，你猜对了。那年股票市场暴跌，他们根本没钱缴税了，甚至有个面色凝重的美国国税局（IRS）稽查员前来敲他们的家门。

这就是即便优质股也不是特别适合较短的投资期限的原因。这并不是说，你不能持有这种股票，而是说你还要将足够多的资金配置给债券或现金，这样才能防止不测。

我的风险容忍度如何？

在某种程度上，如果涉及资产配置，这是你会被问到的最重要的问题。为什么？那是因为，你如果无法正确地回答这个问题，当下一次股票市场暴跌时，就会陷入一种极为不利的境地，即努力抵挡在市场底部恐慌性抛售的冲动。这就是"睡眠测试"发挥作用的地方。（没错，事实真的如此！）

睡眠测试是什么？

简单地说，考虑到你的投资组合中目前有不同类别的资产，如果市场低迷，你晚上能睡着吗？对于这个问题，如果你的回答是否定的，那么你当前的资产配置计划并不适合你。你需要调整这个计划。

如何调整？

由于不了解具体情况，我只能说，你最好先提高投资组合中债券相对于股票的占比，尽管从历史上看债券的收益率比股票要低一些。否则，你最终就只能听任自己的冲动的摆布，在下一个熊市的底部卖出股票。

如果你觉得我有些言过其实，那么请你暂且迁就一下我，设想自己身处这样一种困境：2000年3月1日，你用所有的资金投资了纳斯达克综合指数，而两周后，互联网泡沫破裂了。你该怎么办？作为一个投资新手，你根本不可能预料到这种事情会发生，尤其是像吉姆·克莱默这样的人一直在告诉你，要把钱全投到股票市场。毕竟当时的情况是，股票市场一路高歌猛进，似乎没有尽头。

可现在你完蛋了。一切都完了。你只能为这一切买单了。

在一个月内,市场就如同一块石头一样下跌,而且持续下跌。不久后,CBNC 上的那些专家改变了论调,大谈什么好事到头了,来势汹汹的熊市开始了。更令人愤怒的是,吉姆·克莱默装出一副无辜的样子,好像他上个月根本没说过那些话。现在,他也改变了论调,说你们这样的投资者最好暂且作壁上观,毕竟市场看上去风险很大。可你不能袖手旁观啊!就是在听了这个浑蛋的建议后,你把全部钱都投进去了。那么,你该怎么办呢?

可能你首先要坚强点儿。但可惜情况越来越糟,股票市场持续大跌。当第一年结束时,你的股票跌幅已经超过 22%。

你完全蒙了。

你的财务状况糟糕透顶。你的心情坏到了极点。你怒气冲冲。这一切无休无止。市场不可能永远这样暴跌下去,对吧?

嗯……那要看你怎么理解"永远"了。

你还记得图 11-2 吗?

对大多数人来说,股票市场中"永远"的定义与他们相对于净资产的亏损程度成反比。具体来说,亏损程度越高,"永远"就会越短。因此,在来势汹汹的熊市中,任何超过六个月的时间似乎对大部分人来说就是"永远"。最后,他们卖掉了股票。

明白我的意思吗?

归根结底,很少有投资者能承受如此高的风险,他们把钱都投到了股票市场里,往往难以忍受如此低迷的市场。说实话,我接到过几个好朋友打过来的不下十个电话。他们在互联网泡沫破裂前的几个月，把所有的钱都投到一路高涨的纳斯达克指数中。但是，我目睹他们一个接一个地在底部出逃。他们只能承受这么多，他们接着会开始自言自语道："虽说我现在还剩下一点儿钱，但我宁愿忍痛退出，也不愿意看着市场继续跌下去。这该死的行情不适合我！"就这样，他们在市场底部恐慌性抛售，最后几乎赔得精光。

相反，我有几个朋友的投资组合的风险等级处于合理范围内，他们就没有遭受那么多的损失。那是因为他们持有的债券减弱了股票市场下跌所带来的冲击。虽说他们的资产在账面上也缩水了（在互联网泡沫破裂后，没有任何投资组合能幸免于难），但是他们承受的损失要少得多。这样一来，他们的处境在感情层面要可控得多。因此，最后他们就能挺过这场暴风雨，等待股票市场出现好转。股票市场果真出现了好转！这需要一点儿时间——纳斯达克指数用了5年，标普500指数用了3年。但像以往一样，市场的长期走势依然是上升的。

我目前的财务状况如何？

这会对你的资产配置计划产生多方面的影响。如果你的年收入相当可观，比如为100万美元，甚至更多，对与股票占比很大的投资组合相关的频繁波动，你应对起来就会容易得多。毕竟，你如果有能力迅速弥补自己目前蒙受的损失（账面上的），想长期坚持下去就要容易得多，而不至于在市场下次大跌时恐慌性抛售。

从某种意义上说，这正是费尔南多敢于不管不顾地搞投机，但晚上仍然能安然入睡的原因。他自己心里清楚，凭借他每年的收入，即便投资组合完全赔光，他也不会遭遇最严重的财务后果。因此，尽管他赔钱的时候可能会有些沮丧，但是在他晚上躺在床上时，他没有浑身冒冷汗，也没有自言自语道："我现在到底该怎么办？我现在连给家里人买食物的钱都没了，我们全家人将来就要流落街头了，维托里奥的 iPad 最后也得落到他们的手里。"显然，他能从容面对自己的损失，而且会对自己这样说："噢，确实糟透了。我今年得加把劲儿工作，把赔的钱都赚回来，尤其是如果我想买那套豪华的新公寓，站在那套新公寓的窗边能欣赏到拉普拉塔河的壮丽美景。"

你明白我的意思吗？

相反，如果有个人几乎都付不起账单了，目前濒临破产，那么在下一次熊市出现时，他更有可能因一时恐慌而抛售自己持有的股票，这是因为他遭受的损失（账面上的）对他的影响严重得多。

或者，当投资者极其富有时，他们的首要目标通常会从收益最大化转向资金保值。换句话说，他们看重的不是自己能赚多少钱，而是他们会赔多少钱。这自然无可厚非。毕竟一个非常富有的投资者可以用全部资金投资优质债券基金，然后靠利息过上无忧无虑的生活。但这并不是说，大部分富有的投资者都会这样做。事实上，他们不会这样做。这类投资者大多会选择一种均衡的投资组合，尽管为了实现资金的保值，他们更青睐债券，而非股票。

相反，一种更常见的情况是有一个比较年轻的投资者。他在职场中工作了几年，拥有光明的前景。在这种情况下，他必须考虑自己的工作类型，以及这份工作提供的退休福利类型。例如，如果他在一家大型公司工作，而且公司实行的是一项积极的401(k)养老金计划，那么他在配置投资组合中的其他资产时可能会显得更激进一些。相反，如果一个投资者是自由职业者或连续创业者，他在规划自己的投资组合计划时很可能会更保守一些，毕竟除了自己的智慧和意志，他没有其他本钱。

这里的要点是：你既然理解了 MPT 这个概念，需要做的就是回答上面提到的四个问题。你会发现，建立完美的投资组合其实非常简单。

为什么？

这是因为投资组合的至少 90% 是由两种核心仓位组成的：

（1）低成本标普 500 指数基金（我已经解释过这一点了）；
（2）低成本投资级债券基金（我马上解释这一点）。

这就是为什么在对付华尔街时，以其人之道，还治其人之身其实很容易。

你需要做的就是千万别把投资组合搞复杂了。

让我暂时回到"乏味的旧债券"上，填补几处空白。

谢天谢地，我已经跟大家说了债券运作的基本原理，也解释了为什么债券比股票更安全。因此，我现在就直接切入正题，坦率地讲一讲这些狡诈的债务工具的本质，与挑选出某些股票，然后择时交易一样，在债券上搞这一套也是白费工夫，甚至是灾难性的。这是出于以下三个原因：

（1）债券极其复杂。研究清楚债券，把债券的所有细枝末节吃透需要好多年时间。即便你弄清楚了，债券中也充满了定时炸弹和各种陷阱，你很容易视而不见它们，结果会付出惨痛的代价。是谁设下了这些定时炸弹和陷阱？不用说，当然是华尔街收费机器复合体。华尔街收费复合体为什么这样做？就是要搞垮你！这就是原因。因此，绝对不能让华尔街收费机器复合体得逞。

（2）职业债券交易员以心狠手辣闻名。他们为了能多赚些钱，很乐意吸引你的注意力。然后，他们会回到自己的豪宅，呼呼大睡。业余投资者如果跟这些交易员对着干，那么几乎可以肯定，最后只会以失败告终。看到你痛哭流涕的样子，这些交易员会很开心的。

（3）目前市场上有大量的优质债券基金。这些基金的费用极低，既无前端手续费，也无后端手续费，并且易于购买。考虑到这些优点，既然世界上一流的基金公司愿意给你提供一个由专家精心设计的投资组合，而且你几乎不用付出成本，那么你或者其他所有人到底为什么要费尽心思挑选债券呢？（对此，你也得感谢约翰·博格！）你肯定不会费力挑选，千万不要。

例如，对于投资期限超过五年的投资组合，最佳选择无疑是先锋全市场债券指数基金A类份额（VBTLX）。该基金的费用比率仅为0.05%，该基金持有大约6 000只投资级债券，平均到期日为五年。如果你的投资组合的投资期限不足五年，那么我建议你选择先锋短期债券指数基金A类份额（VBIRX）。当然，由于该基金所持债券的平均到期日较短，因此它的年均收益率要比前者大约低33%（该基金的年均收益率是2.19%，前者的年均收益率是2.95%）。

如果有人更喜欢别的解决方案，那么投资组合SPDR综合债券ETF（SPAB）和嘉信理财公司的美国综合债券基金ETF（SHCZ）都是投资期限超过五年时的极佳选择。可要是投资期限不足五年，道富资本的短期公司债券ETF（SPSB）和安硕公司的核心1～5年期美国债券ETF（ISTB）要合适得多。

需要说明的一点是，除了我上面提到的基金，还有其他一些不错的基金。这些都是评级很高的基金，我就不在这里一一列举了。你可以登录晨星网站。在这个网站上，你会发现各种不同的基金，浏览这些基金完全能让你头晕眼花。但你始终要记住的一点是，选择任何一只指数基金，关键是要确保费用比率很低，而且不收取前端手续费或后端手续费。如果你在选择基金时把握住这两个方面，而且选择评级很高的债券基金，那么你的投资要出问题都很难。

如果你好奇我为什么不提某些更"机密的"债券，例如那些高收益债券（也就是垃圾债券）、免税市政债券、非美元主导债券和TIPS（通胀保值债券），原因如下：

（1）由于垃圾债券的风险大，而你在投资组合中配置债券的目的就是对冲风险，因此，你有什么理由在投资组合中加入垃圾债券？事实上，垃圾债券更像是股票，而不是优质债券,因此配置垃圾债券与你购入债券的目的大相径庭。所以,还是让职业债券交易员来处理垃圾债券吧!别把时间浪费在这种债券上。

(2)市政债券有时确实是不错的选择,毕竟这类债券是所有债券中税费最低的(投资这种债券,可免缴联邦、州和市的各类税费)。然而,像所有其他投资一样,世界上没有免费的午餐。所有为你提供高收益的市政当局并不是出于一片善心才这样做的。它们之所以这样做,是因为它们不得不这样做,也就是说,这些市政当局很可能即将破产或者濒临破产。我的建议是,不要把时间浪费在这些债券上。

(3)非美元主导债券会使用外币偿付你的本金和利息。这就是说,除了债券的信誉,你还需要考虑一点,即货币贬值问题。换句话说,由于你将以外币的形式获得本金和利息,如果这种外币相对于美元贬值,那么你该怎么办呢?答案是,等你最后卖出债券时,你获得的额外利息可能会被货币的贬值部分蚕食掉。因此,我建议远离这些外表光鲜的外国债券。

(4)TIPS其实是一种很不错的产品,在某些投资组合中占有其应有的一席之地。但这种债券很可能不适合你。其实,这样说有些不公平。我的意思是,当你拥有更多的财富时,你很可能希望把债券配置进行细化,以便将TIPS纳入其中。TIPS的运作机制就是根据通胀过热或过冷的程度,调整向你支付的利息以及(最后的)本金。从长远来看,相比于非通胀保值债券,

TIPS的收益率会稍高一些，当然这种差距今天看来非常小。因此，最后要说的是，除非你的投资组合的规模确实很大，否则，如果用美元来计算，那么投资TIPS的意义并不大。

总而言之，虽然有很多不同的债券供你选择，但是大部分债券并不值得考虑，这是因为它们不能给任何投资者带来额外的利益，除了华尔街收费机器复合体中某个从一开始就把他那双肮脏的手放在这些债券上的走运的成员，通过说服某个毫无戒心的可怜人买这些债券，从而获得巨额的承销费。也就是说，最好的方法就是坚持"KISS"原则，即"保持简单，傻瓜"。这就意味着，"你需要确保这一切很简单，毕竟这是傻瓜都懂的道理"。或者，它也可能意味着，"听着，你这个大傻瓜！你别毫无道理地把事情搞得这么复杂，尽量让事情简单些，好吗？"

不管是哪一种解释，就选择债券基金而言，你的目标就是要让一切尽可能地简单。就这么简单。

鉴于此，什么样的资产配置计划适合你呢？

答案是"视情况而定"。我这样说，并不是有意含糊其词。

例如，如果你问一位无意欺骗你的理财顾问，他会告诉你，最常见的资产配置方案是用60%的资金投资股票，用40%的资金投资其他资产。

但这只是一个开始。

此外，你还要考虑到约翰·博格提出的那个公式，即投资组合中债券的占比应该等于你的年龄，而且最关键的一点是，对于上面提到的四个问题，你的答案是什么。只要你把这三方面都考虑在内，再加上必不可少的常识，制订一个符合你的目标、风险容忍度、投资期限和当前财务状况的配置计划，其实并不是一件太难的事情。

例如，就费尔南多和高蒂塔而言，我如何得出股票和债券的配置比例是8∶2这个结论？

答案，1/3靠科学，1/3靠艺术，1/3靠猜测。

这里的"科学"就是要以6∶4为依据，然后再考虑到他们相对年轻，而且工资较高这一点后，将比例变成7∶3。这里的"艺术"就是把股票配置再提升10%，以体现费尔南多较高的风险容忍度，还有我私下认为，在他的投资组合中，债券的占比要是高于20%，他准会大发雷霆。这里的"猜测"就是建议费尔南多在上面的基础上减去5%，也就是把投资组合中的股票和债券都减去5%，这样就不会影响他的投机活动了。

对于这条建议的最后一部分，我的理由其实很简单：

费尔南多喜欢投机！虽然从以往的交易来看，他的业绩很差，但他就是乐此不疲。

他这样做也无可厚非，对吧？人生不就是要过得开心吗？

再说了，我担心的是，如果我跟费尔南多说，既要建立一个合理的投资组合，又要继续搞投机，这两者无法同时进行，那么他可能当时会满口答应，可接着就会备感沮丧，又开始不管不顾地搞起投机。而且，一旦他真那么做了，他很可能会把更多的资金用来投机，甚至更频繁地使用一些比我从一开始就把投机纳入他的整体资产配置计划更糟糕的策略。

情况是这样的：

在投资组合中，只要95%的资产得到合理的配置，那么不管是你，还是其他投资者，拿出剩下的5%资产合理地投机根本不会出什么大问题。以费尔南多为例，我教给他一个短线交易策略，即"基差交易"，就是想让他在未来的交易中多一些胜算。关于整个策略，我会在本章的后面跟大家详细讲解。

首先，我想让大家看一下表11-2至表11-4。

表11-2、11-3、11-4为不同年龄段的人制订了不同的资产配置计划。处于不同年龄段的人的风险容忍度各不相同。要想绘制出更详细的表格，那简直是枉费心思。毕竟在每次进行资产配置时，往往会有太多的不确定因素和细微的差别需要考虑。

因此，这些例子只是基本情况，而你可以根据自己的年龄以及对上述四个问题的答案，制订适合自己的配置计划。

表11-2 普通投资者的资产配置比例

普通投资者	股票（%）	债券（%）
年轻人	80	20
中年人	60	40
退休人员	40	60
退休后期人员	20	80

表11-3 保守型投资者的资产配置比例

保守型投资者	股票（%）	债券（%）
年轻人	70	30
中年人	50	50
退休人员	30	70
退休后期人员	10	90

表11-4 激进型投资者的资产配置比例

激进型投资者	股票（%）	债券（%）
年轻人	90	10
中年人	70	30
退休人员	50	50
退休后期人员	30	70

需要指出的一点是，即便你制订了合理的资产配置计划，这个计划也不是一成不变的。你要不时地重新审视这个计划，以便确保这个计划仍然适用。否则，你就要对计划做出相应的调整。

用华尔街的行话来说，这种定期对投资组合中的资产配置进行调整的过程可被称作"再平衡"。像华尔街的大多数事情一样，华尔街人士总是故意给各种不同的方法贴上花哨的标签，并根据这些方法推出很多不同的新花样，结果把一切都搞得出奇地复杂。到头来，普通人根本搞不懂是怎么回事，因此普通人就会决定聘请个"专家"。这个专家最终会成为华尔街收费机器复合体的正式成员。接着这个专家就会开始欺骗你。

情况是这样的：你无须聘请任何人做这件事。

再平衡的指导原则是：越简单越好。

就是这样。

当然，华尔街会不停地抛出各种花哨的术语，像"动态资产配置"和"战术资产配置"，就是想让你相信一点：越复杂越好。

我的建议是：你要尽可能少地重新审视自己的资产配置计划（但并非从不），以免落入这样一个陷阱，即对一个本来应被动管理的投资组合，你非要主动管理。你听懂了吗？放松一下！冷静一下！在你定期开展下一次再平衡之前，你最好耐心地等一等，

第11章 费尔南多和高蒂塔的反击　283

不做调整，除非你的生活中发生了某件重大的事情，从而彻底改变了你对上面四个问题的答案。如果你没有定期的再平衡计划，你应该至少每年进行一次再平衡，但不要超过两次。但凡超过了这个频率，很有可能会过犹不及，而你会不知不觉地冒成为主动的基金管理人，而非被动的基金管理人的风险。

然而，在进行再平衡时，有两个要点需要注意：

（1）考虑到你当前的目标，如今的资产配置计划还适用吗？要是考虑到你的投资期限呢？还有你的风险容忍度呢？你的财务状况呢？如果这些问题的答案都是肯定的，你就不必对这个计划做任何调整。保持原样就好。但是你如果对任何一个问题的答案是否定的，你很可能就要对股票和债券的配置比例进行调整，直到资产配置方案再次适用你的情况。

（2）在你的某种资产类别中，收益（或损失）是否造成目前的股票与债券的比例背离了你最初的资产配置计划？假如在刚刚过去的一年里，标普500指数一路暴涨，你的基金也随之大涨了超过30%。这会对你的投资组合中股票资产和债券资产的占比产生很大的影响，具体来说，根据最初的资产配置计划，目前股票资产的占比过高而债券资产的占比过低。那么，你该如何做？一般来说，你如果拿不定主意，就最好什么也别做。为什么？因为你的每次交易，都有可能产生各种税费。因此，除非你发现自己的配置比例确实存在问题，甚至与你当前的目标、投资期限、风险容忍度和财务状况不匹配,我再劝你要谨慎行事、无动于衷就大错特错了。要记住,这里的目标是尽量不要主动出击,让时间化解你面临的难题。

此外,还要注意的是,虽然相关学术研究已证明,投资组合长期收益 90% 的差异取决于其资产配置,但在股票和债券上 5% 的变化不会产生什么影响。其实,在木匠行业里有一句老话,用到这里是非常合适的:

"量两次,切一刀。"

换句话说,从一开始就要花时间去制订合理的资产配置计划。不要操之过急。要坦诚地回答上面的四个问题,这样的话,你第一次就能确定合适的配置比例。一旦你做出了决定,而且选定了两只核心指数基金作为投资组合的主体,你就可以安下心来。即便某种配置类别的占比出现了一些异常情况,也大可不必慌乱。这很正常,也在意料之中。静观其变,一切都会好起来的。可别再次落入个人选股、试图进行择时交易的血淋淋的"死亡旋涡"之中。

说到死亡,在接着探讨合理的股票投机之前,我们不妨简单地谈一谈人生中另一个令人不快的确定因素:税费。

我在这里提供的建议其实很简单:你应该在个人能力范围内尽量少缴税,但前提是不要违法。可如何才能做到这一点,那真是说来话长了。但这并不是因为这些策略很复杂。

说实话,这些策略一点儿也不复杂,其实很简单。

真正复杂的是,本书要在很多国家出版发行,每个国家都有一套自己特有的税法和退休制度,而它们的公民可据此至少在一段时间内，甚至可能永远不用缴纳某些税费。

毫无疑问，这个问题至关重要。

这里的要点是，你持仓时使用的账户类型会对你的税后收益产生巨大的影响，继而会对你的长期复利产生更大的影响。例如，美国有个人养老金账户（IRA）和401(k)养老金计划；澳大利亚有超级年金账户；德国有登记养老金计划。我的意思是，适用于某个国家的避税策略可能在另一个国家完全行不通。因此，我在这里就不做"丑陋的美国人"了，即不去假设每个人都生活在美国，并且都要在美国缴税。我在接下来的几页里也不会大谈与投资账户有关的美国税法，这会让世界上其他国家的读者产生受到冷遇的感觉。相反，我打算给大家提一些重要的建议，这些建议可能对每个人都很有用：

（1）当你在决定是否要将共同基金或者ETF纳入应税账户或者递延税账户时，你首先要考虑投资组合中每只基金的节税水平。深入研究后，你会发现其中一只基金的节税水平远低于其他基金。由于你的递延税账户里的资金额度相对有限，你就会想把那只节税水平最低的基金放在递延税账户里，这样就能抵消其较高的税费，而你接着会把节税水平最高的基金放在普通账户里（假设你用完了递延税账户里的资金额度）。

（2）在下一章，我将分析各种不同类型的人。他们千方百计地引诱你回到腐败堕落的赌场，然后从你的投资中获取利益。其中一类人就是理财规划师。虽然不愿意承认，但是这类人在某些方面确实有用，其中一个方面就是制订税收计划。除非你坚信自己完全有能力掌握本国最新的税法，可以最大限度地节约税费支出，不然的话，我还是建议你去咨询一下你所在的国家里某个有资质的理财规划师。但在跟华尔街收费机器复合体的潜在成员打交道时，你一定要遵循我将在下一章介绍的安全协议。

让我们在这里简单谈一谈合理的投机：
这个问题为什么重要？或者，更确切地说，它重要吗？
答案是，那要看个人情况了。

例如，就像我讲过的费尔南多的情况一样，如果有人就是喜欢投机，那么你千万别拦着他们。否则，他们最后还是会想办法那样做的，毕竟这是人性。我们很难长时间抵挡诱惑，不去参与某项精彩的活动，尤其是，当华尔街收费机器复合体成天用那些花言巧语对我们进行洗脑，怂恿我们从财务悬崖边纵身一跃的时候。

因此，对于所有喜欢挑选个股的人，我在此介绍一种短线投资策略，即基差交易。

简单来说，基差交易就是长期持有像苹果、谷歌、特斯拉或脸书这类公司的优质股票，然后在持有股票的基础上，根据股票当前的价格波动情况，对少量股票进行短线交易。

这里的"目标"是通过获得短线交易的收益，发挥长线买入并持有策略的作用，进而达到两全其美的效果。

事实上，借助基差交易策略，你可以在股价上涨时锁定短期收益，同时通过保留基础仓位中未售出的股份，确保长期的上行敞口。同时，你可以利用股价的下跌来重构自己的基础仓位。

例如，假定你的基础仓位是100股的苹果公司的股票，每股

100美元。如果股价上涨到每股105美元，你就可以卖出20%的仓位，也就是20股。你可以等股价再次下跌，再重新买入20股，这样就能重建起原来100股的基础仓位。

这样一来，你就可以做到以下三点：

（1）锁定5%的利益；
（2）最大限度降低剩余基础仓位的下行风险；
（3）有能力利用未来股价上涨时的盈利机会。

基差交易背后的逻辑是，股票或者其他可交易资产的价格不会直线上升或下降。相反，它会随着资产价格的长期变化趋势而上下波动，出现无数的波峰和波谷。例如，如果你看一下任意一只股票从每股100美元上涨到每股150美元的走势图，你就不难发现，在股价多次大幅上涨后，会出现短期下跌或者"回调"（用华尔街的行话来说），接着会再次出现更大幅度的上涨，随后又会出现短期调整，这个过程会循环往复下去。从长期来看，这些价格波动往往会演变成可预测的交易模式，而且具有明显的支撑位（股票交易区间的底部）和阻力位（股票交易区间的顶部）。短线交易者试图利用这些支撑位和阻力位。

要想确定这些支撑位和阻力位，用华尔街的行话来说，需要进行科学的"技术分析"，还要靠一点儿运气。技术分析与"基本面分析"截然不同，后者是进行价值投资的基础。从理论上讲，这两类分析一起使用的效果很好。试想一下，你可以通过基本面分析，了解某家公司的收入、资产、资产负债表、现金流和市盈率，以发现那些估值过低的股票；你还可以通过技术分析，在股票交易区间的底部买入股票。

嗯……至少理论上是这样的。

如果你问起沃伦·巴菲特这件事，那么他会跟你讲，说到确定股票交易区间的底部，那些扔飞镖的瞎眼猴子可能要比他遇到过的技术分析师做得更好。

但那只是一家之言。他几乎每次都能言中，这一事实无关紧要。更不用说，我们这里谈的是投机，不是价值投资。谁会在乎"先知"在想什么呢？

不管怎么样，下面介绍一下交易区间的运作方式：

当股价接近阻力位时，短线交易者会锁定收益，这会造成股价下跌。反过来，当股价下跌至接近支撑位时，以更低的价格，买入更多股票的机会就会出现，这会使股价再次上涨。这个情况会循环往复，一直持续下去。

很简单，对吧？

换句话说，借助基差交易策略，一位有经验的短线交易者就能充分利用一直存在的买卖压力，而对每个基本面健康的公司来说，它的股票始终会存在这种压力。当股价上涨时，短线卖出压力持续增加，直到这种压力达到临界点或者阻力位，即随着短线卖出压力超过短线买入压力，股价开始下跌。当股价跌到一定低点，即阻力位时，卖出压力会减轻，而买入压力会开始增加，最后买入压力会超过卖出压力，再次推高股价。

因此，简言之，要做好交易的准备。

但是，在你尝试采用这种交易策略之前，你可一定要记住：找到支撑位和阻力位绝非易事，既需要时间，又需要经验。到时候，你就能跟那些很看重短期价格波动的专业人士进行交易了。

这并不是说，你不可能成为技术分析方面的专家，也不可能培养出发现股票交易区间的顶部和底部的"感觉"。[1]其实，我有一个朋友靠基差交易策略赚了一大笔钱。当然了，他是一个有30年交易经验的专业人士。

鉴于此，在使用基差交易策略时，有以下五个关键步骤：

（1）挑选合适的股票；
（2）建立初始的基础仓位；
（3）卖出股票，获取短线交易的收益；
（4）回购股票，重建基础仓位；
（5）重复上述步骤，一直重复下去。

挑选合适的股票

由于你会长期持有基础仓位，因此挑选一家基本面强劲的公司很重要。要做到这一点，其实有很多种方式。但最简单的方法就是使用一流的独立研究机构发布的大型公司的报告。Finvz、Koyfin、Zack's Research 和 Seeking Alpha 是这类研究机构的代表。

---

[1] 有数不清的书谈到了技术分析。如果你想了解技术分析，那么这里有两本书可以推荐给你：《日内交易策略：交易工具和策略、资金管理和交易心理》（安德鲁·阿齐兹博士）和《交易：大师级技术分析》（罗尔夫·施洛特曼和莫里茨·科祖巴廷斯基）。提醒一下，这些都属于合理投机，因此配置比例最好不要超过投资组合的5%。

其中任何一种都可以，订阅报告的费用相对较低，这些研究机构还提供免费试用服务或退款保证。

你需要找到一家大公司，比如苹果、谷歌、脸书或特斯拉。这些公司不仅有强大的基本面，而且这些公司的股票价格每日有足够大的波动，从而能为实施基差交易策略创造充分的条件。

苹果公司堪称这方面的范例。

作为全球市值最高的公司，苹果公司的长期基本面几乎是最强劲的，而且苹果公司的股价波动较大，这是因为机构投资者占比较大，尤其是对冲基金会频繁地买入和卖出。

在图 11-3 中，你不难发现，尽管苹果公司的股价长期看涨，但仍存在很多波峰和波谷。每个波峰和波谷都代表一次机会，而投资者借此机会进行基差交易。

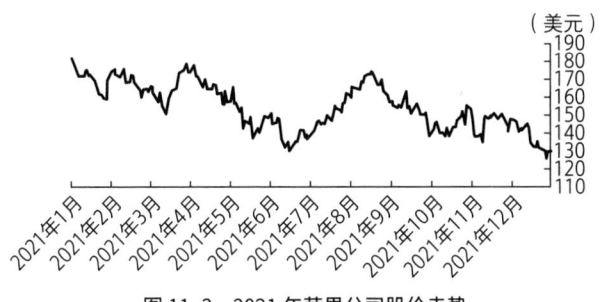

图 11-3 2021 年苹果公司股价走势

建立初始的基础仓位

要想顺利完成这一步，关键是不要试图一蹴而就。相反，你要采用定投策略，循序渐进地积累仓位，这样就有可能降低你的平均成本。换句话说，在建立初始的基础仓位时，你可以把整个建仓过程分割成多个等量购买的环节。在苹果公司的案例中，在5周里，你就可以在做出买入决策时把所谓的人为因素剔除在外。这样做通常会带来更合理的入场点，还会降低总体成本。假如你要建立一个包含100股苹果公司的股票的基础仓位。正确的做法是每周买入20股，持续5周，直到你买入100股。在图11–4中，你可以清晰地看到这一过程在5周内是如何进行的。

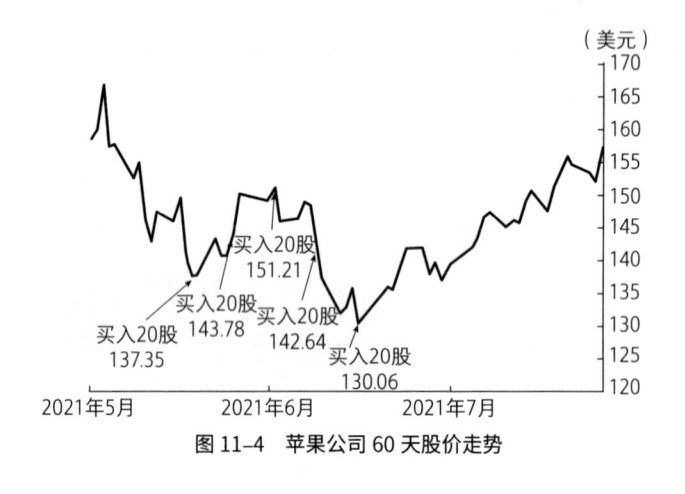

图11-4 苹果公司60天股价走势

不管当时的股价如何，注意每个入场点都要发生在每周的同一天。在这种情况下，100股苹果公司的股票的平均成本最终是每股127.25美元。显然，你可以使用同样的策略，积累1 000股苹果公司的股票或者匹配你的风险容忍度的其他公司的股票，但前提是对股票的投资不能超过投资组合的5%。（记住，你在进行投机！）

卖出股票，获取短线交易的收益

一旦你建立自己的基础仓位，你就要确定在股价变动的情况下，你想要卖出的股票份额在仓位中的占比，以及卖出的股票的价格。一个常见的经验法则就是出售 20% 的股票，获得接近 10% 的收益（取整数值作为获利点）。例如，如果苹果公司的股价接近每股 140 美元，那么你想要先卖出 20 股，然后在股价每上涨 5 美元时卖出另外 20 股，但在股价达到 150 美元时停止售出股票，毕竟你并不想把基础仓位都卖光。在图 11-5 中，你会看到你初次买入和后续售出的情况，而后者是在价格持续上涨的情况下完成的（当然，如果股价持续上涨，你仍然持有 40 股的基础仓位）。

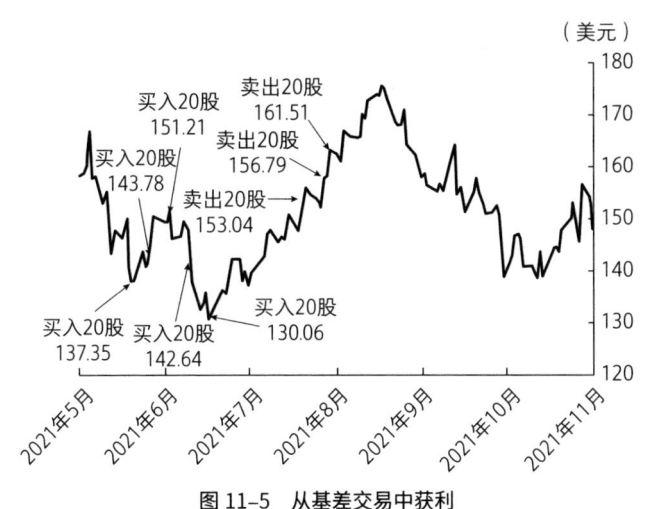

图 11-5 从基差交易中获利

回购股票，重建基础仓位

在该步骤中，你要回购卖出的相同数量的股票，以便重建自己的基础仓位。然而，在此之前，你需要搞清楚股价下跌的原因。例如，这是股票正常的交易模式的一部分，还是公司发生了某件对其基本面产生负面影响的事情？

如果是前一种情况，那么你应该在合适的股价水平实施回购策略；如果是后一种情况，那么你可以耐心等一下，直到你确定了公司的基本面稳健，而且其股票形成全新的交易区间。

要想搞清楚到底是上面哪一种情况，你就要稍微做一些研究，先要看一看最近有关该公司的一切新闻，包括向美国 SEC 提交的 8-K 报告（回想一下，我之前说过，如果公司出现重大调整，发行人应提交 8-K 报告）。此外，你还要再看一下你选股时参考的那份研究报告，看看报告是否更新了内容。如果不管是从哪个渠道，你都无法现任何重大的变化，那么股价下跌很可能是股票正常的交易模式的一部分，你可以重建基础仓位了。

要做到这一点，你就要以每次购买 20 股的方式买入股票，然后持续买入，直到你最初的基础仓位完成重建。

相反，如果确实发生了某件重大事情，你就要等待股票站在新的支撑位，也就是能体现这种重大变化的支撑位，然后再对基础仓位进行相应的重建。

重复上述步骤，一直重复下去

从长远来看，这项策略要想成功，关键是随着时间流逝打出大量安打，而不是全力以赴，打出一记全垒打。因此，你可千万不能冲动。当市场行情对你有利时，你可不能太贪心——增加交易量或按兵不动，总想着在市场上涨时搞几次更大的交易。在使用基差交易策略时，这样做简直是致命的。相反，你一定要坚持既定策略，按预先确定的仓位持续买入和卖出，不要增加每次的交易规模。打出全垒打是你的基础仓位而不是短期交易的目标，因此，你首先要选出一家基本面强劲的公司。

总而言之，基差交易策略具有以下四大优势：

（1）你可以利用公司股价的正常波动，增加短期收益；
（2）你可以守住基础仓位，保留资本长期增值的空间；
（3）在基础仓位的股价下行时，你可通过锁定短线交易的收益来减少你在熊市中的损失；
（4）你可以体会到短线交易带来的兴奋感，这样一来，在投资组合慢慢地为你积累财富的过程中，你就更容易耐心地对待投资组合中的其他资产。

相反，基差交易策略具有以下四大弱点：

（1）以往的经验证明，要想一直做到低买高卖是很难的一件事。

（2）频繁地买入和卖出会带来资本的短期增值（以及损失），因此与简单的买入并持有策略相比，该策略的节税效果要差很多。

（3）每次买入或卖出股票都会产生一定费用，这些费用会蚕食你的整体收益。

（4）你很容易意气用事，可能全然不顾规定的交易准则，但只有这些准则才能保证该策略取得成功。

千万要记住，尽管该策略的优点不少，但形势对你仍然不利。考虑到交易费、税收影响以及进行择时交易的内在困难，假设你没有其他的投机性投资，基差交易仍属于合理投机，在整个投资组合中的占比不应该超过5%。你如果有其他投机性投资，就要扣除你已经配置给这类投资的资金，从而确保投机活动所用的资产总价值不会超过投资组合总资产的5%。

这一点适用于每个人，即便你似乎在基差交易方面有"天赋"，而且有短期收益持续入账。记住，有效市场假说仍然对你极为不利，另外无数学术研究（其中两项研究获得过诺贝尔奖）都证明了一点：想要一直跑赢市场是完全不可能的。

因此，在经历数月的成功交易后，要是你超级自信，想要提高交易量，那么我劝你别忘了诺贝尔经济学奖得主保罗·萨缪尔森曾经说的话："虽然会有少数基金经理确实有某种'天赋'，有能力反复跑赢市场大盘，可即使真有这种人，他们也会一直隐藏得很深。"

你明白我的意思吗？

我相信你现在明白了——可人有时很容易受影响，尤其是当华尔街收费机器复合体不停地用各种对其有利的信息对你进行洗脑时，这些信息会助长你最不理智的冲动。因此，你要时刻保持警惕。

简言之，华尔街收费机器复合体不会坐视不管。华尔街的专业交易员不会看着你使用本书中讲述的各种策略，认真负责地积累个人财富。他们不希望你越来越好。不管他们以前骗过你多少次钱，他们总会不厌其烦地重新塑造一个更善良、更温和、更仁慈的华尔街——这个华尔街不仅把客户的需要放在首位，而且非常关心重大的社会问题，例如气候变化、多样性，还有他们可以用来释放道德信号，重新赢得公众好感的其他事情。当他们沐浴在虚假美德的聚光灯下时，他们会慢慢地重新使用屡试不爽的策略，想方设法引诱你进入他们建造的腐败堕落的赌场中。在那里，他们制订规则、控制赔率，并最终赢得每场游戏。

然而，所有这一切都有一线希望——换句话说，一旦你明白了华尔街收费机器复合体采用的试图影响你的所有"隐秘"的方法，你就能轻松地保护自己的利益，以免重蹈覆辙。

在下一章，我会告诉你具体该怎么做。

第 12 章
会一会浑蛋

面对华尔街收费机器复合体为了自身的利益制造出的各种狗屁话语，要想保护自己的利益，你最好能回答以下三个问题：

（1）这些狗屁话究竟是从复合体的哪个部分传出来的？
（2）这些狗屁话的提供者是如何费尽心机地把它们伪装成善意之举的？
（3）这些狗屁话想要达到哪些不可告人的罪恶目的？

一旦你找到了这三个问题的答案，那么你就不会因为听到这些话而陷入危险之中。然而，我们在经历近年的新冠疫情后，才明白了一个道理：不管疫苗有多么安全可靠，都不能成为你逃避个人责任的借口。因此，你要时刻保持警惕。

因此，当华尔街收费机器复合体想把你重新拖入其建造的腐败堕落的赌场时，华尔街收费机器复合体的组成部分会从五个表面上看似毫无危险的方向攻击你：

（1）有线电视上的财经新闻和宣传网络；
（2）报纸和杂志；
（3）社交媒体上的金融网红；
（4）股票经纪人和理财规划师；
（5）财经论坛上的大师。

我们逐一分析一下这五个方向。

有线电视上的
财经新闻和宣传网络

在美国，有两个庞然大物是CNBC和彭博社。尽管它们分属不同的类别，但是它们都是华尔街收费机器复合体的组成部分。彭博社更受机构投资者和专业投资者青睐，而CNBC更能吸引那些投资经验远不及前者的个人投资者。无疑，这会使得CNBC给大量普通投资者带来很多问题，因为它播出的不是彭博社会播出的那种乏味无趣但技术含量高的节目，而是一种更加生动有趣的节目，它们会促使投资者冲动地交易。

因此，要做好自我保护，你首先要确切地了解CNBC的节目结构。

一般来说，CNBC的节目有3类：

（1）**正式的财经新闻**：这包括有关经济、政府、美联储、上市公司、大宗商品、房地产、住房市场、加密货币市场以及其他关键行业的重要新闻。总的来说，这些是理财人士需要实时掌握的有价值的信息，而且CNBC总能通俗易懂地把新闻呈现给观众。

（2）娱乐类节目：这类节目与财经新闻或任何类型的建议毫无关系，也不可能被误认为财经新闻。这方面的例子有《创智赢家》（我喜欢的节目）、《美国式贪婪》（有一集是关于"华尔街之狼"的，挺吃惊吧！）、《利润》（我觉得挺乏味的），还有《杰伊·莱诺的车库》（我倒是挺喜欢的，但想不明白CNBC为什么要播放这个节目）。

（3）信息娱乐类节目：顾名思义，它是正式的财经新闻和轻娱乐节目的混合体，主要采用专家建议的形式。其中一种建议是一般性理财建议，例如苏茜·欧曼提出的那些建议，她真心实意地向电视观众介绍理财知识，保护他们的利益。另一种建议是由理财专家提出的极其复杂且并不成熟的建议。理财专家确实对自己要讲的东西了如指掌，也无意损害观众的利益，可却会在不经意间让这些观众血本无归。他们会让观众觉得，只要利用电视上教的交易策略，观众就能试着赚钱，例如《快速赚钱》节目中的理财专家提出的建议。第三种建议是由吉姆·克莱默这类人提出的。他的节目对普通投资者是完全有害的。这种节目的有害之处真是一言难尽，但我还是会想办法给你讲清楚。

那么，吉姆·克莱默如何对普通投资者造成不良影响？

有关投资新手该不该买入或卖出某种股票或者债券、期权、加密货币、代币或任何其他金融工具，他的建议的变化速度简直比风向的变化速度还要快。事实上，克莱默不停地出尔反尔，完全不顾自己的脸面，就连华尔街收费机器复合体也觉得他这个人就是个彻头彻尾的笑话。但这并不是说，他不知道自己在讲些什么，毕竟他拥有丰富的金融市场知识。显然，他的知识非常广博。

那他是一个合适的选股人或投资大师吗？

饶了我吧！

这么多年来，克莱默从看跌到看涨，再从看涨回到看跌，他的观点的变化速度和程度已经到了完全失控的地步。最终克莱默把自己变成了一幅粗制滥造的讽刺漫画中的选股大师。因此，你如果听信了他的建议，最后的结局只有一个，就是遭遇最严重的财务困境，沦落到靠救济院救济的境地。

即便如此，如果那种喧闹、聒噪、夸夸其谈的幽默风格正合你意，那么让吉姆·克莱默把你逗乐也挺好的。果真如此的话，那么，嘿，放心去享受吧！可你最好提高警惕，以免陷入克莱默所说种种不理性言论的旋涡之中，否则你的投资组合会出现严重的亏损。

如果你不当心那些不易察觉的危险，那么连观看 CNBC 新闻节目也会带来各种问题。例如，虽然新闻节目的主持人做足了功课，足以保证投资者能了解经济、股票市场的最新情况，但他们还会采访美国最杰出的 CEO、交易员和最"精英的"对冲基金经理。

这就是问题的源头。

当你最喜欢的主持人开始采访某位交易员时，你正坐在沙发上看新闻。在听了 10 到 15 秒后，你意识到这位交易员是一个货

第 12 章　会一会浑蛋　301

真价实的理财顾问，一个真正懂行的专业投资人，于是你全神贯注地听他说的每个字。大概又过了一分钟，交易员接着就谈起了一种期权交易策略，也就是他过去半年一直使用的策略。虽说他不是个爱自吹自擂的人，可他还是忍不住提到了他一直在赚钱。接着，他补充道："凭我在市场中的见识，我觉得，在市场红利期结束前，大家还有4~6个月来使用这个策略。这基本上是我在市场上见过的最接近自己印钞的做法了。"

突然，你惊讶地一下子从沙发上站了起来。

这家伙凭借什么策略能赚那么多钱？你想知道答案。

如果他说出来就好了……如果你能知道就好了……接着——轰的一声！主持人向交易员提了一个含金量很高的问题："那么，你能跟我再详细地说一说这个策略吗？我相信，观众一定想知道到底是怎么回事。"

"噢，没问题。"那个交易员答道。他很乐意跟观众分享已经有无数专家在使用的投资策略，但这种策略对普通投资者来说实在太复杂了。"其实挺简单，"他笑着答道，"我一直做的是……"他很粗略地解释了一通，还特意提醒观众，只有经验丰富的专业投资者才可以使用这种策略，毕竟有关股票期权的一切本身就有很高的风险。[1]

听完他那段话，主持人缓缓点了点头，像是在说："说得好，我的朋友。这就是我所说的职业操守！"接着，主持人低头径直

---

1 股票期权是一种杠杆化的"金融合约"。根据该合约，你有权利，而非义务按事先确定的价格（即"行权价"）买入或卖出某只股票。我在本书中之所以不讨论股票期权，是因为我强烈建议你千万别碰股票期权。除了极少数人，绝大多数涉足股票期权的普通投资者，最终都会血本无归。

望向摄像机，直接对观众说："好了，大家都看到了，专业人士就是这么干的。但要记住，如果没有专业人士的指导，就别在家里尝试！"他会意地朝你眨了眨眼，笑了笑，像是在说："动手吧！现在就动手吧！不然可就晚了！"

就这样，你开始行动了——进行研究、在谷歌上搜索、认真分析、给其他业余投资者打电话（这样做就是想了解你刚才听到的那个神奇的交易策略到底是怎么回事），或者你可能会去购买专家写的书、线上课程或月度订阅服务。你如果愿意花时间和精力在谷歌上仔细搜索，就一定能找到有关这个策略的一些信息。这种信息不是由这个交易员提供的，就是由采用大致相同的策略的人提供的。

其实，我们可以回头再说说我的朋友吉姆·克莱默。只需每个月花费 100 美元，你就可以订阅他的电子邮件咨询服务，并拥有一项专属特权，可以得到他反复无常的最新理财建议的实时电邮提醒，而这些提醒要么被直接发送到你的收件箱里，要么被以短信的形式发到你的手机上。除了克莱默会把你忽悠得失去意识，使你的净资产荡然无存，唯一的危险是你的收件箱会源源不断地收到克莱默的营销资料，这些营销资料试图说服你报名参加他的某一个更高级的项目。

就像为了人类的利益在自己身上测试疫苗的研究医生一样，我决定加入其中。我很想知道，像克莱默这样的人在试图劝说一个缺乏经验的投资者时会有多积极，于是我订阅了他的电子邮件咨询服务。自那时起，我在 8 周内收到了大约 5 000 封电子邮件，邀请我参加一项重大活动，以便那个出尔反尔的骗子把我账户里的钱掏空。

第 12 章 会一会浑蛋

好吧，我有些言过其实了——其实大概有 120 封电子邮件，每天大约发两封。可这仍是一场声势浩大的电邮轰炸战，考虑到这些电邮来自一家大型电视网络上据说德高望重的理财专家。说句老实话，这更像是我选择博茨瓦纳的一个五星级度假村的分时度假服务时所预料的邮件量。

　　但替克莱默说句公道话，我不是说，他是个恶人，故意要让别人赔钱。（他只是非常擅长这么做。）我也不是说，CNBC 是一个非法网络，故意要让观众赔钱。（可要是你听信了电视上那些人的建议，赔钱就是你最后的下场。）

　　我要说的是，克莱默和 CNBC 都是一个系统的组成部分，而这个系统一直在不停地给你洗脑，让你觉得最有效的理财方式就是要做到积极主动，就是要运用短线交易策略，不停地买入并卖出，从股票换成期权，接着又回到股票，再涉足石油，然后进入期货市场，而后又回到股票。同时，无论是历史，还是数学都证明了一点：相比于主动的短线投资，被动的长线投资是一种合理得多的投资策略。但是，华尔街收费机器复合体全天候运转，不断地向你强调两大要点：

（1）金融界的专家可能比你更善于理财；
（2）如果你亲自理财，那么最有效的理财方式是主动投资，
　　　争取择时交易。

　　因此，世界上吉姆·克莱默之流的人对华尔街收费机器复合体的正常运行可谓至关重要。毕竟，普通投资者如果不去理会每天灌输给他们的这种自私自利的废话，就会大幅度地降低短线交

易水平，华尔街就无法获得所有费用、佣金，以及因客户亏损而带来的巨额收益。

报纸和杂志

假如你在词典中查找"双刃剑"这个词，你会发现各种各样备受尊重的报纸和杂志上都出现过这个词，而这些刊物散落在金融界的各个角落。这个词的旁边还有下面这段提示语：

> 仅供娱乐。不要自欺欺人地认为，这些刊物上的任何文章可帮助你做出更有利的短线交易决策或者进行盈利更多的长线投资。记住，在我们报道的所有正面新闻发布之前，这类新闻的影响早已体现在市场价格之中。因此，这类新闻有可能会使股价下跌，也有可能会使股价上涨，我们对此并不十分确定。事实上，我们根本不清楚自己报道的股票的价格会有怎样的走势。

记住这段提示语十分重要，毕竟随着时间的推移，你会不停地阅读数不清的文章，而将这类文章植入你的脑海中的要么是华尔街收费机器复合体，要么是另一个有相同财务目标的自私之徒，两者有相同的目标：把你的血汗钱据为己有。

要记住，这些出版物也是一门生意，追求利润的动机即便不能完全决定他们所编辑的内容，但是至少会对其产生重大的影响。正因为这一点，在阅读一篇文章时，你一定要考虑其中涉及的金钱激励，这样才能发现其中的利益冲突和歪曲的报道。

总的来说，出版物有三大商业化策略，其中每个策略都有可能造成利益冲突：

（1）**收取封面费**：在当今的数字世界里，虽然这种情况越来越少见了，但是杂志和报纸仍在世界各地的报摊和零售店里出售。封面上的内容对这些杂志和报纸的销量有极大的影响。就杂志而言，这往往会催生出一些吸引眼球的标题，例如《价格有望飞涨的7只股票》，或者《我们去年挑选的9只股票同比上涨，跑赢大盘65%》，或者《2022年最炙手可热的5条交易策略》。

（2）**收取年度订阅费**：这样一来，每周或每月会有各种杂志邮寄到个人住所、企业以及各种专业办公场所。此外，几乎每本线下杂志都会有自己的线上版本，而后者会收取年费，交过费后才能阅读。

（3）**广告收入**：金融服务行业在广告上投入大笔资金，而这有可能造成严重的冲突，尤其是仅针对某个行业的杂志。例如，一本针对对冲基金行业的杂志不会刊登有关对冲基金的收费有多高的文章，也不会告诉读者，通过购买先锋500指数基金这种免佣共同基金买入标普500指数，读者的经济状况就会大幅度地改善。但如果这本杂志真的刊登了这种文章，这本杂志的头号广告商，也就是对冲基金，还有华尔街收费机器复合体中靠这本杂志推荐的对冲基金赚钱的各种成员，就会马上躲得远远的，杂志的读者也是如此。毕竟，如果有本杂志主动抨击广告商推销的服务，那么还会有哪个广告商会在那本杂志上刊登广告呢？同样，如果有本杂志声称，某个行业简直是在抢劫，那么还会有哪个订阅者会花钱去买专注这个行业的杂志呢？

需要说明的是，这一点不仅适用于针对对冲基金行业的杂志，也适用于其他所有针对特定行业的杂志。在这些杂志中，没有一本杂志会不停地刊登使读者疏远或抨击广告商的文章。相反，这些杂志会极力美化他们各自关注的行业，这样既能哄广告商开心，也能吸引读者不停地购买杂志。

然而，尽管有这样的保留意见，但我仍然强烈建议你经常去阅读至少一种金融出版物（最好是一本不针对某个具体行业的杂志），不仅是为了掌握经济和商业动向，也是为了保护自己不会在市场下次转为牛市时成为一个脱离现实的傻瓜。要始终记住，阅读时要保持警惕，也要记住上述提示语。否则，你可能会觉得自己实际上是通过执行《2023年最炙手可热的交易策略》中的某个策略才赚的钱，仅仅因为某本自私自利的杂志是这么跟你说的。

社交媒体上的金融网红

我们先谈一谈坏消息。

在社交媒体上，那些小贩和骗子就像是狗屎上的苍蝇。

在脸书、照片墙、TikTok和优兔这类在线平台上到处都是"金融网红"。他们会发表一些极其可恶的言论，这些言论也是我这么多年来在金融市场中听到的最离谱的言论。我相信你一定也知道这一切。

从这些"金融网红"嘴里说出的话荒谬至极。因此，我最不喜欢的一种消遣方式，就是浏览某个社交媒体平台，直到我最后在众多兜售最新的低价股、垃圾币或货币交易骗局的世界级白痴中找到最愚蠢的一位。我发现，他说的话没有一点儿道理，但他对此深信不疑，还至少违反了十几种不同的证券法。最精彩的部分总会出现在最后环节，网红会说出相同的、意料之中的话，大致如下：

"现在，假如我是你，我会马上走出去，买这四种一定会上涨的代币。别忘了给这篇帖子点赞，关注我，并向朋友分享。"

接着，为了找点儿乐子，我会读一读最底部的那句说明，那句话往往是："我刚才提供给大家的理财建议其实算不上是理财建议。"（等法官判你证券欺诈的时候去跟法官说吧！）

看过这些视频后，我会产生一种非理性的欣喜感，可这背后的原因却一言难尽。其实，这种感觉多少与这一点有关：我迫不及待地想看到那些所谓的金融网红在被捕和面部照片遭到泄露时的震惊表情。

无论如何，好消息是仅需一些培训，你就能很容易地识别那些骗子，轻松地保护好自己，不会因为他们的一派胡言而上当受骗。

总体来说，我会把这帮骗子放在一个大框里，啪的一声把下面这个警示标签贴在框上：

这里的信息可不能当真啊！仅供娱乐。

那样的话，你想听多少这类社交媒体骗子的胡说八道都行，但不会有任何风险，毕竟你心知肚明，他们说的每一个字都是他们全部计划的一部分，而这个计划就是要让你赔得血本无归。

股票经纪人和理财规划师

要想描述这个吸血水蛭般的多样化的群体，最好的办法就是使用沃伦·巴菲特曾用来描述对冲基金行业的那个简单的词语：多余。

然而，话又说回来，用同样的粗线条去勾勒这个群体中每个人的形象显然是极不公平的。在这些"专家"，尤其是金融理财师中，有些人可能真的会把你的利益一直放在心上，确实能成为你的金融助手。换句话说，理财规划师的职责不是告诉你如何通过使用短线交易策略来跑赢大盘，而是向你提供辅助性的金融服务，例如开设个人养老金账户或401(k)这类免税账户，以便协助你做好税务规划和遗产规划，并确保你保持适当的保险覆盖范围。

因此，如果你确实决定聘请一位理财规划师，那么在我看来，要确保你不被他们所说的那些自私自利的话欺骗，最好的做法是带你了解那些值得警惕的危险信号，防止你的理财规划师（或者股票经纪人）作为华尔街收费机器复合体的正式成员，带你走进金融绞肉场。

危险信号1：接到推销电话或被骗后选择加入

让我说得直截了当些：

帮你自己一个忙吧！千万别跟理财规划师或股票经纪人打交道，不管他们是给你打了推销电话，还是在你看了线上广告并且填写了表格后给你回电话——这则广告要么是你在谷歌上搜索时出现的，要么是你在浏览某个社交媒体平台时点击后出现的。

更确切地说，如果哪则在线广告导致了以下四个步骤，几乎可以肯定的是，这则广告就是骗局。这四个步骤是：

（1）在第一次点击后，你会进入登录页面；
（2）你被要求输入个人信息，以便有权接收电子邮件、短信或接听电话（用来描述这种情况的行业术语是"选择加入"）；
（3）你开始收到一封又一封由专家撰写的电子邮件或短信，而这些邮件或短信触及不同的金融热门话题；
（4）这个过程的高潮出现在专家给你拨打电话，邀请你视频聊天或者与你面谈的时候。这时，专家会极力说服你，假如你在他们那里开设账户，他们能带给你的年收益率会远远超过标普500指数的年收益率，而且没有任何风险。

假如你遇到这种情况，我希望你躲得越远越好，千万别回头看。他们会说，凡事总有例外，但就这件事来说，没有例外。你收到推销电话或一封封由专家撰写的电子邮件，而且所谓的金融专家真正把你的最大利益放在心上，没有任何私心的可能性简直微乎其微，因此完全不值得你冒险。

目前，要找一个合适的理财规划师（我看不出你有任何理由寻找股票经纪人），最好是通过你已经认识了很长时间且非常信任的人来寻找，或雇用某个诚实守信、口碑良好的密友极力推荐的人。

危险信号2：频繁交易和过度交易

这一点不难理解。

如果有个经纪人或理财规划师想让你频繁地买入和卖出仓位，或者让你进行择时交易，那么你躲得越远越好。因为你现在已经非常清楚了，要想通过这种方式赚钱几乎是不可能的，而且这也是一个明确的信号，这个信号表明跟你打交道的经纪人想要通过你赚取额外的费用和佣金。

更进一步说，如果你想用你为投机性投资预留的一小笔钱来进行短线交易，那么你最不需要做的是找个股票经纪人给你当顾问，然后让他收你一大笔佣金。这种投资本来就很难赚到钱，如果还要给一个与你的短期利益有直接冲突的人支付佣金，那么你更难通过这种投资来赚钱。

危险信号3：这是公司的专利产品

虽然这并不一定是坏事，但几乎总是坏事。

让我详细解释一下。

我说的这句话针对的是当你被引导去选择金融服务公司的内部产品时，你没有看到该公司的竞争对手提供的类似产品。如果你身处这样的境地，那么你很可能无法得到最优质的交易方案，尤其是当你要求看一看竞争对手的产品时，金融服务公司的销售人员会用一套廉价的销售话术来说明你为什么无须在竞争对手的产品上浪费时间。

这方面的典型案例就是当地的银行向你发送的一封由专家撰写的电子邮件，其内容大致如下。

尊敬的存款人：

我们发现，您的高级储蓄账户的余额一直处于高位。鉴于目前的利率较低，您能获得的收益比较有限。因此，我们邀请您体验我们接受过专业培训的理财顾问提供的免费咨询服务。请点击下方链接，确定您与理财顾问见面的时间。

诚挚的，
您友善的银行家

从表面上看，这似乎是银行做的一件真正意义上的好事。然而，在你对本地银行这一善举心生暖意又感到迷惑不解之前，你需要考虑以下两点：

（1）银行发给你电子邮件的唯一原因是，该银行的经纪人和理财规划师通过使用计算机算法，知道了除非他们想办法把你的钱从低息储蓄账户转移到一个更合适的长线投资账户中，否则他们的竞争对手就会抢先一步，而他们最后会失去你的这笔存款。

（2）一旦他们给你打通了电话，不管他们给你推荐的是什么金融产品，他们不会向你提供成本最低的选项，而是向你提供他们所在银行的内部产品——相比于竞争对手的同类产品，这种产品的费用和年度费用率要高得多。

他们这样做的动机是什么？

答案很简单：经纪人和理财规划师在卖出自己公司的内部金融产品后，他们获得的佣金要高得多。虽然这样做可能会严重违反联邦证券法，如果他们推荐某种产品能获得更高的佣金，而推荐另一家公司提供的类似产品获得的佣金更低，但是你如果认为这种事情未必总会发生，就太天真了。

说得清楚点儿，我并不是说，当地银行的经纪人和理财规划师每次找到你，向你推荐某种产品时，都是不怀好意的。但当他们确实向你推荐产品，而且仅仅介绍自己公司内部的产品时，你别忘了问一问其他竞品，然后仔细比较一下它们的特点和优势。

而且，购买某家银行或经纪公司的内部产品并没有错，只要这种产品是最适合你的。从这个意义上讲，这对双方来说是双赢的，是皆大欢喜的好事。但根据法律规定，经纪人和理财规划师不仅应该向你推荐自己所在公司的内部金融产品，还应该介绍他们所在公司的竞争对手的产品。

所以，别忘了提问！

危险信号4：盲目行事

在有关招股说明书那一章中，我谈过这个话题，但完全有必要重复一下，毕竟这种行为会通过很多不同的形式表现出来。

我这里说的是这样一种情况，即某个经纪人或理财规划师想要让你相信，你根本不必读那些所谓的附属细则。附属细则可能会以招股说明书、金融网站底部的披露信息、客户协议的条款或者其他类型的财务披露文件的形式出现。

如果你碰到这种情况，即经纪人劝说你别去读一份文件，例如，"去趟卫生间，关掉灯，然后在黑暗中好好读一读文件"，或者经纪人一直说附属细则无关紧要，那么你躲得越远越好。然而，如果出于某种原因，你不想躲得远远的，比如你可能喜欢目前呈现在你面前的产品，觉得它的升值空间很大，那么一定要读完整份文件，包括附属细则。

如果文件是一份招股说明书，那么你一定要仔细地阅读所有重要的内容。（我之前已经强调过了。）

此外，你要格外留意以下危险信号：

- **公司内部人士的提前退出条款**：依据这些条款，内部人士可在公司取得成功前卖掉股份，让股东承担责任。内部人士应该有至少两年的禁售期，除非公司已经取得重大成功。
- **过高的费用和佣金**：对1 000万美元以下的融资，你要确保在筹集到的资金总额中，有6%~8%的资金用来支付融资活动的费用。

- **内部人士之间的自我交易**：一定要格外留意招股说明书中的某些交易条款。在那里，你会发现有关内部人士自我交易和相关第三方交易的所有信息。

最后，如果你目前的投资有可能涉及股票的公开发行，那么你要保证公司上市时，自己有权完成股份登记，以便将来出售股票。如果你持有的股份受到某种限制或阻碍，那么其受限制程度不应比针对该公司内部人士持有的股份受限制程度高。

记住，在金融领域，细节决定成败。

危险信号5：高收益、低风险的低价股

还记得《华尔街之狼》这部电影中的经典场景吗？我在投资者中心第一次拨打推销电话，在敷衍了事地问候对方后，我对潜在客户说的第一段话是："你在几周前给我的公司寄了一张明信片，询问我们有关低价股的信息，而且那些股票价格的上涨空间巨大、下跌风险极小。你想起来了吗？"

接着，在得到潜在客户的肯定回答后，我说道：

"好的，那太好了！噢，约翰，我今天打电话的原因是，我现在办公桌上有个新产品。这可能是我过去6个月来见过的最好的产品。给我60秒，我可以跟你讲一讲。就一分钟，好吗？"

接着，再次得到肯定回答后，我说道：

"这家公司名叫'Aerotyne International'。这是一家位于美国中西部的尖端高科技公司（此时屏幕上出现一个破旧的小木屋的照片，门牌上写着'Aerotyne Int'），这家公司的下一代军民两用的雷达探测器即将获得专利批准……"就这样，得益于《华尔街之狼》的导演斯科塞斯的杰出才华，无须多言，观众就能明白这笔交易到底是怎么回事。

然而，事实上，要想知道 Aerotyne International 并不是你想要投资的公司，你无须去看一个破旧的小木屋的照片。常言说得好，如果某件事看起来或听上去令人难以置信，那么它很可能真的不可信。就股票市场而言，你可以用"肯定"来取代"很可能"。

简言之，市场上没有免费的午餐。以前从来没有，以后也永远不会有。回想一下，我谈过很多次这个话题。之前，我分析了利率和股价之间的逆相关关系，以及这种逆相关关系如何让你产生两种不同的心态：追逐风险和规避风险。重温一下，规避风险是指优先考虑资本安全性，但以降低利润率为代价；追逐风险是指优先考虑更高的利润率，但以降低资本安全性为代价。但是，我前面没有谈到一种能带来高回报的规避风险的心态，因为这种心态根本不存在。

究其原因，市场不会允许这种心态出现或者至少不会允许其长期存在。你瞧，有一件事是市场极其擅长的，那就是消除这种价格失效现象——因此，如果真有一笔交易能让你赚得盆满钵满，而且还不用你承担一点儿风险，那么那些专业交易员会迫不及待地入场，开始买入价格偏低的资产，从而导致价格上涨。

因此，这种机会稍纵即逝，毕竟俗称"风险套利者"的一小部分专业交易员会抢先抓住这些机会。这些人成天坐在电脑前，希望利用价格失效带来的机会获利，而且他们确实精于此道。因此，如果有人跟你说，他能使你获得极其丰厚的收益，而且风险非常低，那么他要么是在信口雌黄，要么是在搞庞氏骗局。你如果相信了他，最终就会损失惨重。

危险信号6：美好得不太真实的投资策略

说到庞氏骗局，我得先谈一谈伯纳德·麦道夫。

他那个臭名昭著的庞氏骗局之所以能屡屡得手，并不是因为他向投资者承诺了极高的收益率，而是因为他向投资者承诺了极其稳定的收益率，月均收益率仅比1%高一点儿。虽然始终保持每年12%的收益率就是一个危险信号，因为它略高于标普500指数的长期平均收益水平，但强调收益率的稳定性是一个更大的危险信号，专业人士本该比谁都清楚这一点，但他们却一无所知。

为什么？他们为何对警示信号视而不见？

不用说，这背后有某种贪念在作祟。这一点显而易见。但还有一种更隐秘的东西一直在影响他们，也就是人类有一种欲望，即愿意相信那种听起来美好得不太真实的事情。

这种欲望的产生可以追溯到我们的童年时期。当时，我们心里对圣诞老人和牙仙子的故事深信不疑，即使多年后，我们有足够的智慧判断出这些故事都是假的，但直至今日，这种欲望也深藏在我们每个人的潜意识之中。

但最重要的是，真正让这群有钱人彻底丧失财务判断能力的是一种"寻找归属感"的欲望。在一个由高级乡村俱乐部和私人派对主导的环境里，每个人都害怕自己受到冷落，这种顾虑很强烈，使所有人（除了最自信的人）难以做出准确的判断。让我为大家详细解释一下：

我成年后一直在金融和投资领域打拼，因此不管是多么古怪的投资方案，我即使没有亲眼见过，至少也有所耳闻。要说有什么事我能跟你打包票，那就是这一点：如果一个投资策略听起来太过美好，简直令人难以置信，那么它十有八九不是真的。就这么简单！

我不管做出这个投资决策的人多有才华，也不管他看起来多么古怪、呆傻或有学究气。如果有人向你兜售某个新奇的投资策略，而且保证你在使用这个策略后，能持续三四个月获得比投资标普 500 指数还要高的收益率，无论是黄金期货交易、国际货币套利、高收益存单、一票难求的音乐会门票、重新卖给折扣零售商的商品、诉讼和解，还是保险理赔，这个人正在搞庞氏骗局的可能性高达 99.99%，而且迟早（可能很快）这个骗局就会彻底瓦解，每个陷入骗局的投资者都会赔得血本无归。

危险信号7：把所有的鸡蛋放在一个篮子里

与高度多样化的投资组合截然不同的是，集中的股票仓位是指投资组合的大部分是一只股票。

在最好的情况下，如果这只股票最后大涨，你的投资组合就会有很高的收益。在最坏的情况下，如果这只股票最后跌得很惨，你的投资组合就会伤痕累累，再无生还的机会。

虽然我一直建议你不要持有集中的仓位，但是你出于某种信念而建立这种仓位是一回事，而听信某个经纪人或理财规划师的建议后建立这种仓位是另一回事。其实，在经纪人或理财规划师复习备考时，他们明白的第一个道理就是，建议客户建立一个集中的股票仓位是不道德的。

事实上，正如克里斯蒂娜和高蒂塔言辞尖刻地提醒我那样，除了婚姻，把所有的鸡蛋放在一个篮子里绝对不是什么好事。因此，假如有人建议你把投资组合中的资产配置到一种资产上，无论是股票、期权、货币、代币，还是其他资产类别，这都是一个信号，表明这个人根本没把你的最大利益放在心上，你应该躲得越远越好。

财经论坛上的大师

过去 15 年来，我把更多的时间用在巡回演讲上。我可以说，甚至是完全肯定地说，不管你什么时候看见"金融大师"在台上讲话或是举办网络论坛，你会发现，他们在每次演讲结束后，都会极力向你推销一种神奇的交易系统。他们声称该系统使用一种秘密的算法，你可以坐在家里每天使用该系统交易一小时，然后就会像克罗伊斯一样富有。可不管他们推销的是什么系统，这种系统都是一堆狗屎，一堆纯粹的、不折不扣的、绝对的狗屎，而且十有八九会让你赔得血本无归。

更可笑的是，这个所谓的大师一定会向你解释一通，说世界一流的交易员就是用了这种算法，才在过去几年里赚了几千万美元的交易利润，每年的投资收益率达到了 75% 甚至更高。听到这些话，我就想向金融论坛上的大师问下面这个问题：

如果你说的是真的，华尔街的大型对冲基金都会愿意花至少 10 亿美元，向你求购这个系统，那么你为什么还要花时间推销自己的交易系统，每次才赚2 000美元呢？

　　说实在的，大师，要是你不相信我说的话，我可以带你去五家最大的对冲基金中的任何一家。在完成了尽职调查后，该公司会当场给你写张支票。此外，该公司还会为你买一架私人飞机，在汉普顿购置房产，并且买入好几幅凡·高和毕加索的名画。

　　这里的要点是，大师讲的那些东西显然是荒唐可笑的。

　　其实，这么多年来，我一直在世界各地巡回演讲，但我从来无法现哪位"理财大师"推销的短线交易产品最后真的赚到了钱。不管这种产品是股票、大宗商品、货币、加密货币、期货、期权、黄金，还是其他东西，无一例外。最后可能会出现以下两种情况的一种：

（1）系统的算法会出现技术故障，并建议投资者进行一系列赔钱的交易。结果，投资者要么赔得血本无归，要么损失惨重，从而彻底放弃这个系统。

（2）投资者会情绪崩溃，不再听从系统的建议，开始不管不顾地冒险，直到有一天把钱赔得精光。在第一种情况发生后，投资者就会想把因为使用该系统而赔的钱都赚回来。这时，第二种情况就会发生。

　　再次强调，不管你是坐在家里观看网络论坛，还是在一座庞大的会议中心参加一场论坛，如果你听到某个所谓的理财大师跟你说，他有个神奇的交易系统，每天穿着浴袍待在家里，使用该系统进行一个小时的交易，你就会像克罗伊斯一样富有——不管这一切听起来有多么不可思议，也不管他给你看了多少个视频，上面全是以往的客户对该系统的赞美，更不管你有多么强烈的冲动，仍然想相信圣诞老人的存在，你只需对该理财大师置之不理，躲得越远越好。

千万不要，我再说一遍，千万不要跑到房间后面，去注册那个神奇的交易软件。在那个演讲者给你看了一张幻灯片后（幻灯片上除了最开始的那个系统，还有七个分红更丰厚的项目），你可千万别注册。他会说："现在这个系统的总费用超过 3 万美元。"然后一个巨大的红色字母"X"会出现在幻灯片上，他接着说："但是如果你现在就跑到房间的后面，去找桌边某个专业的团队成员，这个通常售价 3 万美元的系统就能以 2 037 美元卖给你！分三次付清，每次付 679 美元！"

"现在请记住，我一次能指导的人数是有限的，因此，这个绝佳的优惠机会，我只能给最先跑到房间后面的 12 个人。现在，快跑——马上跑到房间的后面，因为那些在前 12 名之后注册的人就要支付全款 3 万美元了。"

接着，他们会像突然想到似的补充道："并不是我想收你 3 万美元。我只是相信，积极行动的人都会得到回报，因此你们这些实干家现在就动起来吧！时间不等人！"他们确实跑了过去。这时演讲者仍叽叽喳喳地说个不停，这是因为他对人数还不满意，直到最后一个上当的家伙腾地一下从座位上站起来，朝后面的桌子跑去。

最后，不管是有 12 个人、15 个人，还是有 200 个人想要注册其实并不重要，"稀缺"是假象。演讲者只会把双手举到空中，羞怯地笑着说："哇，大家的反应太快了。我真没想到大家的反响会这么热烈！好的，我的团队，给大家都按折扣价算吧！今天我非常开心！大家觉得这样行吗？"

面对大师的慷慨之举，全场响起了掌声和喝彩声。

这一切真的很可悲。

所有这些神奇的交易系统都没有（自从20世纪60年代初出现论坛以来，无一例外）给投资者带来稳定的收益。用外行的话来说，他们会吸干那些老实的投资者的血。你如果最后没把自己投的钱赔光，那么真是要谢天谢地了。

可最糟糕的情况还在后面。

除了这些大师为了慢慢吸干你的血而使用的明显的方式，例如收取佣金、门票费和以开展销售为目的的培训，他们赚取大部分钱的方式就是创建一个秘密的交易账户，即"B-book"。的确，这是那些推销交易系统的"大师"使用的最卑鄙的方法。

简言之，"B-book"是在线交易平台为使用短线交易策略的客户创建的一个独立的交易账户。显然，这些策略是无效的，因此这些客户一定会在很短的时间内赔光所有的钱。平台深知这一点，因此平台并不是像往常那样在交易所执行客户的交易，而是决定自己扮演交易所的角色。平台会在内部（也就是他们的B-book）登记交易，这样平台就能直接拿客户的钱下注了。换句话说，无论是向你推销交易系统的人士，还是为你执行交易的在线平台，都清楚你的下场会多么凄惨，于是提前约定要建立B-book来执行你的交易。也就是说，平台就等于操盘手，而你就是一个堕落的赌徒，等赌局结束时你会身无分文。

顺便说一句，如果你发现，他们要求你在某个在线交易平台上开设账户，那么你很可能已经成了平台的目标。这里就是

B-book 开始发挥作用的地方。

说句实话，在线平台不仅为那些冒牌论坛大师推荐的众多客户提供 B-book，而且会通过高级人工智能程序，全天候监测客户的一举一动，目的是找出那些堕落的赌徒，以便引导他们使用 B-book。坦率地说，为平台说句公道话，如果平台没有建议客户不顾一切地进行交易，就不应该受到道德谴责。当然了，平台可能会给客户发去一段信息，上面写道：

"我希望你认识到，你是个很糟糕的交易者，因此我们根本没把你的交易安排在交易所里，而是亲自负责你的交易。这样一来，如果你把钱赔光，你的钱就都会直接进入我们的口袋，而不是别人的口袋。"

但是，无论是在法律上，还是在道德上，这个平台并没有义务这样做。平台并不能完全确定，客户会赔光所有的钱，而只是强烈怀疑会出现这种情况。不管是哪种情况，我这里要说的是，平台设法发现那些莽撞的交易者，然后通过引导他们使用 B-book 来多赚些钱，和平台与论坛上的大师勾结，由后者向平台提供使用某个不赚钱交易系统的客户来多赚些钱，这两种赚钱方式截然不同。此外，在绝大多数情况下，论坛上的大师不会开门见山地告诉平台，这些客户肯定会赔钱。相反，双方达成了一种默契，即如果论坛上的大师在他们的客户推荐协议中勾选了某个选项，平台就会引导大师推荐的客户使用 B-book。

不管是哪种情况，结果是一样的。得益于这种秘密的 B-book 账户带来的巨大利润，一开始就向客户推销该交易系统的大师不仅能从每笔交易中获得丰厚的佣金，而且能从客户把钱投向那个并不神奇的交易系统而损失的钱中拿走 50%。

公平地说，这个系统确实很神奇。

它会让你的钱消失得无影无踪。

既然你有可能会遇到这种浑蛋，我就简单地总结一下，说说他们在金融领域做的形形色色的不法勾当。

投资新手务必要记住的一点是，并非所有的浑蛋都一样。换句话说，有些浑蛋要比其他同类可恨得多。因此，最终，你要运用自己的常识和判断力，加上你在本书中学到的知识，只有这样，在你四处搜寻少量极有价值的信息，例如有关经济和商业总体走势的最新消息以及你那些免佣指数基金的最新报价时，你才能安全地躲过由华尔街收费机器复合体向你灌输的种种谎言构筑的陷阱。

然而，不管某个浑蛋处于"浑蛋等级序列"的哪个位置，你都要始终保持警惕，保持绝对的警惕，这样才能透过他的合法外衣看出他的本来面目。

记住，浑蛋们会通过各种线上和线下的沟通渠道，向你发起一波又一波的书面和口头攻势。但不管他们使用什么手段，他们的意图都是一样的：把你的血汗钱据为己有。他们会向你承诺极高的收益率，远高于标普500指数的长期平均收益水平，还会声称你的投资几乎没有或者完全没有风险，而这一切靠的就是某个神奇的交易策略。

但我还要再说一次，华尔街没有免费的午餐。

以前没有，以后也永远不会有。

好消息是，得益于约翰·博格以及他做出的足以改变投资者人生的贡献，你完全没有必要盲目听信任何荒唐的投资建议。你要做的就是找到一个提供低成本的共同基金或 ETF 的公司,并在这家公司里开设账户,然后让标准普尔公司的那些好心人,还有善良的时光老人替你打理投入的资金。

看在上帝的分儿上,为什么不这样做呢?

多位获得诺贝尔奖的经济学家已经多次证明,挑选个股与择时交易几乎是徒劳的。因此,你最好别那样做。我是认真的!你如果就是想折磨一下自己,那么可以去玩一玩烧脑的游戏,你很可能要开心得多,而且代价会低得多。这是我能给你的最好的建议。

等你准备退休,并存有一大笔钱时,再感谢我吧。

致　谢

首先，我要感谢我的妹夫费尔南多和小姨子高蒂塔。要是没有他们的故事，连本书的第一章都无法写成。高蒂塔，你绝对是最优秀的，你知道我多么爱你，多么尊重你吗？我还要对文学经纪人简·米勒以及西蒙与舒斯特公司旗下的画廊图书品牌的非常出色的编辑团队表示感谢。一如既往，你们的指导对我而言弥足珍贵。

非常感谢米凯·皮科齐帮助我用明白易懂的语言解释基差交易这种策略。你是一位伟大的朋友，也是一位了不起的交易员。

非常感谢内格德·伊奥比·特塞玛(又称"阿布")在研究方面给予我的帮助，以及为本书绘制的所有图表。你帮我节省了很多时间。如果没有你，我就根本无法完成这项工作。

非常感谢我的好友詹姆斯·帕克、伊利娅·波辛和艾伦·利普斯基。你们是最早读完本书前100页内容的读者，你们的意见给了我莫大的帮助。

最后，我要向我的家人致以无尽的感激：我的妈妈、我的妻子，还有我优秀的孩子们。过去一年来，你们的耐心和理解，我一直看在眼里。我爱你们！